Gerald Matthes

Vom Förderanliegen zum gelingenden Lernen

Das Struktur-Lege-Verfahren als Kompass

Gerald Matthes

Vom Förderanliegen zum gelingenden Lernen

Das Struktur-Lege-Verfahren als Kompass

Unser Buchprogramm im Internet: www.verlag-modernes-lernen.de

Externe Links
Der Verlag weist ausdrücklich darauf hin, dass eventuell im Text enthaltene externe Links vom Verlag nur bis zum Zeitpunkt der Buchveröffentlichung eingesehen werden konnten. Auf spätere Veränderungen hat der Verlag keinerlei Einfluss. Eine Haftung des Verlages ist daher ausgeschlossen.

Folgen Sie uns auf  

Online-Material zu diesem Buch

So einfach geht's
- Materialseite **verlag-modernes-lernen.de/buecher/online-material** aufrufen
- Buchcode eingeben und Download starten

Ihr Buchcode: **K30PcdLm**

Gesamtherstellung in Deutschland: Löer Druck GmbH, Dortmund

Coverillustration und Abbildungen 8–12, 27, 28, Anlage 7: Olaf Verchow, Braunschweig

Bestell-Nr. 1350 ISBN 978-3-8080-0940-6

Inhalt

Abbildungsverzeichnis

Geleitwort

In Fortbildungen zur sonderpädagogischen Diagnostik stellen Lehrkräfte viele Fragen, die auf Verunsicherung bzw. Unklarheiten hinweisen: Pläne müssen geschrieben werden; dafür sind Beobachtung und Diagnostik nötig. Aber, was muss man diagnostisch tun? Wie schreibt oder gestaltet man Förderpläne am besten? Kann man mit Plänen arbeiten? Ist diese sonderpädagogische Diagnostik eine wirklich sinnvolle, die Arbeit unterstützende Aufgabe? Wer ist dafür verantwortlich und wer ist daran beteiligt? Die diagnostischen Aufgaben haben sich verändert; sie sind vielfältiger geworden. Längst geht es nicht mehr nur um die Feststellung des sonderpädagogischen Förderbedarfs. Worum geht es dann und wie? Es gibt reichlich Klärungsbedarf zu diesen Aufgaben. Dies ist nicht zu übersehen oder zu überhören.

Manuale, Vorlagen, Tabellen, Musterbeispiele online und im Printformat sowie Apps sollen Abhilfe schaffen. Zunehmend werden Lösungsvorschläge vor allem für die praktischen Fragen des Aufschreibens publiziert.

Warum lohnt sich dennoch ein Blick ins neue Buch und auf den Ansatz, das Konzept von Gerald Matthes?

- Erstens, weil es eben genau das ist: ein Konzept mit einer mehrschrittigen, zielführenden Vorgehensweise.
- Zweitens, weil es an den vorhandenen Kompetenzen der Lehrkräfte ansetzt: an der Beurteilung und Interpretation von Leistungen der Lernenden.
- Drittens, weil Lernprozesse theoriegeleitet analysiert werden: Annahmen über Komponenten erlauben die Bildung von Hypothesen über Problemstellen, über Barrieren im Lernprozess.
- Viertens, weil das präsentierte Struktur-Lege-Verfahren auf unterschiedliche Weise eingesetzt und in unterschiedlichen Phasen des diagnostischen Prozesses verwendet werden kann: Es sortiert Daten; die entstehende klare Struktur erleichtert den Austausch und die Kooperation zwischen Lehrkräften.

Wir verwendet den „Geist" der Vorgehensweise von Gerald Matthes und das Struktur-Lege-Verfahren in Kombination mit unseren Ideen seit einigen Jahren im Studiengang Lehramt Sonderpädagogik an der Universität Hamburg. Wir schätzen insbesondere die Denkrichtung, die mit einem Kompass den Weg „vom Förderanliegen zum gelingenden Lernen" begleitet. Erfolgreiche Lernprozesse organisieren und Lernbarrieren reduzieren, diesem Ziel fühlen wir uns mehr als verpflichtet.

Was macht das Konzept im Detail interessant für uns? Wo regt das Konzept zum Nachdenken an? Wie müsste man auch weitergehen?

Die analysierten, an Lernprozessen beteiligten Komponenten sind attraktiv: Jegliche Lernaktivität wird ermöglicht oder behindert durch Voraussetzungen etwas allgemeinerer Art (wie Aufmerksamkeit, Wahrnehmung, Sprache etc.) oder im engeren Sinn (wie Strategien des Wissenserwerbs u. a. m.). Sie „füllen" die noch immer zu stark betonte Intelligenz als Lernbedingung erheblich auf. Lernen erfordert Motivation und Handlungsregulation.

Beides sind eher pauschal oder selten herangezogenen Begründungen von Lernschwierigkeiten. Lernen kann aber nicht gelingen, wenn es keine Zielbildung gibt! Das ist empirisch gut belegt! Auf genau diese unterrepräsentierten individuellen Bedingungen erweitert Gerald Matthes den diagnostischen Blick.

Mit dem Struktur-Lege-Verfahren werden die Komponenten sichtbar. Sie wirken in Prozessen zusammen und so tritt hervor, in welchen Phasen Schwierigkeiten und Barrieren genau entstehen: am Anfang, im Verlauf, am Ende? Das Konzept gibt diese Perspektive her. Hypothesen zu nicht gut gelingenden Prozessen beziehen sich auf Komponenten und Prozesse.

Wir ergänzen diese Analyse noch systematisch um Unterrichtsmerkmale: Fehlende Aufgabenklarheit und unübersichtlich ablaufenden Klassenprozesse stehen für ungünstige Klassenführung und Formen der Lernunterstützung, die das Lernen behindern! Gerald Matthes schlägt „leere Kärtchen" bzw. individuell besser passende vor. So lässt sich das Unterrichtsgeschehen bequem in die diagnostische Analyse integrieren.

Das Verfahren ist ein Beurteilungsverfahren. Lehrkräfte schätzen ein, aber nicht zufällig und tagesaktuell, sondern mit dem Struktur-Lege-Verfahren systematisch. Vier Bereiche werden durch Impulse, die wie Items in einem Test zu verstehen sind, jeweils beurteilt. Im Ergebnis werden Problembereiche und Ressourcen sichtbar. Möglichst nicht mehr als 8 von 32 Kärtchen sollen als problematisch ausgewählt werden, während andere die vorhandenen guten Bedingungen belegen. Auch bei Karl, der eigentlich nur schwierig ist, werden Ressourcen sichtbar. Nicht immer lassen sich diese unmittelbar nutzen, wohl aber ändern sie Haltungen zu Kindern.

Kinder im Übrigen zu fragen und sie mit beurteilen zu lassen, funktioniert hervorragend, wenn man einige Worte tauscht oder anders formuliert. Von allen, die sich an der Analyse beteiligen, werden Gedanken sichtbar. Gemeinsam kann sortiert, geschoben und gruppiert werden. Einsichten in Zusammenhänge werden als Hypothesen über Lernbarrieren bildbar. Das ist in allen Phasen des diagnostischen Prozesses möglich, auch in der Phase der Intervention oder an ihrem vorläufigen Ende. Mit Fotos lassen sich Prozesse festhalten. Ähnlich wie im Krimi gibt es eine Arbeitswand, die sich verändert und bewegt, so lange der Prozess andauert. Digitale Varianten würde Platz sparen!

All das lässt sich trefflich umsetzen in der Lehre und in der Praxis; systematisches Analysieren führt zu nützlichen Erkenntnissen. Im Anschluss an das Struktur-Lege-Verfahren „schärfen" wir unsere Brillen und fragen genauer weiter: Bei welchen konkreten Prozessen scheitert ein Kind, wo genau reicht die Handlungsregulation nicht aus, bei welchen Lernhandlungen sind Unterrichtsbedingungen ungünstig? Was genau soll sich als nächstes verändern und wodurch kann man dies erreichen; was sind Ziele und Wege und wie gelingen diese?

Es scheint ein umfangreicher Ansatz zu sein, den uns Gerald Matthes vorschlägt. Am faszinierendsten finde ich den Gedanken der Konzentration auf machbare Veränderungen.

Das Buch regt an, darüber nachzudenken.

Professorin Dr. Gabi Ricken

Vorwort

Ein Buch zur individuellen Förderung bei Lernschwierigkeiten in einer Zeit, in der die Schule vor unübersehbar drängenden Aufgaben steht? Wird hier ein neues, vielleicht sehr zeitaufwendiges System von Diagnoseverfahren und individuellen Trainings vorgeschlagen? Das ist nicht zu befürchten. Wichtig ist, dass jedes Kind ein subjektiv sinnvolles Lernverhalten entwickelt und sich in der Schule wohl und integriert fühlt. Mangelt es daran, so existieren hemmende Faktoren, innere oder äußere, die erkannt und gemindert werden können. In diesem Buch werden Vorschläge für die Beobachtung und Förderung dargestellt. Nicht immer kann sofort Spezialwissen zur Diagnostik und Förderung bei Lernstörungen und -beeinträchtigungen herangezogen und umgesetzt werden. Immer möglich sind jedoch Beobachtungen und relativ rasche Verbesserungen der individuellen Lernsituationen. Das ist primär, auch wenn darüber hinaus noch spezielle Diagnoseverfahren und störungsspezifische Fördermethoden notwendig werden.

Die Strategie sieht vor, die Lerntätigkeit im Unterricht zu beobachten und daraus Schlussfolgerungen für ein gelingendes Lernen abzuleiten. Kein Praktiker bestreitet, dass die Lernaktivität die entscheidende Schnittstelle für die Förderung ist. Eventuelle Fragen in diesem Zusammenhang sind: Welche Anforderungen haben den Lernenden adäquat gefordert? Wo war er über- oder unterfordert? Wie konnte er seine Konzentration steuern oder war ihm das unter den gegebenen Bedingungen nicht möglich? War er wenigstens in einem Mindestmaß intrinsisch motiviert? War Inaktivität ein Problem der Anforderungen, der Motivation, der Konzentration oder des Abrufs von Wissen aus dem Gedächtnis? Die möglichen Fragen und Antworten sind schwer überschaubar.

Ein Kompass, der „vom Förderanliegen zum gelingenden Lernen“ führt, wäre wünschenswert. Daran soll in diesem Buch gearbeitet werden. Nach einem Einführungskapitel, in dem Sie die Strategie an einem Beispiel nachvollziehen können, widmet sich das Kapitel 2 den theoretischen Grundlagen. Das Kapitel 3 beschreibt die einzelnen Bausteine, aus denen die Strategie besteht. Die Diagnosehilfen und Handreichungen bilden den Anlagenteil.

Im Jahr 2018 erschien „Förderkonzepte – einfühlsam und gelingend“ (2. Auflage 2019). Neben den Grundlagen befinden sich dort Beobachtungs- und Planungshilfen zur Lernförderung. Besonderen Zuspruch fand das Struktur-Lege-Verfahren zur Analyse von Lernstörungen und Entwicklung von Förderkonzepten. Bei der jetzt vorliegenden Publikation handelt es sich praktisch um eine Weiterführung der 2018er-Publikation. Wir haben die Evaluation der Struktur-Lege-Technik erweitert und verwenden diese nun direkt zur Analyse des Lernhandelns. Neu aufgenommen wurden Beobachtungsgesichtspunkte zum Vier-Felder-Scan, die PERMA-Situationsbilanz, Handreichungen zu Lernfördergesprächen und andere Materialien.

Das Ganze wird lebendig durch die vielen Lehrkräfte, die sich in ihrer praktischen Arbeit mit der Lernbeobachtung und Komponenten- und Strukturanalyse befasst haben und mit den Kindern zu Verbesserungen des Lernens im Unterricht gelangt sind. Ich danke vor allem den Lehrerinnen und Lehrern, die Berichte anfertigten und ihre Erfahrungen und Vorschläge mitteilten, sei es in den Erweiterungs- und Aufbaustudiengängen des Instituts für Weiterqualifikation im Bildungsbereich der Universität Potsdam, in Workshops oder anderen Formen kollegialer Beratung. Frau Kathrin Scheibe vom Studienseminar in Bernau hat beachtlichen Anteil. Für den fachlichen Austausch und viele konkrete Denkanstöße danke ich vor allem Frau Prof. Gabriele Ricken, Herrn Prof. Dr.-Ing. Manfred Bartel und Herrn Klaus Piontek. Zahlreiche Kommentare und Anregungen zum Manuskript erhielt ich von Frau Marika Richter und Herrn Mag. Reiner Klähn und danke ihnen sehr.

In dem Bemühen um eine gendergerechte Sprache habe ich mich an den Empfehlungen des Rates für deutsche Rechtschreibung orientiert und nach Möglichkeit neutrale Formulierungen („Lehrpersonen, Lehrkräfte") oder die weibliche und männliche Form („Lehrerinnen und Lehrer") verwendet. Außerdem sei darauf hingewiesen, dass „Kind" auch Lernende der Sekundarstufe I einschließt.

Gerald Matthes, im Oktober 2023

1. Einführung

1. Einführung

1.1 Ausgangspositionen

Bei anhaltenden Lernschwierigkeiten gelingt das Lernhandeln in einem mehr oder weniger großen Bereich nicht. Es unterliegt Barrieren, die identifiziert werden müssen. Ob das als „Lernstörung", „Lernbeeinträchtigung", „Teilleistungsstörung" oder anders zu bezeichnen ist, ist in diesem Zusammenhang nicht wichtig. In den Unterricht kommt das Kind mit seinem Wissen, seinen Fertigkeiten, Lernstrategien, Bedürfnissen und Emotionen. Wir stellen ihm Aufgaben, unterrichten es und können sehen, inwiefern der Unterricht sein Lernen unterstützt. Wenn es nicht seinen Möglichkeiten entsprechend lernt, ist das ein Problem der Passung von individuellen Lernvoraussetzungen und Unterricht; und der erste Schritt besteht in der möglichst genauen Erkundung dieses Sachverhalts.

Die individuellen Lernvoraussetzungen haben eine innere und eine äußere Seite. Die innere ist nicht sichtbar. Vorwissen, Hoffnung auf Erfolg, Handlungsstrategien, Denkoperationen, Interessen, Misserfolgserfahrungen sind nur einige von vielen psychischen Bedingungen des Lernens. Doch man kann ein Bild davon entwickeln, was im Kind vorgeht, wenn es sich mit einer Lernaufgabe beschäftigt. Dabei reicht es nicht, an zwei oder drei dieser Komponenten zu denken. Sie müssen in ihrem Zusammenwirken gesehen werden. Dazu eine Metapher:

> Sie kennen das Mobile, bekannt als Spielzeug am Kinderbett oder als dekorativer Blickfang im Zimmer. Verschiedene Elemente des Mobiles sind mit Fäden an Stäben befestigt, die mehrere Ebenen bilden und ihrerseits miteinander verbunden sind. Das Ganze ist ausbalanciert. Kein Teil kann sich unabhängig von den anderen bewegen. Die Bewegung des Mobiles hängt nicht bloß von den Luftbewegungen ab, sondern auch von der Abstimmung der Teile: Ist ein Element zu schwer? Muss der Drehpunkt einer Wippe verschoben werden? Haben sich Teile verhakt?

Zum sehr komplexen und feingliedrigen „Mobile der Lernaktivität" gehören Prozesse des Vorwissens, des operativen Gedächtnisses, der Lernstrategien, des Erfolgs- und Misserfolgserlebens etc. Die Elemente befinden sich auf unterschiedlichen Ebenen und sind direkt oder über Zwischenglieder miteinander verknüpft. Das „Lern-Mobile" hat unzählige Bestandteile und Verbindungen, so dass die Elemente bzw. Prozesse vielfach ineinandergreifen. Auch die Lehrerin ist Teil des Geschehens, nämlich in der Weise, wie das Kind sie sieht und das von ihr Gesagte versteht. Bei einem guten Zusammenspiel der Komponenten fühlt das Kind sich akzeptiert und sicher, ist angemessen gefordert, am Lerngegenstand interessiert, glaubt an seinen Lernerfolg, setzt seine Fähigkeiten ein, lernt aus Fehlern. Doch die Balance und Bewegung des „Lern-Mobiles" können leicht gestört werden. Fehlendes Vorwissen,

Misserfolgsbefürchtungen, kognitive Überforderung, emotionale Unruhe, niedrige Selbsteinschätzung, leistungshemmende Stimmungslagen und anderes können das Zusammenspiel behindern.

Auch für den folgenden Aspekt kann die Mobile-Metapher eine Analogie sein: Die Problemstellen müssen aktiv gesucht werden. Zunächst mag eine Lehrerin annehmen, das Lernen des Schülers werde durch eine schwache Konzentrationsfähigkeit beeinträchtigt. Doch dann beobachtet sie, dass er sich bei manchen Aufgaben intensiv und ausdauernd konzentriert. Sie stellt ihre erste Hypothese in Frage. Glaubt der Schüler vielleicht gar nicht daran, die Aufgabe lösen zu können, und wandert deshalb innerlich ab? Oder ist sein Arbeitsgedächtnis überfordert? Die Lehrerin schwankt in ihren Erklärungen. Sie probiert. Sie variiert Anforderungen und Hilfen. Im Hinblick auf das Arbeitsgedächtnis vereinfacht sie Instruktionen. Sie denkt an das Vorwissen und achtet stärker auf Ablenkungsfaktoren. Sie lenkt ihren Blick auf den Rhythmus von Be- und Entlastung, möchte das Element finden, mit dem die Verbesserung beginnen kann, und dort für Erfolge sorgen.

Dabei stützt sich die Lehrerin auf ihr Wissen[1]. Als *aktive und konstruierende Person* orientiert sie sich an Sinn und Bedeutung des Wissens für ihr Handeln, auch im Hinblick auf die Entwicklung von Förderkonzepten und -plänen. Das ist eigentlich selbstverständlich – und wird dennoch in manchen Fortbildungsangeboten und Empfehlungen der Fachliteratur teilweise vernachlässigt. Diesen Fragen ging bereits Mutzeck (1988, 2005b) in Untersuchungen nach, denen er den Titel „Von der Absicht zum Handeln“ gab. Die Lehrkräfte absolvierten ein Fortbildungsprogramm. Im Abschlusstest waren sie in der Lage, das vermittelte Wissen weitgehend zu reproduzieren. Im Anschluss wurde darüber hinaus untersucht, ob sie das Wissen dann praktisch angewendet haben. Dabei zeigte sich, dass viele der vermittelten theoretischen Informationen irrelevant für das Handeln waren. In das Förderhandeln integriert werden konnte das Wissen nur insoweit, wie es unter den jeweiligen konkreten Praxisbedingungen anwendbar war. In anderer Form begegnete uns dasselbe Problem, als wir das Projekt „Förderdiagnostische Lernbeobachtung“ (Matthes, Salzberg-Ludwig & Nemetz, 2008) auswerteten. In dem Praxisprojekt arbeiteten Lehrerinnen und Lehrer engagiert mit. Förderpläne wurden diagnosegestützt erarbeitet und diskutiert. Trotzdem geschah, dass sehr viele Förderplan-Ziele nicht wie beabsichtigt erreicht wurden. Von diesem Ergebnis waren die Lehrerinnen und Lehrer weniger überrascht als wir, die die Arbeit wissenschaftlich begleiten durften. In ihrer Arbeit waren sie ihrem individuellen, dynamischen Bild des Kindes gefolgt. Sie haben in Anbetracht der praktischen Möglichkeiten entschieden, was getan werden kann, und an die Förderpläne eigentlich selten gedacht. Lehrkräfte stehen ständig unter Handlungsdruck, sie müssen viele Aufgaben gleichzeitig im Auge behalten (Wahl,

1 Siehe hierzu die Theorie des reflexiven Subjekts, z. B. Mutzeck, Schlee & Wahl, 2002; Schlee, 2012; Straub & Weidemann, 2015; Wahl, 2013

1991). Die Realisierung des Förderplans tritt in den Hintergrund, wenn er ungenügend umsetzbar ist.

Eine Lehrerin möchte ihre Schülerin Pia fördern, die im Unterricht häufig Konzentrationsschwierigkeiten zeigt. Sie verfügt zum einen über ihr allgemeines pädagogisch-psychologisches und entwicklungspsychologisches Wissen (über unterschiedliche Arten von Intelligenz, Biorhythmen, die Bildung von Gewohnheiten, Methoden der Verhaltensformung und vieles mehr). Zum anderen besitzt sie personenbezogenes empirisches Wissen über Pia; sie weiß, was ihr leicht- oder schwerfällt, womit sie sich innerlich oft beschäftigt, worüber sie sich ärgern oder freuen würde. Wie die Lehrerin dann auf ihre Schülerin Pia eingehen kann, hängt vom praktischen Handlungsrahmen und den situativen Bedingungen ab. Die Strategie „Vom Förderanliegen zum gelingenden Lernen“ hat das Ziel, Lehrkräfte darin zu unterstützen, ihr Wissen auf die Arbeit mit Kindern wie Pia anzuwenden. Die Unterlagen dienen der Beschreibung und Interpretation der jeweiligen Lernsituationen und Stärken sowie der Komponenten- und Strukturanalyse des Lernhandelns in Situationsbereichen und der Ableitung von Schlussfolgerungen.

Im Zentrum steht das Struktur-Lege-Verfahren zum Lernhandeln im Unterricht. Allgemein ist die Struktur-Lege-Technik eine Denk- und Präsentationsmethode, die das Wissen zu einem Thema (einem Problem, einem Begriff, einem Prozess) der Bearbeitung und Diskussion zugänglich macht. Die Technik hilft, die Überlegungen zur Arbeit mit dem Kind weiterzuentwickeln, dessen individuelle Lernstruktur zu reflektieren und zu antizipieren, was sich durch welche Veränderungen erreichen lässt. Die Kärtchen stehen für die Elemente der psychischen Bedingungsstruktur. Durch ihre räumliche Anordnung und mit Hilfe von Pfeilen und Symbolen wird ein Bild zur Erklärung von Fortschritten und Problemen entwickelt.

Mit „Struktur-Lege-Verfahren“ meinen wir nicht nur eine ganz bestimmte klar beschriebene Technik, in der Kärtchen mit Lernkomponenten ausgewählt und auf dem Tisch oder dem Monitor angeordnet werden. Ja, es gibt diese klar beschriebene Technik und wir beschreiben deren Schritte und Materialien. Aber das Strukturieren kann auch innerlich und verkürzt durchgeführt werden, sozusagen nicht materialisiert, sondern geistig. Der kollegiale Austausch von Einschätzungen und Erfahrungen ist dabei eine wichtige Unterstützung.

Unser Anliegen stellt die Gewährleistung gelingender Lernprozesse im Unterricht in den Mittelpunkt. Das ist ein Basisthema. Positive Lernsituationen sind immer grundlegend – bei allen Förderinhalten, im Klassenunterricht, in Schwerpunktgruppen usw., auch bei spezifischen Verfahren und Programmen. Der Ansatz ist kein Gegenentwurf, eher eine Voraussetzung oder Erfolgsbedingung von Vorschlägen, wie sie etwa im Rügener Inklusionsmodell (Hartke u. a., 2022; Kuhl u. a., 2021) und anderen gut evaluierten Konzepten mit einem breit gespannten System von Förderebenen, Zielsetzungen, Diagnoseverfahren und Interventionen dargestellt werden.

Als Vorzüge der Strategie „Vom Förderanliegen zum gelingenden Lernen" seien hier genannt:

- Die Strategie kann unabhängig von der Kategorisierung nach Störungsgruppen und Bescheinigung von sonderpädagogischem Förderbedarf angewandt werden.
- Sie stellt das „Wie" des Lernens in den Mittelpunkt. Die Beobachtung, Analyse und Förderung des Lernhandelns hat Vorrang. Das ist in der Unterrichtspraxis nicht anders: Lehrkräfte achten immanent und vor allem darauf, wie ihre Schülerinnen und Schüler mitarbeiten, ob sie die Aufgabe verstanden haben, wofür sie aufgeschlossen sind usw.
- Beobachtet und untersucht wird das Lernen in Lernsituationen. Beispiel: Einer Schülerin bereitet die Kommunikation in Projekten Schwierigkeiten. In vielen anderen Situationen zeigt sie sozial kompetentes Verhalten. Man wird nach den Gründen für diese Unterschiede fragen.
- Die Strategie trägt zu einem guten Unterricht bei, besonders zur Motivierung, schülerorientierten Unterstützung, selbstständigen Lerntätigkeit, Sicherung und Übung (siehe dazu die Merkmale guten Unterrichts nach Helmke, 2010, 2022).

1.2 Eine Sonderpädagogin gibt eine Einführung

In diesem Abschnitt erhalten Sie eine kurze Einführung in die Strategie „Vom Förderanliegen zum gelingenden Lernen". Eine Sonderpädagogin macht ihre Kollegin, die Klassenleiterin des Schülers Leo, mit den Bausteinen und Methoden der Strategie bekannt. Sie tut das nicht abstrakt, sondern verbindet es mit der Arbeit am Förderkonzept für Leo. Vorausgesetzt wird ein Überblickswissen über die theoretischen Grundlagen, die in diesem Buch erst im Kapitel 2 dargestellt werden. Wir haben uns jedoch dafür entschieden, das Beispiel bereits an dieser Stelle zu demonstrieren. Es bietet einen Anwendungsbezug, auch wenn theoretische Ausführungen, Begründungen und Differenzierungen erst später folgen. So können Sie die Methoden von vornherein mit konkreten Vorstellungen verbinden.

Die Sonderpädagogin beschreibt die Bausteine und Methoden kurz und führt die Klassenlehrerin in die Anwendung ein. Diese wendet die Methoden an (in der Praxis werden aber immer nur jene Methoden verwendet, die für den Einzelfall gebraucht werden). Beide Kolleginnen fassen Erkenntnisse zusammen oder kommentieren sie. Im folgenden Text wird das als Arbeitsgespräch der Sonderpädagogin (SP) und der Klassenleiterin (KL) dargestellt. Ergebnisse erscheinen vorwiegend als Abbildungen. Aus der Perspektive einer Person, die die Zusammenarbeit der Kolleginnen verfolgt, füge ich Überleitungen, Beschreibungen und Erläuterungen ein. Das ist an der Textformatierung zu erkennen (eingerückt, blau).

> Bevor die Sonderpädagogin und die Klassenleiterin beginnen, sei festgestellt: Eine solche, mit einer Fallarbeit verbundene individuelle Einführung benötigt 90 Minuten. Sie verzichtet auf die Behandlung der theoretischen Eckpunkte. In

Abhängigkeit vom Verlauf einer derartigen Einführung und den Interessen können bestimmte Methoden nur grob dargestellt werden. Auch bedarf der jeweilige „Einführungs-Fall" einer weiteren, späteren Bearbeitung und Diskussion im Praxisteam. Soll eine ähnliche Einführung in einer Gruppe durchgeführt werden, in der paarweise an Fällen gearbeitet werden kann, müssen zweimal 90 Minuten eingeplant werden. Das bietet dann auch Raum für einen knappen Theorieüberblick.

SP: *Anwenden kann das Verfahren, wer das Kind im Unterricht beobachten konnte. Wir werden die Bausteine durchgehen, ohne auf Einzelheiten und Varianten einzugehen. Die Abbildung gibt einen Überblick über die Bausteine. In der Praxis muss nicht jeder Baustein abgearbeitet werden. Es wird ausgewählt. Du und deine Kolleginnen stehen, was Leo betrifft, ja nicht am Punkt null.*

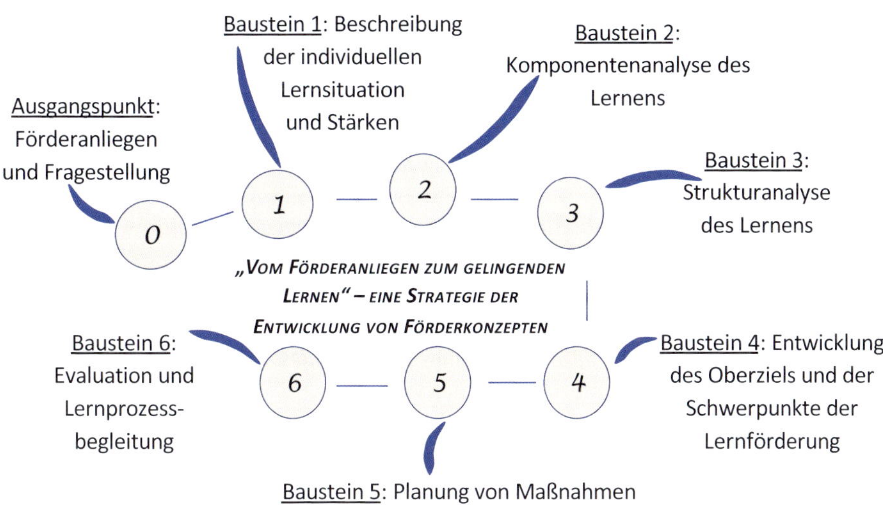

Abbildung 1: Die Strategie „Vom Förderanliegen zum gelingenden Lernen"

SP: Zum Förderanliegen: *Ein Förderanliegen ist ein Wunsch, die Entwicklung des Kindes in bestimmter Hinsicht zielgerichtet zu unterstützen. Die Förderung soll neu geplant werden. Besteht das Anliegen darin, die Verhaltensmöglichkeiten des Schülers in Stresssituationen zu erweitern? Soll er lernen, bei gestellten Aufgaben nicht immer zu „trödeln", bevor er beginnt? Kommt es auf die Verbesserung der Mitarbeit in Mathematik an? Aus dem Anliegen ergeben sich psychologische Fragen, auf die eine Antwort gefunden werden muss. Es könnte unter anderem wichtig sein zu wissen, weshalb ein Schüler in Stresssituationen unangemessen reagiert, warum es ihm so schwerfällt, einen Anfang zu finden und wo die Gründe für die ungenügende*

Mitarbeit in Mathematik liegen. Für die Entwicklung des Förderanliegens und der Fragestellung gibt es keinen eigenen Baustein. Denn im Verlauf der Arbeit, mit den dabei gewonnenen Erkenntnissen, können sich Anliegen und Fragen noch verändern. Sage doch bitte, weshalb Leo euch so beschäftigt. Weshalb wollt ihr das Förderkonzept überarbeiten? Welche Probleme gehören auf die Tagesordnung? Wo soll eine bessere Lösung gefunden werden?

KL: *Leo besucht die 2. Klasse altersgerecht. Bei ihm wurde sonderpädagogischer Förderbedarf im Schwerpunkt Lernen festgestellt und er wird zieldifferent unterrichtet. Leo fühlt sich in der Klasse wohl. Er spricht und spielt gern mit einigen Kindern, die er kennt. Neuen Unterrichtsinhalten begegnet er offen und ist bereit, sich anzustrengen. Leider aber kommt Leo nicht mehr so gern wie zuvor zur Schule. Das war ein allmählicher Prozess; ein besonderes Ereignis gab es nicht. Manchmal möchte er nicht mitarbeiten. Er zeigt das auch durch Unmutsäußerungen, indem er Dinge von seinem Platz wegschiebt und den Kopf demonstrativ aufstützt. Immer unsicherer wird sein Lern- und Arbeitsverhalten in Deutsch und Mathematik. Das möchten wir abklären und erreichen, dass er wieder Freude am Lernen entwickelt. Die Fragestellung lautet: Aus welchen Bedingungen ergibt sich, dass Leos Lernfreude nachgelassen hat, er manchmal nicht mitarbeiten will und in seinem Lernverhalten in Deutsch und Mathematik immer unsicherer wird? Wie kann er gefördert werden?*

SP: *Danke! Jetzt zur* ***individuellen Lernsituation:*** *Lernen und Verhalten sind immer situationsabhängig. Einmal ist das Kind eifrig bei der Sache, ein andermal in seinen Gedanken weit weg. Beeinflusst wird das von den Lerninhalten und Aufgaben, den didaktischen Methoden und Arbeitsformen, ganz bestimmt auch von der Beziehung zu seiner Lehrerin. Raum und Zeit haben großen Einfluss. Es kommt sehr darauf an, was das Kind gerade vorher erlebt hat! Schwankend und bedingungsabhängig sind oft auch die sozialen Kontakte. Und vor allem die emotionale Lage! Wohlfühlen oder, ganz anders, Empfinden von Unzulänglichkeit bewirken so viel. Gehen wir der Reihe nach:*

- *Erstens: Was kannst du über die Konzentration und Mitarbeit sagen? Wo arbeitet Leo aktiv mit und wo nicht?*
- *Zweitens: Die soziale Integration. Wobei ist Leo gut in die Gemeinschaft einbezogen und wobei nicht?*
- *Drittens: Das psychische und psychophysische Befinden. Unter welchen Umständen fühlt er sich wohl und sicher? Und wann dominieren hingegen Unsicherheit, Angst und Vermeidung?*

Darüber kannst du bestimmt lange sprechen. Aber es würde jetzt reichen, zu jedem Punkt das Wichtigste zu sagen: zur Unterschiedlichkeit der Aufmerksamkeit, Konzentration und Mitarbeit, zu Schwankungen der sozialen Integration und zur emotionalen und körperlichen Befindlichkeit. Stichworte können in den Teilhabebogen mit den drei Dimensionen eingetragen werden. Oder man arbeitet mit freien Notizen.

Ein ausgefüllter Teilhabebogen[2] enthält bereits eine Vielzahl direkter und indirekter Informationen.

Das Arbeitsergebnis ist in der folgenden Abbildung zu sehen.

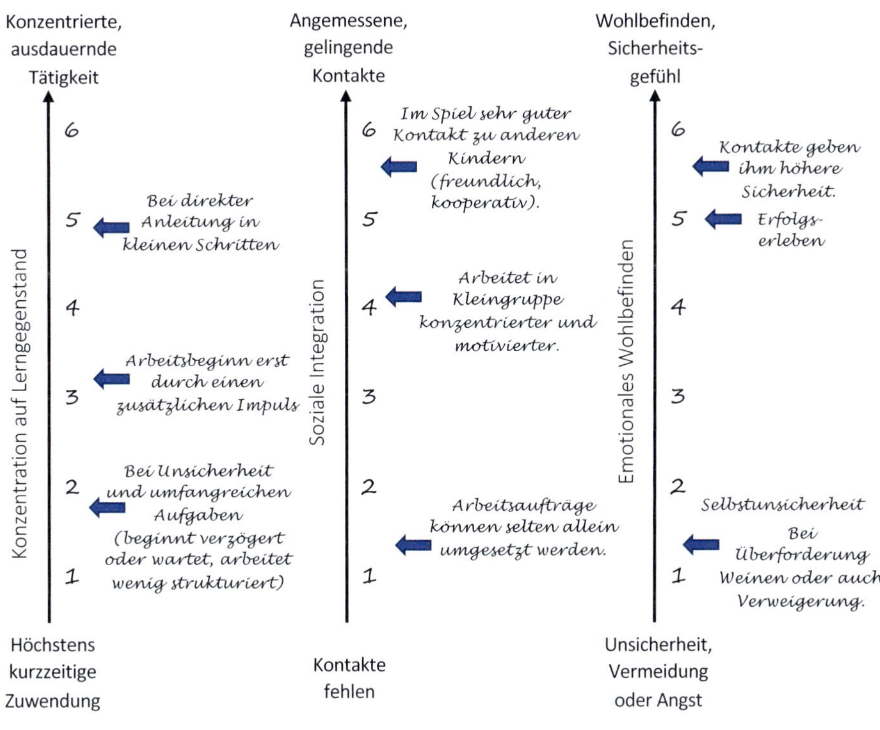

Abbildung 2: Teilhabebogen Leo

***SP:** Einen ersten Eindruck zur Variabilität des Verhaltens hast du erarbeitet. Kommen wir nun zu den **Stärken**. Was gefällt dir oder anderen, auch den Mitschülern, an Leo besonders? Die Psychologie sagt: Stärken sind keine fertigen Kompetenzen und sie zeigen sich nicht vorrangig im Leistungsvergleich. Eher ist es doch so: Wo der Mensch von sich aus tätig ist, darin, was er gern tut, kommen seine Stärken zum Ausdruck. Was tut Leo gern? Was sind seine Stärken?*

***KL:** Leo ist oft fröhlich. Er legt Wert auf saubere Kleidung. Auch mit seinen Schulsachen geht er sorgsam um und will immer sauber und ordentlich arbeiten. Bei Übun-*

2 Die Vorlage befindet sich in der Anlage 1.

gen zeigt er oft Ausdauer. Leo achtet bei sich und anderen auf regelkonformes Verhalten. Er kann mit Kritik umgehen und ist meist kompromissbereit. Besondere Freude hat er an Bewegungsübungen im Sportunterricht. Durch Vor- und Nachmachen lernt Leo neue Bewegungsabläufe ohne besondere Schwierigkeiten. Auch beim Zeichnen und Gestalten äußert er Freude und nimmt Anregungen auf.

SP: *Du hast auf Stärken hingewiesen und gezeigt, in welchen Bereichen und Situationen Leo gut lernt und wo er unter seinen Möglichkeiten bleibt. Im Teilhabebogen werden Unterschiede im Verhalten deutlich. Für ein Förderkonzept solltet ihr nun herausfinden, weshalb Leo in bestimmten Situationen gut lernen kann, in anderen aber nicht. Das ist das Anliegen der* ***Komponentenanalyse****. Sie ist der erste Teil des Struktur-Lege-Verfahrens. Der zweite Teil ist die Strukturanalyse. Als Material für die Komponentenanalyse liegen 32 Kärtchen bereit. Auf ihnen werden die Lernkomponenten, d. h. die Teilhandlungen und Prozesse, beschrieben, z. B. Erfolgsaussicht, Vorwissen, Reaktion auf Misserfolge, kognitive Fähigkeiten, Konzentrationsfähigkeit. Der Kärtchensatz stellt sicher, dass keine wichtigen Lernkomponenten vergessen werden.*

Die Komponentenanalyse wird nicht allgemein für das Lernen im Unterricht vorgenommen, sondern im Hinblick auf einen bestimmten Ausschnitt dieses Lernens. Sie wird für den Ausschnitt durchgeführt, der bei dem gegebenen Anliegen, oft im Ergebnis der Teilhabeanalyse, näher betrachtet werden soll. Das kann zum Beispiel Mathematik oder Deutsch sein. Es kann auch beides sein. Es kann der Unterricht bei einer bestimmten Lehrerin sein, oder der Unterricht an den beiden letzten Wochentagen. Die Komponentenanalyse bezieht sich auf die Lerntätigkeit im Unterricht. Diese hängt von vielen inneren und äußeren Faktoren ab und weist oft in einem Fach oder bei der einen Lehrkraft ganz andere Besonderheiten auf als in einem anderen Fach oder bei einer anderen Lehrkraft. Das sind nur wenige Beispiele für die Situationsunterschiede.

Die Kärtchen sortierst du bitte danach, ob die Komponente im Einschätzungsbereich derzeit eine Stärke oder eine Schwäche darstellt. Auf der Arbeitsfläche werden die Kärtchen mit den jeweiligen Stärken links hingelegt, die Kärtchen mit den derzeitigen Schwächen rechts. Die anderen können beiseitegelegt werden, denn für die weitere Arbeit müssen sie nicht berücksichtigt werden. Auch die Kärtchen, bei denen Beobachtungen fehlen oder die für den Einschätzungsbereich bzw. die Altersstufe keine Rolle spielen, können bereits vorher herausgenommen werden. Das reduziert den Aufwand.

Es kommt vor, dass zunächst 15 oder gar noch mehr Kärtchen als „noch zu schwache Lernkomponenten" eingeordnet werden. Dann reduzierst du diese Zahl bitte auf jene Kärtchen, die beschreiben, was in der Förderung unbedingt stärker als bisher beachtet werden muss. Acht Kärtchen, manchmal auch weniger, reichen fast immer aus, das Wesentliche zu markieren und dabei die Übersicht zu behalten.

Das Ergebnis der Komponentenanalyse für die Fächer Deutsch und Mathematik ist in der Abbildung 3 zu sehen, jedoch ohne die Kärtchen zu den Stärken. Auf die Fläche unter der Applikation „NOCH ZU SCHWACHE LERNKOMPONENTEN" hatte die Klassenleiterin zunächst zehn Kärtchen gelegt. Diese Zahl reduzierte sie gemäß Anwendungsempfehlung auf acht. Sie ersetzte fünf der von ihr zunächst ausgewählten zehn Kärtchen durch drei selbst geschriebene. So konnte sie das Gemeinte präzise ausdrücken und die wesentlichen Probleme eingrenzen. Das Sortieren und diese Überarbeitung nahmen ca. 20 Minuten in Anspruch.

NOCH ZU SCHWACHE LERNKOMPONENTEN

Im Allgemeinen werden die ***Instruktionen und Anleitungen*** ausreichend verstanden.

Der ***Handlungsaufbau*** entspricht im Wesentlichen den Anforderungen (***schrittweises Vorgehen*** u. a.); das Lernhandeln zerfällt nicht.

Bei ***Aufgaben, die viel Überlegung und Anstrengung verlangen***, wird eine Lösung zumindest versucht (Informationssuche, Verwendung von Hilfen und Arbeitsmitteln).

Die ***komplexeren Lerntätigkeiten (Wochenplan, Projektarbeit u. a.)*** bereiten keine generellen oder grundlegenden Schwierigkeiten.

Das ***Erleben von Lernfortschritten*** *überwiegt bei* weitem über das Erleben von Misserfolgen.

Keine Motivation ohne stetige Rückmeldungen

Verständnis ist sehr an die Anschauung gebunden.

Der Vergleich von Mengen erfolgt nur bei kurzschrittiger Unterstützung.

Abbildung 3: Komponentenanalyse Leo für Deutsch und Mathematik

Die gedruckten Kärtchen sind positiv formuliert. Dass sie hier auf der Problemseite eingeordnet wurden, heißt, dass Leo in seinem Lernen in Deutsch und Mathematik noch **nicht** so handeln kann. Auf ihren handschriftlichen Kärtchen hat die Lehrerin die Probleme direkt formuliert. Hier müssen wir beim Lesen der Abbildung ein wenig umdenken.

SP: *Auf die Komponenten- folgt die* ***Strukturanalyse****. Mit ihr untersucht ihr die Zusammenhänge. Acht Kärtchen liegen vor dir. Sie bezeichnen die „noch zu schwachen Lernkomponenten". Um ihre Wirkzusammenhänge abzubilden, kannst du sie in einer Struktur anordnen. Dazu drehst du die Kärtchen, von denen du jetzt die Textseite siehst, bitte um. Auf der anderen Seite befinden sich jeweils kurze Stichworte zu der Komponente. Das erleichtert das Strukturieren.*

Bitte entwickle eine räumliche Anordnung. Lege ein oder zwei Kärtchen zentral hin und andere peripher, platziere eng Zusammengehörendes nahe beieinander, mache Beziehungen sichtbar, z. B.: A ergibt sich aus B; C ist übergeordnet und allgemein; D und E stehen nebeneinander. Nutze Pfeile, Ausrufe- und Fragezeichen. Wie Leo sich verhält, ist für ihn sinnvoll und systemhaft. Es gibt meist mehrere richtige Struktur-Varianten. Probiere ein wenig herum, verschiebe die Elemente und entwickle ein Bild, das dir zutreffend erscheint. In der Struktur treten Faktoren hervor, die den Lernprozess blockieren. Oft gibt es zwei oder drei Problemkreise, die du umreißen kannst. Das sind die Baustellen, an denen gearbeitet werden muss.

Zum Abschluss kannst du das Bild durch Hinweise auf Stärken und Anknüpfungspunkte ergänzen, etwa in Form von Ressourcen- oder Stärkenkärtchen, auch selbst geschriebener. Oder man belässt es an dieser Stelle bei der Problemstruktur, weil die Stärken bereits im Baustein 2 herausgearbeitet wurden.

Die Abbildung 4 (s. S. 25) zeigt das Ergebnis der Strukturanalyse. Sie entstand im Dialog zwischen der Sonderpädagogin und der Klassenleiterin.

Das Resümee der Kolleginnen:

KL und SP: *Drei Problemkreise wirken blockierend:*

1. *Es gibt eine Lücke zwischen Leos kognitiven Möglichkeiten und den Anforderungen (Informationsverarbeitung bei Anleitungen, Verstehen von Aufgaben, Transfer des Gelernten). Immer wieder werden kurzschrittige Anleitungen und Hilfen auf anschaulich-handelnder Ebene nötig, die bisher nur teilweise gegeben wurden (in Abb. 4 links oben).*
2. *Leo arbeitet nicht planvoll und strukturiert. Sofern er keine individuelle Hilfestellung im Arbeitsprozess erhält, konzentriert er sich nur kurzzeitig (in Abb. 4 links unten).*
3. *Die beiden Problemkreise führten zu einer nachhaltigen Entmutigung, die nun selbst zu einem Wirkfaktor wird (in Abb. 4 rechts unten).*

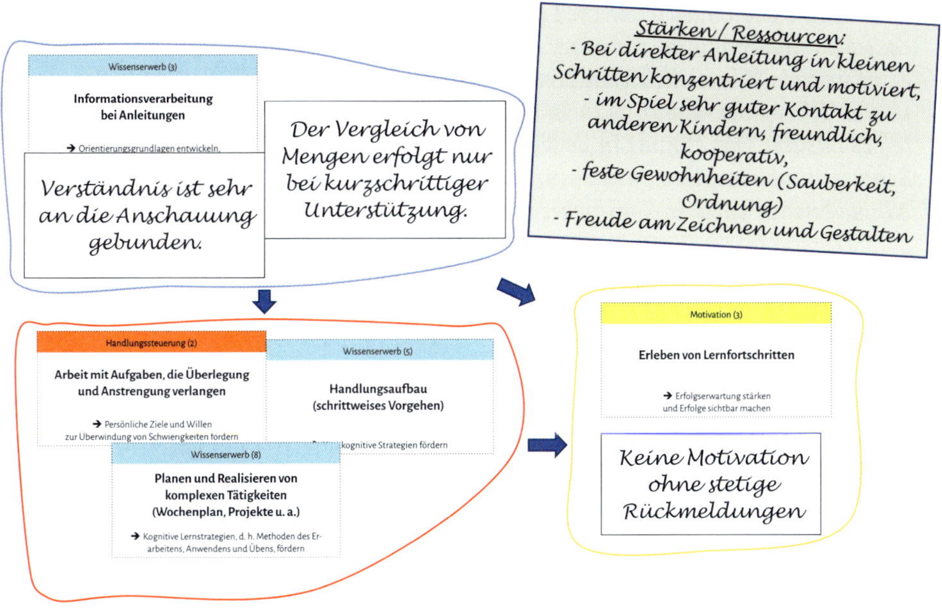

Abbildung 4: Strukturanalyse Leo

SP: *Nun zum Baustein 4. In ihm erarbeiten wir das Oberziel und die Schwerpunkte der Lernförderung, noch nicht die konkreten Maßnahmen. Ein* ***Oberziel*** *ist eine Art Leitstern, eine Orientierung – nicht bloß für eine fernere Zukunft, sondern auch bereits für den nächsten Tag. Beispiele sind: bringt seine Kompetenzen in die Lerntätigkeit ein; beschäftigt sich konzentriert mit den Aufgaben; nutzt die passenden Arbeitsmittel; fühlt sich wohl und zugehörig; will Erfolg und glaubt an ihn.*

KL: *Als solches Oberziel kann ich mir gut vorstellen: Leo beschäftigt sich konzentriert mit Aufgaben, wenn sie seinem Lernstand genau angemessen sind. Er hat die Arbeitsmittel, die er braucht, fühlt sich in seiner Klasse wohl und zugehörig, wird problemlos einbezogen und ist aktiv. Leo ist stolz auf seine Fähigkeiten beim Zeichnen und Gestalten, erfährt dafür Anerkennung und erzielt ständig weitere Fortschritte.*

SP: *Die* ***Schwerpunkte der Lernförderung*** *geben Richtungen an, auf die besonderer Wert gelegt werden soll. Was ist besonders wichtig, damit die Lerntätigkeit sich ungestört entwickeln kann?*

An dieser Stelle der Einführung in das Verfahren zieht die Sonderpädagogin die Abbildung 23 heran (siehe S. 91). Sie zeigt die Schwerpunkte der Lernförderung.

SP: *Dieses Schaubild bietet einen groben Überblick, was in Betracht zu ziehen ist. Zu jedem Schwerpunkt gibt es in den Unterlagen weitere Hinweise. Die Pfeile auf den Kärtchen führen zu diesen Hinweisen. Beim Abwägen von Schwerpunkten der Lernförderung denkt man manchmal: Eigentlich sind sehr viele, ja fast alle Punkte bedeutsam. Das stimmt in gewisser Weise auch, doch es gibt immer bestimmte Schlüsselprobleme. Das Förderkonzept kann sicherlich nicht mehr als drei Schwerpunkte berücksichtigen. Sonst wäre ein Schlingerkurs unvermeidlich.*

Die Klassenleiterin wählte die nachfolgend genannten Schwerpunkte der Lernförderung und begründete ihre Wahl mit den Ergebnissen der Strukturanalyse. Zusammenfassung:

KL: *Als Schwerpunkte der Lernförderung ergeben sich:*
1. ***Den Entwicklungsstand der Sprache, des Denkens und Wissens besser beachten.*** *Dieser Schwerpunkt ergibt sich aus den beiden handschriftlichen Kärtchen in Abbildung 4 links oben. Sie verweisen auf die Lücke zwischen den kognitiven Möglichkeiten und den Anforderungen. Leo lernt in Mathematik anschauungsgebunden-handelnd. Auch in anderen Bereichen müssen Erklärungen anschaulich sein und Leo ins Handeln mitnehmen. Die Stufe des konkreten, anschaulichen Handelns kann und darf bei ihm nicht übersprungen werden (oft ist das geschehen).*
2. ***Orientierungsgrundlagen entwickeln, Lösungsprozesse modellieren.*** *Dieser Schwerpunkt ergibt sich aus dem Kärtchen „Informationsverarbeitung bei Anleitungen" (ebenfalls links oben). Es reicht nicht, eine komplexe Aufgabe für Leo in kleine Schritte aufzugliedern und ihm sukzessive Hilfen zu geben. Denn er wäre später kaum in der Lage, die Schritte zu verbinden. Deshalb ist stärkerer Wert als bisher auf kleine Lernportionen zu legen und sie sind dann immer wieder zu verbinden.*
3. ***Metakognitive Strategien fördern.*** *Dieser Schwerpunkt ergibt sich aus dem Problemkreis, der im Strukturbild links unten zu sehen ist. Es ist in der Klasse bereits ein Ritual, einzelne Schüler darüber sprechen zu lassen, was sie getan und gelernt haben („Das möchte ich euch erzählen!"). Daran können wir gut anknüpfen.*

Die Pfeile auf den Kärtchen (siehe Abb. 4) verweisen noch auf weitere Schwerpunkte. Es wäre allerdings unrealistisch, alle ins Auge zu fassen. Deshalb haben die Kolleginnen dem Problemkreis der Entmutigung (in der Abb. 4. rechts unten) keinen eigenen Schwerpunkt zugeordnet. Letztlich kommen die gewählten Schwerpunkte alle der Ermutigung zugute.

SP: *Der 5. Baustein dient der **Planung von Maßnahmen**, die sich durch eine klare Zielstellung und Planung auszeichnen, was wann getan und verändert werden soll und wer verantwortlich ist. Teilweise werden sie in der Förderplanberatung festgelegt, teilweise geschieht das in der Unterrichtsvorbereitung und in Absprachen. Der Weg entsteht beim Gehen. Wer unrealistische oder zu viele Maßnahmen vorsieht, organisiert seinen Misserfolg. Individuelle Förderung ist zielgerichtet, aber sie lässt* *sich nicht völlig durchplanen. Immer wieder neu muss die Zielplanung die Perspektive der Kinder aufnehmen und die Machbarkeit berücksichtigen. Nirgendwo gilt das mehr als in der Förderung von Kindern mit Beeinträchtigungen.*

Maßnahmen konnten die beiden Lehrerinnen im Rahmen dieser Einführung noch nicht planen, müssen diese doch begreiflicherweise im Kreis der unmittelbar Beteiligten entwickelt werden. Gesprochen wurde darüber, wie Leos Leistungsentwicklung in allen Fächern fortlaufend beobachtet werden kann und welche Anforderungen wahrscheinlich stark nachreguliert werden müssen. Zur Sprache kam die Idee, eine Ergotherapie könne hilfreich sein. Von der Schule kann sie aber nicht vermittelt werden. Eine Chance bietet die sich abzeichnende Integration in einen Sportverein. Mit folgenden Worten rundete die Sonderpädagogin ihre Einführung ab:

SP: *Der 6. Baustein ist die* ***Evaluation und Lernprozessbegleitung****. Maßnahmen werden umgesetzt und im Hinblick auf die Effekte bewertet. Daraus ergeben sich neue Schlussfolgerungen. Das Universalkriterium des Fördererfolgs ist die positive Lernsituation. Auf dem Titelkärtchen des Struktur-Lege-Verfahrens ist es so formuliert:*

Positive Lernsituation
- Von den Lernaufgaben fühlt das Kind sich angesprochen.
- Es knüpft an seinen Kompetenzen an und erlebt ihren Wert.
- Es ist erfolgsorientiert und entwickelt Anstrengungsbereitschaft.

In der Anlage 9 befindet sich ein Beobachtungsbogen („PERMA-Situationsbilanz" genannt), mit dem sich dieses Kriterium einschätzen lässt.

Zu einem späteren Zeitpunkt erhielten wir auf Nachfrage die Mitteilung, dass die Schwerpunkte bei Leo richtig gesetzt worden waren. Der sonderpädagogische Unterstützungsbedarf im Schwerpunkt Lernen bestätigte sich und Leo wurde weiter zieldifferent unterrichtet. Es wurde erreicht, dass er mit seinem Lernen zufriedener war und darüber sprechen konnte, was er gelernt hat. Er spürte Erfolge und hatte sich angewöhnt, bei Unsicherheit Fragen zu stellen. Hilfen nahm er gut an.

2. Grundlagen

2. Grundlagen

Passung von Unterricht und individuellen Lernvoraussetzungen bedeutet, dass das Kind optimal mitgehen und die Angebote aufgreifen und verarbeiten kann. Die sogenannten Angebots-Nutzungs-Modelle des Unterrichts sind Passungsmodelle (Seidel, 2014). Sie berücksichtigen viele Bedingungen, die sich in der individuellen Lernsituation bündeln und in ihr zum Ausdruck kommen: die Lehrperson, das Klassenklima, das Vorwissen, die Motivation u. a. m.

2.1 Positive Lernsituation

Bei dem Begriff der individuellen Lernsituation denkt man vielleicht zuerst an äußere Bedingungen, wie Raum, Zeit, Lernmaterialien, eine eventuelle Lärmbeeinträchtigung u. a. m. Doch es gibt auch die *psychische Situation*. Sie umfasst die jeweils aktuellen Wahrnehmungen und Bewertungen bis hin zur Handlungsbereitschaft. Wir sehen, dass ein Schüler in einem bestimmten Fach aktiv mitarbeitet, interessiert ist und gute Ideen einbringt. In einem anderen Fach hält er sich dagegen sehr zurück, etwa weil er seine Wissenslücken kennt, Misserfolge befürchtet oder desinteressiert ist. Seine subjektiven Lernsituationen in den beiden Fächern unterscheidet sich. In der folgenden Abbildung gliedern wir die subjektive Lernsituation in ihre Teile auf.

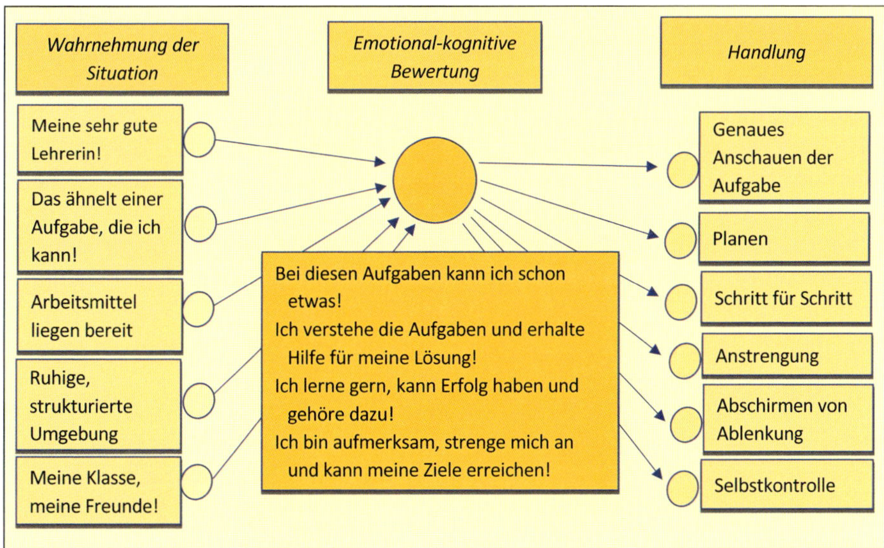

Abbildung 5: Positive Lernsituation

In einer positiven Lernsituation ist das Kind angstfrei und kann sich erfolgsorientiert mit der Aufgabe beschäftigen. Links sehen wir einzelne Aspekte der *Situationswahrnehmung*. In der Mitte der Abbildung bündeln sie sich zu einer lernförderlichen *emotional-kognitiven Bewertung*. Im Kasten unter dem Bündelungskreis werden Handlungsbereitschaften aufgeführt, die sich in der Bewertung verbinden. Rechts werden *Handlungsweisen* genannt. Zu ihnen gehören die Aufnahme und Verarbeitung der Aufgabeninformationen und Instruktionen, Anwendung von Lernstrategien, Handlungsregulation und Verarbeitung von Fehlern. Das Lernen gelingt. Von der Handlungsausführung gibt es Rückwirkungen zur Situationswahrnehmung. Die vielen möglichen Rückwirkungspfeile sind um der Übersichtlichkeit willen nicht eingezeichnet.

Genauso, wie Jansen und Streit (2006) in ihrem Titel „Positiv lernen“, verwenden wir das Attribut „positiv“ nicht im Sinne der Ratgeberliteratur zum positiven Denken. Positive Psychologie ist eine empirisch arbeitende Wissenschaft. Sie untersucht psychische Bedingungen, unter denen sich individuelle Ressourcen entfalten. Zu den wichtigsten Faktoren gehört, dass Menschen sich wohlfühlen, ihre Stärken erkennen und einsetzen, dominierend gute Gefühle erleben, sinnvolle Ziele anstreben, Schwierigkeiten überwinden und daran wachsen. „Positive Lernsituation“ bedeutet nicht, dass Lernen nur Spaß bereiten soll. Gerade das Erleben, sich angestrengt und es selbst geschafft zu haben, führt zur Befriedigung und festigt erfolgreiche Lernstrategien.

Die Abbildung 6 (s. S. 33) zeigt das Gegenteil der vorhergehenden: Jeder einzelne Punkt der Situationswahrnehmung kann die Lerntätigkeit blockieren; erst recht und wohl unvermeidlich geschieht das bei einer Kombination mehrerer Punkte. Dann sind vorhandene Kompetenzen kaum noch zugänglich. Kognitive und soziale Fähigkeiten werden nicht eingesetzt. Die emotional-kognitive Bewertung zeigt die innere Not, die einhergeht mit Gefühlen fehlender Kontrolle, Misserfolgsbefürchtungen oder auch der Angst, Bindungspersonen durch schwache Leistungen zu enttäuschen. Auf der Handlungsseite ist es dann ausgeschlossen, dass das Kind sich konzentriert mit der Aufgabe beschäftigt. Es würde (seinem Empfinden zufolge) emotional mehr verlieren als gewinnen. Subjektiven Sinn macht jetzt Vermeidungsverhalten, das viele Formen annehmen kann, z. B. Träumen, Ablenkungsverhalten, Beschränkung auf minimale Anstrengung (um den Schein zu wahren), Entlastung durch Störverhalten.

Wenn wir in den beiden Abbildungen zu positiven und zu problematischen Lernsituationen die mittleren Teile, d. h. die emotional-kognitive Bewertung, ausblenden, entsprechen sie dem SOAP-Modell von Wahl (2013, S. 17–29; 1991, S. 56 ff.). Dieses Modell unterscheidet zwei Phasen. Die erste wird als *Situations-Orientierung (SO)* bezeichnet, die zweite als *Aktionsplanung (AP)*.

› In der SO-Phase baut sich ein Bild der Situation auf. Die Situation wird wahrge-

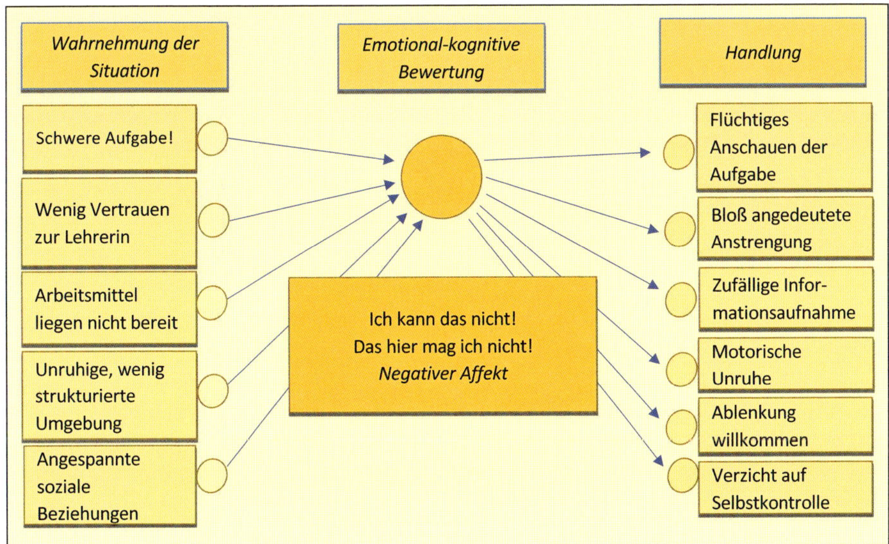

Abbildung 6: Problematische Lernsituation

nommen und in die früheren Lernerfahrungen eingeordnet. Zum Beispiel entstehen positive Erwartungen oder Misserfolgsbefürchtungen. Oft ordnet der Mensch eine wahrgenommene Situation einem „Situations-Prototypen" zu. Er weiß ja schon, worum es hier geht und was nun bestimmt folgen wird, und verbindet es mit Glaubenssätzen (z. B.: „Mathe fällt mir leicht", „Wieder werde ich abgestempelt", „Wieder muss ich darum kämpfen, beachtet zu werden", „Eine Situation, in der ich mich auszeichnen kann / in der meine Kontrolle gefährdet ist").

- In der AP-Phase werden die Handlungsmöglichkeiten abgeschätzt und erwogen: Was fordert die Aufgabe? Kann ich das? Diese Abschätzung führt zum Handeln. Der Akteur wählt die ihm geeignet erscheinenden Aktionen aus. Und so wie es in der SO-Phase die Situations-Prototypen gibt, so gibt es in der AP-Phase „Drehbücher", z. B. ein erfolgreiches Muster der Planung und Anwendung von Lernstrategien oder eine Form des Vermeidungsverhaltens.

Lernende nehmen die Situationen in spezifischer Weise wahr und ordnen ihnen Aktionsprogramme zu. Heute wissen wir, dass die Bedeutung subjektiver Lernsituationen kaum überbewertet werden kann. Erkenntnisse der Hirnforschung, der Positiven Psychologie und der Allgemeinen Psychologie kommen mit ihren jeweiligen Forschungsmethoden zum selben Ergebnis: Lernwachstum und Entfaltung der Ressourcen sind an emotional positive Situationen gebunden. Auch leichtes und mittleres Schwierigkeitserleben gehören dazu. Anderenfalls würde die Entwicklung flexibel einsetzbare Kompetenzen unmöglich werden. Es muss nur die subjektive Aussicht gegeben sein, die Schwierigkeiten meistern und dann umso größeren Stolz empfinden zu können.

Lernsituationen sind soziale Situationen, ganz und gar. Der subjektive Sinn des Handelns erwächst aus den zwischenmenschlichen Erfahrungen. Wolfgang Jantzen (2013) meinte dazu: „Wir merken Sinn meistens nur, wenn er verloren geht. Sinn ist sozusagen die emotionale Umhüllung unseres Lebens oder unserer Räume, in denen wir jeweils sind. Und damit dieser Sinn aufrecht erhalten bleibt, brauchen wir eine Resonanz." (S. 60) In jeder Situation sind das Klassenklima und die Wahrnehmung des Handelns anderer Schülerinnen und Schüler Wegweisungen für das Lernen und die Kommunikation.

2.2 Phasen der Lernhandlung

Mit dem Handeln beschäftigen sich Philosophie, Psychologie, Pädagogik, Soziologie und weitere Wissenschaften. Allen gemeinsam ist das Verständnis des Handelns als bewusste Aktivität. Der Mensch möchte Ziele erreichen und setzt seine Möglichkeiten dafür ein. Lernhandeln besteht aus Aktivitäten zum Lösen von Lernaufgaben. In der Schule sind Aufgaben allgegenwärtig. Lernprozesse werden durch Aufgabenstellungen gesteuert, betont Leisen (2010) und formuliert an anderer Stelle: „Ein Loblied auf Aufgaben. Vieles kommt und geht in der Didaktik, Aufgaben bleiben. Es gibt kein Lernen und kein Lehren ohne Aufgaben. Insofern können wir auf vieles verzichten, nur nicht auf Aufgaben." (Leisen, o. J.) Gleichzeitig wendet sich auch dieser Autor gegen die unbegleitete Arbeit mit Mengen von Arbeitsblättern, mit denen Schüler beschäftigt werden.

Eine *Lernhandlung* ist die relativ geschlossene und abgrenzbare, strukturierte Beschäftigung mit der Aufgabe (Clauß u. a., 1995, S. 276). Sie ist in Phasen gegliedert. Das Rubikon-Modell (Gollwitzer, 1996; Überblick bei Achtziger & Gollwitzer, 2010) unterscheidet vier große Handlungsphasen. In einer ersten Phase, der motivationalen *Abwägephase*, wird die persönliche Bedeutsamkeit (die Valenz) eines Wunsches oder Ziels bewertet. Gleichzeitig wird die Wahrscheinlichkeit eingeschätzt, mit der ein Erfolg herbeigeführt werden kann. Das kann zu einer Intention[3] führen, die zur *Planungsphase* überleitet. In dieser richten sich die Kognitionen auf die Bedingungen und Schritte der Realisierung. Die dritte Phase, die *Handlungsphase*, dient der Ausführung. Die vierte Phase, *Bewertungsphase* genannt, beendet die Handlung und weist, ebenso wie die erste, einen motivationalen Schwerpunkt auf. Denn hier werden der Handlungsverlauf und die Ergebnisse reflektiert, als Erfolg oder Misserfolg erlebt und hinsichtlich der Ursachen betrachtet. Das hat große Bedeutung für die zukünftige Motivation.

---

3 Die Intention ist der Übergang von motivationalen Prozessen zum eigentlichen Handeln. Deshalb gab Heckhausen seinem Modell den Namen „Rubikon-Modell" (Bezug auf das Überschreiten des Flusses Rubikon durch Julius Cäsar, was unumkehrbar zum römischen Bürgerkrieg führte).

In ähnlicher Weise, aber auf das Lernen zugeschnitten und differenzierter, nennt Kretschmann (2007) folgende Teilhandlungen:

- **„Sich interessieren für die Aufgabe:** Das Kind entwickelt für sich ein (mehr oder weniger starkes) Bedürfnis, sich mit der Aufgabe zu beschäftigen, sei es aus Interesse oder sekundärer Motivation (z. B. aus Hoffnung auf Anerkennung oder um Missbilligung zu entgehen).
- **Kompetenzeinschätzung:** Das Kind schätzt ab, ob es die Aufgabe bewältigen kann. Es wird tätig, wenn es glaubt, eine Aufgabe bewältigen zu können.
- **Erhöhen der Aufmerksamkeit, Aktivierung:** Das Kind fokussiert seine Aufmerksamkeit auf den Gegenstand der Tätigkeit. Es schottet sich von anderen Reizen ab. Es können auch physiologische Aktivierungsprozesse eintreten. Günstig für das Lernen ist ein ‚mittleres Maß' an körperlich-geistiger Erregung, ein Zustand der Wachheit und der Leistungsbereitschaft.
- **Orientierung auf den Lerngegenstand:** Suche und Kenntnisnahme von Informationen, die für die Lösung einer Aufgabe notwendig und hilfreich sind.
- **Planung des Lernhandelns:** gedankliche Strukturierung der Lernaufgabe, Zeiteinteilung, vorwegnehmendes Durchspielen von Lösungsmöglichkeiten.
- **Ausführung:** Erledigung der Anforderungen bis zur Beendigung der Aufgabe (ggf. unter mentaler Speicherung von Zwischenergebnissen).
- **Verlaufs- und Erfolgskontrolle:** Überprüfung, ob Lösungsansätze bzw. die Lösungen richtig sind.
- Abschließende **Bewertung** und Deutung des Ausmaßes und der Ursachen von Erfolg und Misserfolg." (S. 24 f.)

Kretschmann orientiert sich am Handlungsablauf, nimmt aber keine strenge Abfolge an. Die Teilhandlungen bauen aufeinander auf und gehen ineinander über. Prozesse können simultan ablaufen und es gibt Rückkoppelungen. So kann sich die Aktivierung und Kompetenzeinschätzung im Ergebnis der Verlaufs- und Erfolgskontrolle verändern. Der Lernende bemerkt einen Fehler. Als Reaktion darauf erhöht er vielleicht seine Konzentration, liest die Aufgabe noch einmal, plant neu, geht über zu einer Schritt-für-Schritt-Strategie. Oder er tut nicht mehr viel, gibt unter Umständen auf.

In der Abbildung 7 unterscheiden wir sechs Phasen der Lernhandlung und ordnen ihnen wesentliche Prozesse zu. Die erste Phase, die Anfangsmotivation, wird von Bedürfnissen nach Teilhabe und Kompetenzerleben sowie Interesse an der Aufgabe bestimmt. Ohne eine hinreichend starke Anfangsmotivation kommt keine Lernhandlung in Gang. An sie schließt die Phase der Übernahme der Aufgabe an. Sie umfasst die Erstbeschäftigung mit der Aufgabe und eine Aktivierung des Vorwissens. Mit jeweils mehreren Teilprozessen folgen die Phasen der Schwierigkeitswahrnehmung, der Vermittlung, der selbstwirksamen Ausführung und der abschließenden Selbstbewertung. In jeder Phase kann die Handlung ins Stocken geraten. Bei der einzelnen Schülerin, dem einzelnen Schüler gibt es individuell typische „neuralgische Stellen". Das kann mit der Komponenten- und Strukturanalyse untersucht werden.

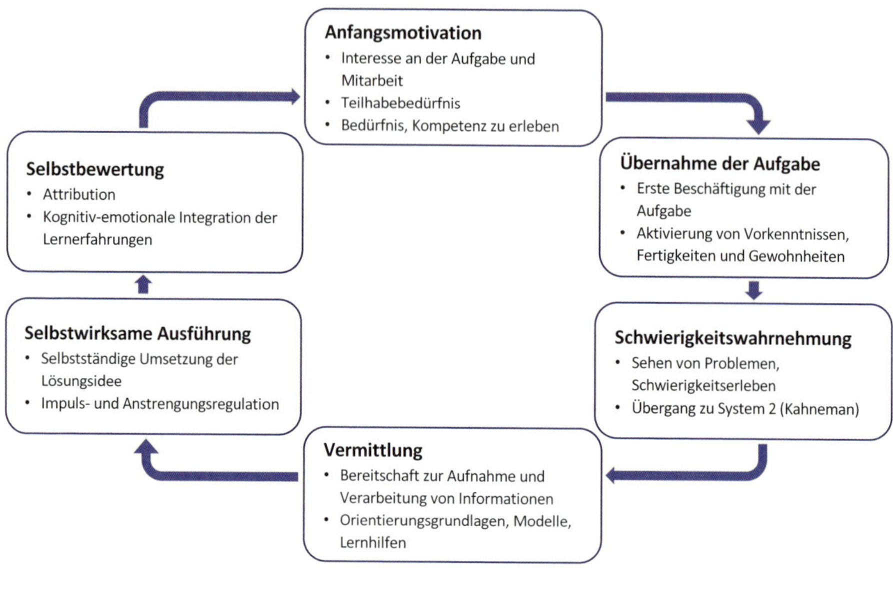

Abbildung 7: Phasen der Lernhandlung und ihre wesentlichen Prozesse

Die Abbildung zeigt keine Abfolge, in der eine Phase die andere ablöst. Mit jeder neuen Phase kommt etwas hinzu. Die vorhergehende Phase wirkt weiter und trägt zum Gelingen bei. So stehen „Anfangsmotivation“ und „Übernahme der Aufgabe“ weit vorn, müssen aber im ganzen Kreislauf lebendig bleiben. Ähnliches gilt für die Schwierigkeitswahrnehmung oder die Bestandteile der Vermittlung.

Zu den Phasen:

1) Anfangsmotivation. Zielgerichtete Aufmerksamkeit und Anstrengung werden ausgelöst, wenn die Beschäftigung mit der Aufgabe persönlichen Sinn hat. Dieser kann darin bestehen, dass das Kind eine bestimmte Fähigkeit erwerben, Zugehörigkeit und Anerkennung unter den Gleichaltrigen spüren und seine Fähigkeiten zeigen möchte.

Bei Marshall Rosenberg finden wir Gefühlslisten (im Zusammenhang mit seinem Handlungskonzept der Gewaltfreien Kommunikation). Daran angelehnt entstanden in der Zusammenarbeit mit Kindern und Jugendlichen „Gefühls-Alphabete“ (Neumann, 2005). Auf dieser Grundlage stellten wir in einem Workshop mit Lehrerinnen und Lehrern zusammen, welche Gefühle durch die Wahrnehmung von Kompetenz oder fehlender Kompetenz ausgelöst werden.

Bei Kompetenzerleben fühlen Lernende sich: ausgeglichen, begeistert, engagiert, entschlossen, entspannt, freundlich, friedlich, gelassen, gesammelt, hoffnungsvoll, inspiriert, interessiert, klar, kraftvoll, motiviert, munter, optimistisch, ruhig, selbstsicher, stark, vertrauensvoll, vertraut, wach, wissbegierig, zufrieden, zuversichtlich.

Bei fehlendem Kompetenzerleben fühlen Lernende sich: isoliert, ängstlich, besorgt, beunruhigt, deprimiert, durcheinander, entnervt, enttäuscht, erstarrt, frustriert, gehemmt, geknickt, gestresst, hilflos, hoffnungslos, isoliert, missmutig, müde, mutlos, nervös, niedergeschlagen, ruhelos, schlapp, unbehaglich, unruhig, unsicher, unzufrieden, verspannt, verstört, verzweifelt, widerwillig, zappelig.

Damit eine Anfangsmotivation entstehen kann, müssen die elementaren körperlichen Bedürfnisse erfüllt sein. Soziale Konflikte dürfen nicht in den Vordergrund drängen und die Beziehung zur Lehrperson muss durch Vertrauen getragen sein.

2) Übernahme der Aufgabe. Sie schließt eine erste Beschäftigung mit der Aufgabe in Form der Informationsaufnahme ein. Wahrnehmen, Denken und Wollen binden sich an die Aufgabe. Das Kind antizipiert den Erfolg und wäre enttäuscht, würde es das Ziel nicht erreichen. Die Aufgabenübernahme ist einem Kind möglich, das Vorkenntnisse besitzt. Nur bei ihm findet die Anfangsmotivation den Boden, in dem seine Aktivität wurzeln kann, indem es Gehörtes oder Gelesenes mit Vorkenntnissen verbindet. Eine Lernaufgabe wird dann übernommen, Anstrengungsbereitschaft dann aufgebracht, wenn der Weg zur Lösung sich subjektiv mindestens zu einem großen Teil abzeichnet. Mit der Aktivierung der Vorkenntnisse gewinnt die Kompetenzmotivation an Kraft: Das Wissen, die Fähigkeiten und Fertigkeiten, wollen angewandt werden. Vorkenntnisse bilden also die Brücke zu den neuen Lerninhalten. Je intensiver die Verknüpfung, umso besser. Mit dem Niveau der Vorkenntnisse korreliert der Lernerfolg höher als mit der Motivation und Intelligenzfaktoren (Helmke & Weinert, 1997; Koeller & Baumert, 2008).

Quantitativ lässt sich ein günstiges Verhältnis von Vorkenntnissen und Neuem nicht ausdrücken. Eine Erkenntnis aus der Praxis kann uns zum Weiterdenken veranlassen: „So lernen wir beispielsweise ein neues Wort in einer Fremdsprache nur dann, wenn wir mindestens 70 bis 80 Prozent des Satzes, in dem sich das Wort befindet, bereits verstehen. Nur dann sind wir – aus diesem Gefühl des Wissens bzw. Kennens heraus – in der Lage und auch neugierig genug, unser bisheriges Wissen um einen neuen Baustein zu ergänzen.“ (Pädagogische Notizen, 2022) Beides, die Aktivierung des Vorwissens und ein als erreichbar wahrgenommenes Ziel, sind Voraussetzungen für die Übernahme der Lernaufgabe. Wenn das Kind sich vorzeitig anderen Dingen zuwendet, liegt der Grund meist nicht in Konzentrationsschwierigkeiten, sondern im Fehlen von Vorwissen und Kompetenzmotivation.

3) Schwierigkeitswahrnehmung. So erfolgsorientiert die Beschäftigung mit der Aufgabe auch begonnen wird, irgendwann stockt der Lösungsprozess. Außer bei

Routineaufgaben, doch diese sind keine Lernaufgaben. Man versucht zuerst, an eingeübten Abläufen festzuhalten, d. h. an jenen Programmen, die Kahneman dem „System 1“ zuordnet. (Auf diese Theorie kommen wir in Abschnitt 2.3.2 zurück.) Bei einer Lernaufgabe führt das bisher Eingeübte allein nicht zur Lösung. Wird das Kind bei der Aufgabe bleiben? Steigt es aus oder will es die Schwierigkeitsschwelle überwinden? Das entscheidet sich jetzt. Bewusste Suche nach dem Weg, Informationsaufnahme und verarbeitung werden nötig, eine bestimmte Ungewissheit muss ausgehalten werden. Kahneman spricht vom Übergang zum „System 2“, dem System der anstrengenden mentalen Aktivitäten und willentlichen Steuerung. Leistungsstärkere werden kein Problem haben, können sie doch auf vielfältige Lernerfahrungen zurückgreifen. Leistungsschwächere sind in einer anderen Lage: Erstens kommen sie tatsächlich eher in Schwierigkeiten, weil ihr Vorwissen geringer ist. Zweitens sind sie hochsensibilisiert für Schwierigkeitssignale. Drittens besitzen sie relativ wenige Erfahrungen mit Denkstrategien. Folglich tendieren sie zum Aufgeben und entwickeln Emotionen, die den Lernfortschritt behindern.

Also ist das Schwierigkeitserleben oft ein kritischer Punkt. Viele lernschwächere Kinder vermindern ihr Aktivierungsniveau bereits bei geringem Schwierigkeitserleben. Dabei wäre doch gerade an dieser Stelle eine Steigerung der Aktivität nötig. Doch sie können die Unsicherheit schwer ertragen und die Suche nach Lösungen ist für sie keine attraktive Option. So vergeben sie die Chance auf Erfolgserleben und Festigung ihres Selbstvertrauens. Pädagogisch bleibt keine Wahl: Wir müssen erreichen, dass Lernende sich auf aktive Schwierigkeitsbewältigung einlassen – sei es uns als Person zuliebe, weil wir unser Zutrauen ausstrahlen, sei es indem wir „augenzwinkernd“ einen gewissen Nachdruck ausüben.

4) Vermittlung. Ein Kind, das trotz Schwierigkeitserlebens an der Aufgabe bleibt, sucht Orientierung und ist bereit, Impulse anzunehmen und Informationen zu verarbeiten. Die Vermittlungsphase lässt sich aus Sicht des Kindes mit Maria Montessoris Worten kennzeichnen: „Hilf mir, es selbst zu tun!“. Das Kind wird angeleitet – in der Form der Demonstration der Lösung, eines Vorschlags für eine Schrittfolge, einer verbalen Instruktion oder eines anschaulichen Lösungsschemas. Effektiv sind Formen, in denen Peers oder Erwachsene ein Modell bieten.

Die Vermittlungsphase schafft die *Orientierungsgrundlage*[4] für das Lösen der Aufgabe. Sie beinhaltet die Informationen, auf die der Lernende sich bei der Beschäftigung mit einer Lernaufgabe stützen kann. Die Informationen betreffen Ziele, Inhalte und Schritte der Handlung. Sie können anschaulich oder auch verallgemeinert sein, sollen aber stets eine selbstständige Beschäftigung mit der Aufgabe und einen Transfer ermöglichen. Empirisch belegt ist, dass das davon abhängt, wie die Orientierungs-

4 Dieser Begriff wurde von der Aneignungstheorie eingeführt (Galperin, 1967; Leontjew, 1982, Lompscher, 1990).

grundlage am Vorwissen anknüpft, also praktisch als Advance Organizer wirkt (siehe hierzu Abschnitt 2.4.1). Die Orientierungsgrundlage kann vorher eingeführt worden sein oder sie muss jetzt erarbeitet werden. Individuell zugeschnittene Anschauungs- und Arbeitsmittel und einzuübende Schrittfolgen sind für das Kind die Arbeitsmittel, sich selbst zu helfen.

5) Selbstwirksame Ausführung. Zum Lernerfolg gehört das Erleben der Selbstwirksamkeit („Ich schaffe das mit meinen Fähigkeiten und durch meine Anstrengung!"). Während sich in der Vermittlungsphase Vorstellungen zum „Wie" bilden oder festigen, spürt das Kind in der Ausführungsphase den Nutzen einer konzentrierten, sorgfältigen Tätigkeit ohne Ablenkung. Ohne selbstwirksame Ausführung ist nichts gewonnen. Zwar würde das Kind sich später möglicherweise erinnern: „Ja, es wurde erklärt und gezeigt." Aber es würde auch wissen, dass es das Gezeigte nie selbst ausgeführt hat und das zöge Verunsicherung nach sich.

6) Lernförderliche Selbstbewertung. Abgeschlossen wird die Handlung durch eine Verlaufs- und Ergebniskontrolle und die Bewertung. Deren psychologische Bedeutung geht über das Kognitive hinaus. Das Kind erlebt Erfolg oder Misserfolg und vermutet Ursachen dafür. Die kognitive Psychologie untersucht diese Prozesse als Kausalattribution. Diese ist mitentscheidend für die Motivation und Erfolgszuversicht bei künftigen ähnlichen Anforderungen. Es ist günstig, wenn ein Erfolg den eigenen Anstrengungen bzw. Fähigkeiten zugeschrieben wird. Dagegen wirkt die Annahme „Ich kann das nicht. Ich bin dafür zu dumm und ungeeignet" absolut demotivierend. Nicht entmutigend wirkt die Erklärung eines Misserfolgs durch zu geringe Anstrengung („Ich hätte es bei mehr Anstrengung schaffen können") oder durch überwindbare Fehler („Das nächste Mal kann ich es besser"). Ebenfalls nicht entmutigend ist es, wenn die Ursache für einen Misserfolg äußeren Bedingungen zugeschrieben wird („Ich bin gestört worden", „Es war zu laut", „Die Erklärung fehlte" usw.). Also muss auf die Attribution geachtet werden. Dazu gehört auch, Misserfolgserlebnisse durch eine positive Fehlerkultur abzufangen. Stolz auf das Geleistete ist ein wichtiger Motivator für kommende Aufgaben.

Anhand der Phasengliederung sind potenzielle Problemstellen im Handlungsablauf deutlich geworden. Im nächsten Abschnitt behandeln wir die psychischen Funktionen, die in jeder Phase des Handlungsablaufs zusammenwirken.

2.3 Das Vier-Felder-Modell des Lernhandelns

Zur Einführung des Theorieelements greifen wir zunächst auf das Beispiel Pias aus dem Abschnitt 1.1 zurück. Jetzt tauscht die Lehrerin sich mit mehreren Kolleginnen über mögliche Ursachen und Bedingungen der Konzentrationsschwierigkeiten Pias aus. Meist seien Übermüdung und die geringe Anstrengungsbereitschaft die Hauptgründe, meint die Lehrerin A aufgrund ihrer Beobachtungen. Lehrerin B stimmt ihrer Kollegin im Prinzip zu, hebt aber zusätzlich hervor, das Mädchen habe überhaupt keine Lernziele und ihr fehlten Lernstrategien und Ordnungsgewohnheiten. Daraufhin äußert Lehrerin C ihre Überzeugung, das Problem bestehe oft im Vorwissen. Pia könne eigentlich gar nicht mitarbeiten.

Die Lehrerinnen nennen hier mögliche Zusammenhänge – und weitere kommen in Betracht, etwa ein geringer Umfang des Arbeitsgedächtnisses, metakognitive Defizite, geringe Emotionsregulation, fehlende Interessen, kognitive Rückstände, mangelndes Selbstvertrauen, situative Faktoren, eventuell gestörte Lehrer-Schüler-Beziehungen. Bald kommt die Diskussion an jenen Punkt, an den Fallberatungen häufig gelangen: „Alle haben irgendwie recht." Die Komplexität ist so hoch, dass die Diskussion über ein, zwei Ursachen sinnlos erscheint. Auch überschneiden sich die einzelnen Faktoren oder sie befinden sich auf unterschiedlichen Ebenen.

Wie aber kommen die Lehrerinnen bei Problemstellungen, wie der eben genannten, weiter? Mehrere Punkte spielen eine Rolle: Die Lehrerinnen haben das Kind in unterschiedlichen Situationen beobachtet; sie können die Diskussion damit bereichern, sollten sich aber dazu einigen, über welche Lernsituationen oder -bereiche sie diskutieren. Darüber hinaus unterscheiden sie sich mehr oder weniger im Verständnis der theoretischen Begriffe und der Gewichtung, die sie bestimmten Bedingungen zuerkennen. Sie haben also nicht nur ein unterschiedliches personenbezogenes empirisches Wissen, auch ihr allgemeines pädagogisch-psychologisches und entwicklungspsychologisches Wissen ist nicht deckungsgleich. Erleichtert würde die Beratung durch ein theoretisches Gerüst, mit dem alle Beteiligten konform gehen können. Das Aneinander-Vorbeireden könnte wesentlich vermindert und die Diskussion zielgerichteter werden. Als theoretisches Gerüst schlagen wir das Vier-Felder-Modell des Lernhandelns vor. Auf seine praktische Anwendung gehen wir erst bei der Darstellung der Bausteine in Kapitel 3 ein. Jetzt beschränken wir uns auf die Modelldarstellung. Das Modell ist gut überschaubar, berücksichtigt aber doch den aktuellen Forschungsstand. Unser Leitsatz bei seiner Entwicklung stammt von Kurt Lewin, einem der großen Väter der modernen angewandten Psychologie: „Nichts ist praktischer als eine gute Theorie." (zitiert nach Pellert, 2014, S. 11)

2.3.1 Das Modell

Lernaktivität ergibt sich aus dem Zusammenwirken von vier Funktionsbereichen: (1.) **B**asale Kompetenzen, (2.) **W**issenserwerb in den Lernbereichen, (3.) **M**otivation und (4.) **H**andlungssteuerung. In einer kurzen Formel: **Lernaktivität = f (B, W, M, H).**
Damit Lernen gelingt, müssen vier Bedingungen gegeben sein:

- Der Lernende wendet sein vorhandenes „schnelles" (d. h. gut abrufbares, weitgehend automatisiertes) Wissen an (Basale Kompetenzen).
- Er entwickelt Aktivitäten zur Aufnahme und Verarbeitung neuen Wissens (Wissenserwerb).

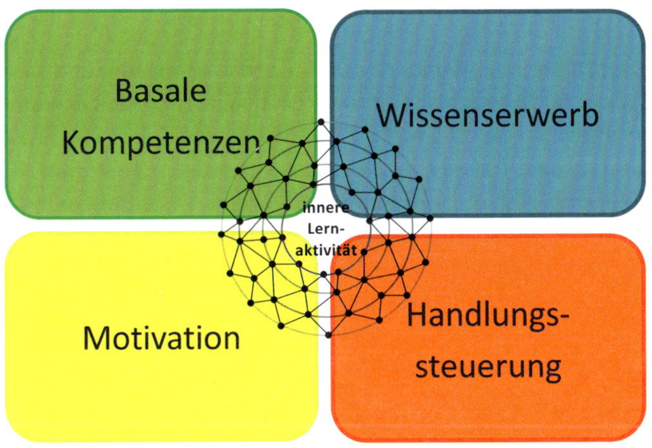

Abbildung 8: Funktionsbereiche der Lernaktivität

- Er spürt den Sinn seiner Tätigkeit und Anstrengung (Motivation).
- Er steuert sein Handeln zielgerichtet und bewusst (Handlungssteuerung).

In der Abbildung 8 sind die Funktionsbereiche angeordnet. Das Netz im Zentrum steht für die innere Lernaktivität, in der die Funktionsbereiche zusammenwirken.

Basale Kompetenzen umfassen die weitgehend automatisierten, rasch und intuitiv verfügbaren Prozesse. Die Aufgabe 67 + 8 lösen wir, ohne nachdenken zu müssen. Ein bestimmter Zweitklässler wird die Aufgabe sicherlich ebenfalls lösen, aber eher mit Nachdenken. Er weiß wahrscheinlich spontan, dass 7 mehr als 4 ist, aber die Kompetenz zum Überschreiten des Zehners ist ihm noch nicht basal verfügbar. *Wissenserwerb* meint die bewusste, aktive Auseinandersetzung, indem der Schüler eine Strategie sucht und (vielleicht abzählend) rechnet. *Motivation* ist gegeben, es existieren emotionale Wertigkeiten und Handlungsantriebe. *Handlungsteuerung* ist die auf der Selbstbeobachtung beruhende Regulation des eigenen Handelns; der Schüler achtet auf seine Konzentration, will jetzt keine Ablenkung etc.

Wir haben den Funktionsbereichen folgende Farben zugeordnet:

- *Grün* steht für flüssig, leicht, spontan ablaufende Prozesse (basale Kompetenzen).
- *Blau* steht für die Beschäftigung mit dem bisher noch Unbekannten (Wissenserwerb in den Lernbereichen).
- *Gelb* steht für Motivation. Die Sonne spendet Antrieb und Kraft.
- *Rot* zeigt die bewusste Handlungssteuerung an. Ein innerer Stopp-Impuls schafft eine Gelegenheit zum Überprüfen, Überlegen, Korrigieren, Planen.

Eine kleine Selbstbeobachtung zur Illustration:

> Im kleinen Familienkreis wanderten wir auf einem Weg, der uns am See entlang durch einen Wald führte. Wir waren nicht die einzigen Wanderer. Unmittelbar hinter uns eine Familie im Gespräch. Ich hörte, wie ein Mann, offenbar an seinen Sohn oder seine Tochter gerichtet, die folgende Frage stellte: „Wie viel ist 4^3 mal 16^2?“ Kurze Zeit später noch einmal deutlicher: „Na, wieviel ist 4^3 mal 16^2?“ Ich dachte: Aha, Corona-Homeschooling, und das beim Wandern! Eine Antwort erhielt der Mann nicht, doch ich hatte nun die Aufgabe im Ohr und fragte mich: Kann *ich* das ausrechnen? Das hat etwas mit Potenzrechnung zu tun. Ich rechnete $4^3 = 4 \times 4 \times 4 = 64$. Und jetzt noch 16^2, das ist die Quadratzahl von 16, also 256. So viel wusste ich noch automatisiert; es gehörte zu meinen *basalen Kompetenzen*. Dieses Wissen konnte ich mühelos hervorholen. Doch die Aufgabe lautete: „4^3 *mal* 16^2“, also musste ich rechnen: 64×256. Der Mann kann doch nicht erwarten, dass man das ausrechnet! Ich fragte erst einmal meinen Enkel: „Hattet ihr eigentlich schon Potenzrechnung?“ Auch er überhörte das; doch meine *Motivation* zur Lösung blieb bestehen. Die Aufgabe ging mir eine Zeitlang im Kopf herum. Andere Gedanken traten dazwischen, aber ich kehrte zur Aufgabe zurück, eine Art *Handlungssteuerung*, in der ich plante: Ich schreibe das innerlich auf und muss mich an die Potenzgesetze erinnern! Multiplizieren kann man, indem man Potenzen addiert. Das müsste die Lösung sein! Jetzt befand ich mich in dem Bereich, in dem ich nicht sicher war, das heißt im Bereich des *Wissenserwerbs*. Im Arbeitsgedächtnis trat vor das innere Auge: $4^3 = 4 \times 4 \times 4$. Dann noch 16^2. Das ist doch: $4 \times 4 \times 4 \times 4$. Also: $16^2 = 4^4$. Wie lautete die Aufgabe? $4^3 \times 16^2$. Das ist dasselbe wie $4^3 \times 4^4$. So wurde mir klar, was der Vater der hinter uns wandernden Familie hören wollte: $4^3 \times 16^2 = 4^7$. Ich hatte Wissen erworben, das heißt in diesem Fall: wiederaktiviert, was ich nicht mehr parat hatte.
>
> Für Leute, die nach kurzem Überlegen sofort wissen: $4^3 \times 16^2 = 4^7$, ist die Aufgabe keine Lernaufgabe (für mich war es eine). Das Wissen gehört bei ihnen zu den basalen Kompetenzen. Ich dagegen musste Verknüpfungen herstellen, die mir nicht mehr gut verfügbar waren. Ich musste mich aktiv erinnern und kombinieren (lernen, Wissen erwerben), dazu motiviert sein und mein Handeln steuern (am Ziel festhalten, andere Eindrücke abschirmen u. a. m.).

Weitere Erläuterungen zu den einzelnen Funktionsbereichen:

Basale Kompetenzen stehen unmittelbar zur Verfügung. Bei dem Kind, das bei der Grammatikaufgabe „Ein Haus – viele __“ nicht nachdenken muss, ist dieses Wissen *basal*, ebenso können es Grundfertigkeiten beim Schneiden mit der Schere, zahllose weitere sensomotorische Fähigkeiten und Fertigkeiten sowie Verhaltensweisen im sozialen Umgang sein. In Gesprächen werden basale Kommunikationsstrategien und sprachliche Kompetenzen angewandt. Viele kognitive Prozesse vollziehen wir automatisch oder fast automatisch. Die basalen Kompetenzen bilden den riesigen

Bereich der Grundlagen unseres Handelns. Sie zeichnen sich durch folgende Merkmale aus:

- Die Prozesse können parallel und gleichzeitig mit anderen ablaufen. Das erlaubt eine extreme Verflechtung und Komplexität der Informationsverarbeitung.
- Sie entlasten das operative Gedächtnis, dessen Kapazität begrenzt ist. Die basalen Prozesse sind im Langzeitgedächtnis verankert und nicht im operativen Gedächtnis verortet.
- Sie benötigen keine bewusste Aufmerksamkeit.
- Sie sind mit einem Gefühl der Leichtigkeit und weiteren positiven Emotionen verknüpft, denn sie haben sich oft bewährt.

Zum Gebrauch des Wortes „basal“: In unserem Zusammenhang sprechen wir über das Individuell-Basale, also darüber, auf welche Fertigkeiten, eingeschliffenen Gedanken, automatisierten Vergleichs- und Unterscheidungsprozesse, sprachlichen Muster usw. sich ein bestimmtes Kind in seinem Handeln stützt. Oft wird der Begriff „basal“ in einem allgemeineren, übergreifenden Sinn verwendet. Beispiel: In Stufenmodellen der Schriftsprachentwicklung ist die Beherrschung der alphabetischen Strategie *basal* für den Übergang zur orthografischen und morphematischen Strategie.

Wissenserwerb in den Lernbereichen. Er umfasst die bewusste Beschäftigung mit Lernaufgaben. Gestützt auf Lehrinstruktionen, passende Anregungen und Materialien erwerben die Lernenden Wissen. Sie verarbeiten neue Informationen, indem sie vergleichen, analysieren, Schlussfolgerungen ziehen, Hypothesen bilden und prüfen. Teilhandlungen können sein: das Lesen oder Hören der Aufgabenstellung, die Analyse der Aufgabeninhalte, die Lösungsplanung, die Anwendung von Lernstrategien, Soll-Ist-Vergleiche im Lösungsprozess und andere.

Eine besondere Stellung im Wissenserwerb hat die *Metakognition*. Metakognitive Prozesse beinhalten das individuelle Wissen über kognitive Strukturen und deren Steuerung. Sie dienen der Planung, Kontrolle und Überwachung kognitiver Prozesse. Beispiel: Ein Schüler will die Aufgabe 43 + 22 lösen. Da er das Ergebnis nicht spontan weiß, kommt es zu metakognitiven Prozessen. Er denkt: „Eine leichte Aufgabe! Zum Glück ohne Zehnerüberschreitung. Ich addiere zuerst die Zehner, 40 + 20 = 60. Jetzt addiere ich die Einer: 3 + 2 = 5. Beides zusammen: 60 + 5 = 65.“ Der Schüler beobachtet und überwacht seine kognitiven Prozesse und steuert die Operationen. Dabei knüpft er an verfügbare Kompetenzen an.

Zum Verhältnis von basalen Kompetenzen und Wissenserwerb: Der neue Lerninhalt muss an unproblematisch Verfügbarem anknüpfen können. Daher ist es eine Tragik für das Kind, wenn die Umstände des Unterrichts das Anknüpfen immer wieder erschweren. Der sogenannte *Matthäus-Effekt* bringt es auf den Punkt: „Denn wer da hat, dem wird gegeben, dass er die Fülle habe; wer aber nicht hat, dem wird auch das genommen, was er hat.“ (aus Jesu Gleichnisrede im Matthäusevangelium, 13,12) Das heißt: Kleine Anfangsvorteile können immer weiter ausgebaut werden und kleine Anfangsnachteile zu großen Rückständen kumulieren.

Motivation umfasst die Bereitschaft des Menschen, sich bestimmten Gegenständen oder Tätigkeiten zuzuwenden und Ziele anzustreben, mit denen er seine Bedürfnisse befriedigen und Frustrationen vermeiden kann, auch wenn er dabei Schwierigkeiten und Hindernisse überwinden muss. Das sich daraus ergebende Handeln hat für den Menschen einen persönlichen Sinn. Weit zurückliegende, nähere und aktuelle Erfahrungen greifen ineinander. Die Motivation entsteht in der Interaktion der Bedürfnisse und der Anreize, die die Situation hervorbringt. In Lernsituationen sind die folgenden psychischen Grundbedürfnisse in jedem Moment gegenwärtig (siehe die Konsistenztheorie von Grawe, 2004):

› *Bedürfnis nach Orientierung und Kontrolle* (gleichzeitig das Bestreben, einen Verlust von Orientierung und Kontrolle zu vermeiden): Spürt das Kind, dass es durch sein Lernen vorankommt und Erfolg und Misserfolg von ihm selbst abhängen? Erlebt es seine Kompetenz, wenn es sich mit den Aufgaben beschäftigt? Oder kann es keinen Lernfortschritt erkennen und empfindet in schulischen Dingen ein Gefühl der Hilflosigkeit (also das Gegenteil von Orientierung und Kontrolle)?
› *Bedürfnis nach Lustgewinn und Unlustvermeidung*: Bereitet das Lernen Freude, die damit verbundenen Anstrengungen eingeschlossen? Oder dominieren Desinteresse und Unlust?
› *Bedürfnis nach Bindung und Zugehörigkeit* (gleichzeitig das Bestreben, Verlust von Bindung und Zugehörigkeit zu vermeiden): Stützen und festigen Lernen und Lernerfolge die Bindung und Zugehörigkeit? Sieht das Kind, dass seine Bindungspersonen sich über die Leistungen freuen und stolz auf ihr Kind sind? Oder gefährdet der Unterricht in den Augen des Kindes die Beziehung zu seinen nächsten Personen? Fürchtet es, diese immer wieder zu enttäuschen?
› *Bedürfnis nach Selbstwerterhöhung* (gleichzeitig das Bestreben, Situationen zu vermeiden oder zu verhindern, in denen der Selbstwert beeinträchtigt wird): Fördern das Lernen und die Lernergebnisse das Selbstwertgefühl? Erfährt das Kind darin eine Bestätigung seiner Selbstwirksamkeit? Oder wird die Selbstwirksamkeitserwartung gerade beim Lernen oft erschüttert? Sieht das Kind bestimmten Situationen und Begegnungen mit Unsicherheit entgegen, weil es glaubt, dass sie seinem Selbstwertgefühl nicht guttun werden?

Handlungssteuerung. In der Lerntätigkeit gehört ein Teil der Aufmerksamkeit der eigenen Person. Das Kind achtet auf die eine oder andere Weise darauf, ob seine Konzentration für die Lösung ausreicht. Es bemerkt, dass eine Aufgabe mehr Anstrengung verlangt, kann beginnende Müdigkeit unterdrücken und Ablenkungen abschirmen. Doch es gibt auch Tätigkeiten, in denen das Kind die beschriebene Selbstbeobachtung und -steuerung fast völlig ausblendet und trotzdem viel lernt, nämlich, wenn es durch die Aufgabe völlig gefesselt wird. Maria Montessori (1984) sprach hier von der Polarisation der Aufmerksamkeit. Das Kind ist selbstvergessen bei der Sache und kognitiv-emotional sehr aktiv. Wir kennen das auch als Flow-Erleben. Von der Beschäftigung mit der Aufgabe geht große Befriedigung aus. Das sind gleichsam Sternstunden der Lerntätigkeit.

Ohne das Geschenk eines Flow-Erlebens verlangt Lernen eine bewusste Handlungssteuerung. Sie umfasst Fähigkeiten, die Aufmerksamkeit zu fokussieren, durchzuhalten, Ablenkungen abzuschirmen, sich zu beruhigen oder zuzulegen, innere Impulse zu regulieren. All das geschieht in der inneren Kommunikation. Der Lernende sagt sich zunächst beispielsweise: „Hier muss ich aufpassen, war das ein richtiger Schritt? Langsam machen, nachdenken!" Er gibt sich ein Stopp-Signal und schafft so den Raum für regulierende Prozesse. Selbstinstruktionen, wie die folgenden, gehören zur Handlungssteuerung: „Ich bin zu aufgeregt. Ruhig durchatmen!", „Stopp, so wollte ich das eigentlich gar nicht tun, besser, ich beginne noch einmal von vorn", „Jetzt nicht ablenken lassen!", „Ich muss schneller werden", „Ich habe eigentlich keine Lust mehr, aber ich will mich weiter anstrengen."

Zu einer solchen Steuerung ist das Kind im Vorschulalter erst ansatzweise fähig. Aber es gibt auch Schulkinder mit dominierend impulsivem kognitivem Stil. Sie „nehmen die Aufgabe nur oberflächlich in Augenschein [...], arbeiten überhastet, etwa indem sie beginnen, bevor sie die Arbeitsanweisung zu Ende gehört oder gelesen haben, [...] denken über einen Lösungsversuch kaum nach [...], setzen sich kaum mit den Ergebnissen ihrer Arbeit auseinander, führen keine Fehlerkontrolle durch oder brechen ab, auch dann, wenn die Lösung offensichtlich falsch ist" (Kretschmann, Dobrindt & Behring, 1989, S. 13).

Die Abbildung 9 (s. S. 46) fasst die Leistungen der vier Funktionsbereiche zusammen. Sie zeigt die wesentlichen Perspektiven, von denen auf die Lernaktivität geschaut werden muss. Jede Perspektive lässt Teile hervortreten, während andere im Hintergrund bleiben. Doch welche Sicht ist primär oder die wichtigste? Die Antwort lautet: Jede Perspektive erfasst Teile der Wahrheit. Jede ist auch einseitig und jede wird für ein unverzerrtes Gesamtbild gebraucht, das der Lerntätigkeit und Situation gerecht wird.

Das Netz der inneren Lernaktivität (siehe das Zentrum der Abbildung) ist der Raum, in dem sich die für das Lernen relevanten Prozesse vollziehen. Die Funktionsbereiche arbeiten nicht wie in einem Symphonieorchester mit einem Dirigenten, sondern wie ein Kammerorchester gleichzeitig und ineinandergreifend. Es gibt kein übergeordnetes Selbst oder Wollen, das die gesamte Lernaktivität koordiniert. Das Lernen wird durch die Verflechtung bestimmt und auch davon, wie die Anteile synchronisiert sind, in Resonanz zueinander treten und wie sie sich im mentalen Handlungsraum durchsetzen.

Während wissenschaftliche Forschung bestimmte operationalisierte Variablen untersucht, hat es die Praxis immer mit der Ganzheit aller Aspekte zu tun.

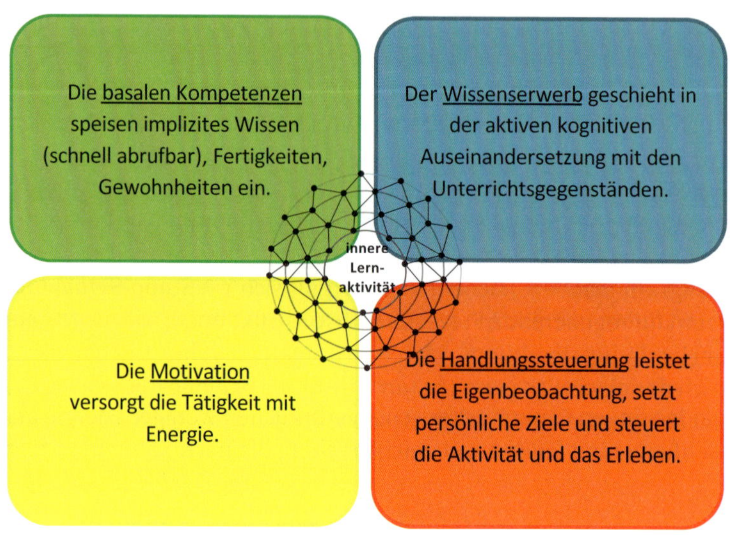

Abbildung 9: Die Leistungen der Funktionsbereiche

2.3.2 Theorien und Befunde

Das Vier-Felder-Modell stützt sich auf die Theorie grundlegender mentaler Aktivitätssysteme von Kahneman (2012), die Theorie der Persönlichkeit-System-Interaktionen (PSI-Theorie) von Kuhl (2010) sowie Bedingungsanalysen zu Lernstörungen.

Theorie grundlegender mentaler Aktivitätssysteme: Der israelisch-US-amerikanische Psychologe Daniel Kahneman erhielt für seine Leistungen hohe Auszeichnungen, darunter den Nobelpreis für Wirtschaftswissenschaften. In seiner Theorie unterscheidet er zwei grundlegende Aktivitätssysteme, die unser Handeln und Entscheiden bestimmen, was unter anderem dazu führt, dass Entscheidungen (auch auf dem Gebiet der Ökonomie) nicht völlig rational sind. Er bezeichnet die Aktivitätssysteme einfach als *System 1* und *System 2* (Kahneman, 2012).

- Das System 1 ist das System des gut Beherrschten, Automatisierten, auch des Instinktiven und Emotionalen. Das System ist schnell, denn es arbeitet assoziativ und ist in den Zielen und Emotionen ohne Konflikte.
- Das System 2 umfasst das durchdachte Handeln, also zielgerichtetes Denken und Lernen sowie die Handlungssteuerung. Es kommt ins Spiel, wenn die Routinen, Gewohnheiten und assoziativen Verknüpfungen des Systems 1 nicht ausreichen.

Spontan versuchen wir die Lösung einer Aufgabe zunächst mit dem System 1. Wir prüfen, ob unsere bewährten Wege und Routinen zum Ziel führen. Aufwendigere

Wege, die das System 2 brauchen, wählen wir erst, wenn die unmittelbar verfügbaren Fertigkeiten und Gewohnheiten nicht ausreichen. Dann denken wir nach und strengen uns an. Mit den bekannten, erprobten Wegen haben wir in der Regel gute Erfahrungen gesammelt. Sie fallen uns leicht und sind im Gedächtnis gut abrufbar. Die Natur hat uns so geprägt, dass wir möglichst energiesparend handeln, also uns erst dann anstrengen, wenn es erforderlich ist, etwa um einer drohenden Gefahr aus dem Weg zu gehen.

Der Übergang zum System 2 ist mit Unsicherheit verbunden. Man hat bemerkt: „Mit meinen gewohnten Fertigkeiten kann ich die Aufgabe nicht bewältigen", und sucht einen anderen Lösungsweg. Der Ausgang ist unsicher und die Ungewissheit kann unter Umständen andauern. Die Prozesse des Systems 1 (in der Abbildung 9 sind das die beiden linken Funktionsbereiche) verbrauchen weniger Energie als die des Systems 2 (die beiden Funktionsbereiche rechts), die nach Kahneman folglich der *Selbsterschöpfung* unterliegen. In Auswertung der Hattie-Studien fragen Hattie und Yates (2015):

> „Warum also macht Denken keinen Spaß? Zum einen ist es mühsam. Menschliche Wesen weigern sich naturgemäß, Ressourcen zu verschwenden, wenn dies mit Anstrengung verbunden ist. Dennoch darf man diesen Charakterzug nicht für Denkfaulheit halten. Stattdessen bezieht er sich auf einen sorgfältigen Einsatz der eigenen Energie." (S. 4)
> „Des Weiteren bringt Denken ein hohes Maß an Unsicherheit mit sich. Es gibt dabei zu viele Unbekannte. [...] Da ein zufriedenstellendes Ergebnis durch das Denken niemals garantiert ist, können Versagensängste dazu führen, Erwartungen nicht zu erfüllen.
> Angst vor Misserfolg ist ein ziemlich starkes Gefühl, viele Male stärker als das, erfolgreich zu sein oder belohnt zu werden." (ebd.)

Im Unterricht müssen wir hinterfragen: Wie ist das Verhältnis von „Abruf sicheren Wissens und hochgelernter Fertigkeiten" zu „kognitiver Unsicherheit und Anstrengung". Bei Lernenden mit gut entwickelten Fertigkeiten und Vorwissen sind die Chancen für eine günstige Relation hoch. In großem Umfang können Sie auf sichere Fähigkeiten zugreifen. Die Anforderungen an Durchdenken, zielgerichtetes Lernen sowie Handlungssteuerung sind für sie überschaubar. Bei Lernenden mit schwächer entwickelten Fertigkeiten und geringerem Vorwissen ist es ganz anders. Sie sehen weniger Anknüpfungsmöglichkeiten. Ihre Unsicherheit ist größer. Das ist ein belastender Zustand. Sofern sie nicht gleich mit Vermeidungsstrategien reagieren, kommt es bald zu Erschöpfung und Demotivation.

PSI-Theorie: Seit 20 Jahren zeichnet sich eine empirisch verifizierte Gesamttheorie des menschlichen Handelns ab. Neben dem Rubikon-Modell (siehe S. 34) sind hier besonders die Arbeiten von Julius Kuhl wichtig. Kuhl ist ein empirisch forschender deutscher Psychologe, der die einzelnen psychologischen Theorien nicht danach beurteilt, was alles sie vernachlässigen und nicht untersuchen, sondern sich dafür interessiert, wie die jeweils untersuchten Aspekte und Ebenen zusammenwirken. In unserem Modell beziehen wir uns auf seine PSI-Theorie (Theorie der **P**ersönlichkeits-**S**ystem-**I**nteraktionen) (Kuhl, 2010 und o. J.; knappe, verständliche Einführung: Martens & Kuhl, 2011, S. 75 ff.). Kuhl unterscheidet die folgenden Makrosysteme, die von der Hirnforschung bestätigt werden:

- *Die intuitive Verhaltenssteuerung* beinhaltet die automatisierten Verhaltensroutinen und Operationen, die das Realisieren von Absichten erst ermöglichen. Das entspricht in unserem Modell des Lernhandelns dem Funktionsbereich der basalen Kompetenzen.
- *Die Objekterkennung* beinhaltet die bewussten Prozesse des fokussierten Erkennens von Objekten und Zusammenhängen, der Wahrnehmung von Einzelheiten und Unstimmigkeiten. Hier haben wir den Funktionsbereich des Wissenserwerbs vor uns.
- *Das Extensionsgedächtnis* beinhaltet das Erfahrungswissen mit den vielschichtigen, simultan ablaufenden, einander beeinflussenden, eher un- oder randbewussten Prozessen des Fühlens und Kontext- und Selbstwissens. Das Extensionsgedächtnis bringt die Motivation hervor.
- *Das Intentionsgedächtnis* beinhaltet die bewussten Prozesse der Aufrechterhaltung von Absichten, des Planens und des Abschirmens von Ablenkungen und störenden Intentionen. Oben haben wir diese Prozesse im Punkt der Handlungssteuerung behandelt.

Anhand der Abbildung 10 (s. S. 49) können wir das Vier-Felder-Modell in allgemeinere Theorien einordnen.

- Die beiden oberen Felder enthalten Prozesse des *Kompetenzerwerbs*: links befinden sich die zu den basalen Kompetenzen gehörenden Prozesse, rechts diejenigen zum Wissenserwerb in den Lernbereichen.
- Die beiden unteren Felder bezeichnen *persönliche Erfahrungen, Prägungen, Eigenschaften und Besonderheiten*, die in der Persönlichkeit zentral verankert sind.
- Die beiden linken Felder umfassen die *Prozesse des Systems 1* im Sinne von Kahneman. Sie sind implizit verfügbar.
- Die beiden rechten Felder enthalten die *Prozesse des Systems 2* im Sinne von Kahneman. Das sind die bewussten Prozesse, verbunden auch mit einer gewissen Anstrengung.

Hier werden zwei Dimensionen aufgespannt. Die **horizontale Dimension** reicht von impliziten, automatisierten, weniger bewussten Prozessen zu den bewussten, expliziten Prozessen – und in die andere Richtung. Basale Kompetenzen sind ebenso wie die Motivation den impliziten Prozessen zuzurechnen (beides gehört zum System 1). Bewusst sind dagegen die Aktivitäten des Wissenserwerbs und auch diejenigen der Handlungssteuerung (beides gehört zum System 2).

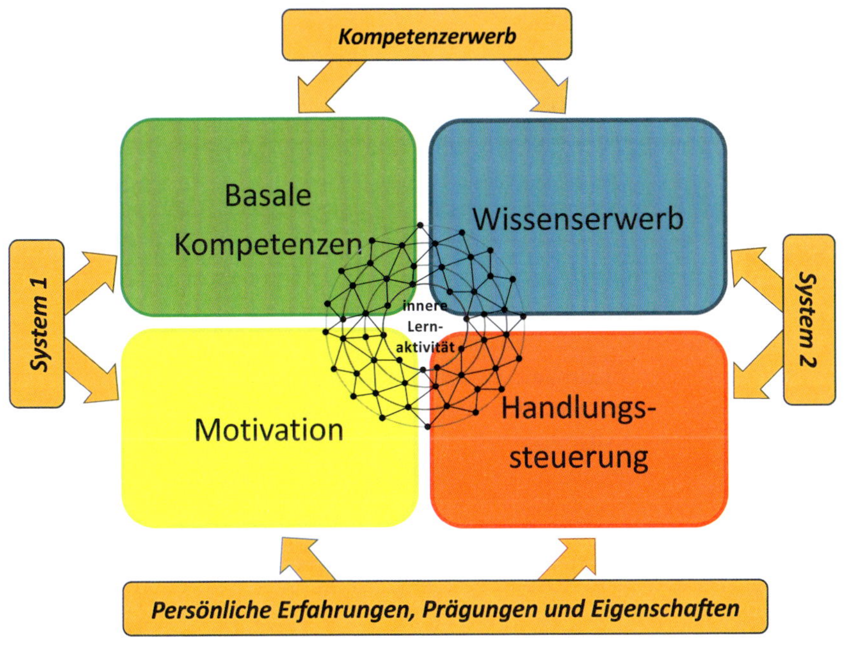

Abbildung 10: Psychologischer Aufbau des Vier-Felder-Modells

Die **vertikale Dimension** reicht (ebenfalls in beiden Richtungen) von den zentral in der Persönlichkeit und ihren Besonderheiten liegenden Voraussetzungen hin zu den Prozessen des Kompetenzerwerbs. Die Motivation und die Handlungssteuerung gehören zu den zentralen inneren Voraussetzungen. Die basalen Kompetenz-Prozesse und die Lernaktivität gehören zum Erwerb von Kompetenzen.

In beiden Dimensionen gibt es eine Dynamik.

Horizontal:
(→): Gewöhnlich unbewusste Prozessabläufe (z. B. beim Treppensteigen, in der Artikulation usw. bis hin zu noch wesentlich komplexeren Denk- und Entscheidungsvorgängen) können, falls es erforderlich ist, bewusst gesteuert werden.
(←): Immer wieder Geübtes wird zu basalen Prozessen, die unbewusst ablaufen können.

Vertikal:
(↓): Durch Bildung erworbene Kompetenzen wirken persönlichkeitsformend und tragen zur Persönlichkeitsentwicklung bei.

(↑): Die tieferen Erfahrungen der Persönlichkeit beeinflussen die Prozesse des Erwerbs neuer Kompetenzen.

Bedingungsanalysen. Das Vier-Felder-Modell des Lernhandelns ist empirisch dadurch abgesichert, dass Forschungsergebnisse zu Bedingungen von Lernstörungen zu einer ähnlichen Systematik führen (Gold, 2011; Lauth, Hammes-Schmitz & Lebens, 2014). Zahlreiche Befunde zu den Komponenten des Lernens werden von Hasselhorn und Gold (2017) dargestellt. Sie bündeln diese in einem Modell der **in**dividuellen **Vo**raussetzungen (INVO-Modell) erfolgreichen Lernens. In ihm unterscheiden sie:

1. Vorwissen
2. Selektive Aufmerksamkeit und Arbeitsgedächtnis
3. Strategien und metakognitive Regulation
4. Motivation und Selbstkonzept
5. Volition und lernbegleitende Emotionen

Das Vier-Felder-Modell geht damit weitgehend konform. „Vorwissen" entspricht etwa den „basalen Kompetenzen". Die 2. und 3. Gruppe wird zum „Wissenserwerb" zusammengefasst. „Motivation und Selbstkonzept" entspricht der „Motivation" und „Volition und lernbegleitende Emotionen" der „Handlungssteuerung".

Unter der Überschrift „Woher kommen Lernstörungen?" beschreiben Lauth, Brunstein und Grünke (2014, S. 20 f.) vier Bedingungsgruppen, in denen lernschwache Kinder Defizite haben:

› *Basisfertigkeiten.* Darunter werden grundlegende Fertigkeiten der Informationsverarbeitung verstanden, wie die Fähigkeit, Informationen aus einem Text herauszulösen, akustische Informationen differenziert aufzunehmen, visuelle Vorlagen zu analysieren. Basiskompetenzen gibt es in den Bereichen der Wahrnehmung, der Sprache, der Motorik, des Denkens und des sozialen Verhaltens. Mängel in den Basiskompetenzen können auf eine bestimmte Modalität begrenzt sein (z. B. die visuelle oder akustische Wahrnehmung) oder das Zusammenspiel mehrerer Modalitäten betreffen (z. B. die Integration visueller und auditiver Informationen). Sie können sich auf unterschiedliche Stufen des Wahrnehmungsprozesses, der Verarbeitung und des Handelns beziehen (z. B. auf die phonematische Differenzierung in der Muttersprache oder den Vergleich von Begriffsinhalten).
› *Wissens- und Begriffssysteme.* Lernschwache Kinder haben in bestimmten Bereichen eine reduzierte Wissensbasis zur Verfügung. Fertigkeiten sind ungenügend entwickelt. Das kann Lesen, Rechtschreiben, Mathematik, Sachkunde oder andere Lernbereiche und Fächer betreffen. Querverbindungen zwischen den Wissenselementen fehlen oder sind nicht fest genug. Die Anwendbarkeit ist eingeschränkt.
› *Motivation.* Unter diesen Begriff fallen die Kräfte zur Befriedigung der psychischen Grundbedürfnisse (nach Selbstwertsteigerung, neuen Erkenntnissen und Erlebnissen, guten sozialen Beziehungen u. a. m.). Komponenten wie Lern- und Anstrengungsbereitschaft, Interessen, Selbstwirksamkeit, Vertrauen in die eige-

ne Leistungsfähigkeit bezeichnen wesentliche Aspekte. Die Beeinträchtigung der Motivation ist eine grundlegende Problematik bei Kindern und Jugendlichen, die beim Lernen negative Erfahrungen angehäuft haben.
- *Metakognitive Fertigkeiten.* Dazu gehören das Wissen über das eigene Können, die Selbstbeobachtung der kognitiven Operationen, ihre Planung etc. Metakognition ist eine Voraussetzung für die Entwicklung von Lernstrategien. Lernschwache Kinder gewinnen in der Regel weniger Erfahrungen mit metakognitiven Prozessen.

Das GRID-Modell (Hammes-Schmitz u. a., 2021) beinhaltet Items zu folgenden Komponenten: Strategiebefolgung/Metakognition, Basisfertigkeiten/Ausführungskompetenzen, bereichsspezifisches Wissen/Vorkenntnisse, motivational-emotionale Komponenten, Sozialverhalten, schulischer Kontext. Krauskopf u. a. (2019) berücksichtigen bei der Beschreibung der konkreten Lage des Schülers grundlegende fächerübergreifende Kompetenzen, domänenspezifische Kompetenzen, Motivation, Handlungssteuerung sowie soziale Beziehungen und Umwelteinflüsse.

Das Vier-Felder-Modell des Lernhandelns nennt die psychischen Aktivitätsfaktoren, die unmittelbar zusammenwirken (basale Kompetenzen, Wissenserwerb, Motivation, Handlungssteuerung). Die Kärtchen zur Komponentenanalyse gliedern sich nach diesen Funktionsbereichen, konzentrieren sich also auf das psychische System. Wenn wir darüber etwas wissen, können wir Schlussfolgerungen zu Verbesserungen in den Kontextbedingungen und sozialen Beziehungen umso sicherer ziehen.

2.3.3 Lernbarrieren

Das Zusammenspiel zwischen der Lernumgebung und den inneren Bedingungen kann durch *Lernbarrieren* beeinträchtigt werden, so dass Lernen nicht gelingt. Der Barriere-Begriff ist in der Literatur zu Lernstörungen und beeinträchtigungen kaum etabliert. Eine Ausnahme bilden die Arbeiten zum Universal Design for Learning (Hall, 2012; Meyer, Rose & Gordeon, 2013; CAST, 2018). Ausdrückliches Ziel des UDL ist es, Barrieren zu identifizieren und auszuräumen. Solche Barrieren ergeben sich aus nicht passenden Lehrmethoden, Materialien und Curricula. Die Lernumgebung spricht die affektiven, kognitiven und strategischen Netzwerke des Kindes nicht ausreichend an. Das Kind kann folglich nur wenig Lernengagement entwickeln, Informationen nicht gut repräsentieren und verarbeiten und die Lernergebnisse bleiben unbefriedigend. Die Schöpfer des UDL sind überzeugt: Durch solche Barrieren wird die Teilhabe am Leben und Lernen in der Schule beeinträchtigt und sie haben deshalb Prinzipien und Forderungen zur Gestaltung der Lernumgebung entwickelt.

Dieses Denken geht konform mit der Erkenntnis, die durch Lew Wygotski bereits 1934 formuliert wurde: „Alle eindeutig psychologischen Besonderheiten des defektiven Kindes sind ihrer Grundlage nach nicht biologischer, sondern sozialer Natur." (Wygotski, 1975, S. 71 f.) Im Konkreten besteht die Barriere – so können wir Wygotski interpretieren – nicht in der kognitiven Beeinträchtigung oder der Angststörung des Kindes, sondern in der ungenügenden Passung von Unterrichtsbedingungen und individuellen Voraussetzungen. Die wirklichen Entwicklungshindernisse (wirklich wirksame) finden wir in den Lernsituationen, in denen sich das Kind im Unterricht befindet.

In diesem Konzept steckt ein tiefer Gehalt. Wir verwenden den Begriff der Barriere nicht nur wegen der anschaulichen Assoziationen, sondern auch, weil er für die ungenügende Passung von Lernumgebung und inneren Bedingungen stehen kann. Zwar sehen wir bei Lernschwierigkeiten keine buchstäblichen Zäune oder Schranken, doch bestehen reale Barrieren zwischen der Lernumwelt und den inneren Netzwerken.

Wir wollen versuchen, dazu eine vereinfachende, anschauliche Vorstellung zu bilden. Auf der Seite des Kindes gibt es innere Bedingungen, auf der anderen Seite steht die Lernumgebung (das heißt die Lehrkraft, die Materialien, die Aufgaben, die didaktischen Methoden, die individuellen Hilfestellungen u. a. m.). Beide Seiten besitzen eine mehr oder weniger hohe Potenz, sich auf die jeweils andere Seite einzustellen. Ein elementares Beispiel: Die Lehrerin erkennt, dass der Schüler die Aufgabe noch nicht verstanden hat. Sie verändert die Aufgabenstellung und gibt einen Hinweis. Im Schüler werden jetzt bestimmte Wissenselemente angesprochen und er beginnt, sich mit der Aufgabe zu beschäftigen. Das ist ein wechselseitiger Prozess, eine Lern-Lehr-Interaktion. Auf der Seite des Schülers gibt es einen mehr oder weniger großen Bereich, in dem er Informationen und andere Anregungen aufnehmen und verarbeiten kann. Dieser Bereich kann allerdings stark eingeengt sein und dann kann der Schüler nur Lernangebote verarbeiten, die sehr gut und prägnant auf diese Spezifik abgestimmt sind. Auch auf der Seite der Lernumwelt gibt es immer eine mehr oder weniger große Potenz, die individuellen Voraussetzungen zu erkennen, sie anzusprechen und ihnen zu genügen. Ist sie eingeengt (wofür es viele Gründe geben kann), so können von diesem Unterricht nur Kinder mit breiter und hoher Aufnahmefähigkeit, Motivation etc. profitieren. Andere Kinder werden in der Lernumgebung dieses Unterrichts nicht erreicht. Die Barrieren liegen in diesem Prozess und können schwerwiegende Folgen nach sich ziehen. In einem fiktiven Beispiel haben wir sie in der Abbildung 11 (s. S. 53 oben) zusammengefasst. Auch geringere Probleme reichen für weitreichende Lernstörungen aus. Jeder Faktor entfaltet seine Wirkungen. Es kommt zu Wirkspiralen und Teufelskreisen, die Lernen unmöglich machen.

Zur Wirkung und zum Ausdruck kommen die Barrieren aktuell immer in der individuellen Lernsituation. Das Kind braucht die Bedingungen, unter denen es seine Kompetenzen anwenden kann und die ihm Wissenserwerb ermöglichen; es benötigt die Bedingungen, die seine psychischen Grundbedürfnisse im Unterricht befriedigen und den Möglichkeiten seiner Handlungssteuerung entsprechen. Chancengleichheit und Teilhabe hängen davon ab.

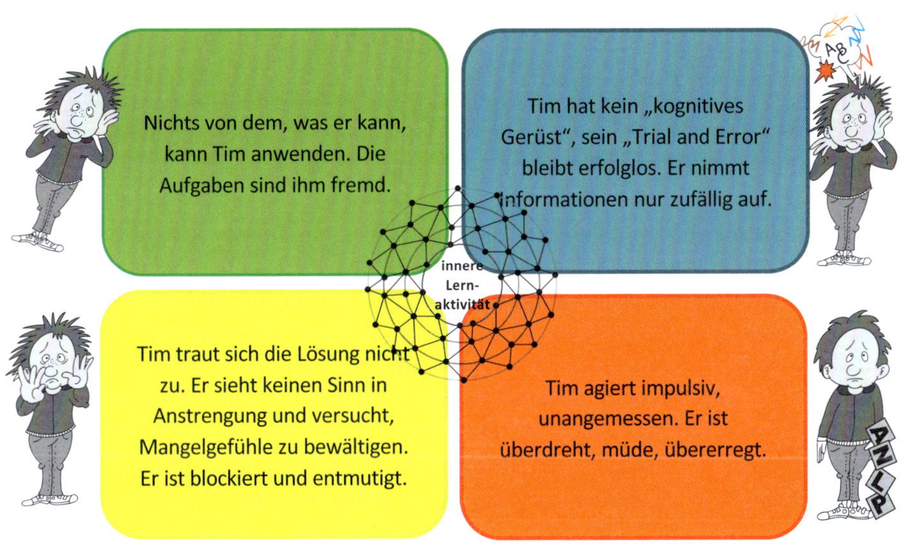

Abbildung 11: Durch Barrieren beeinträchtigte Lernsituation

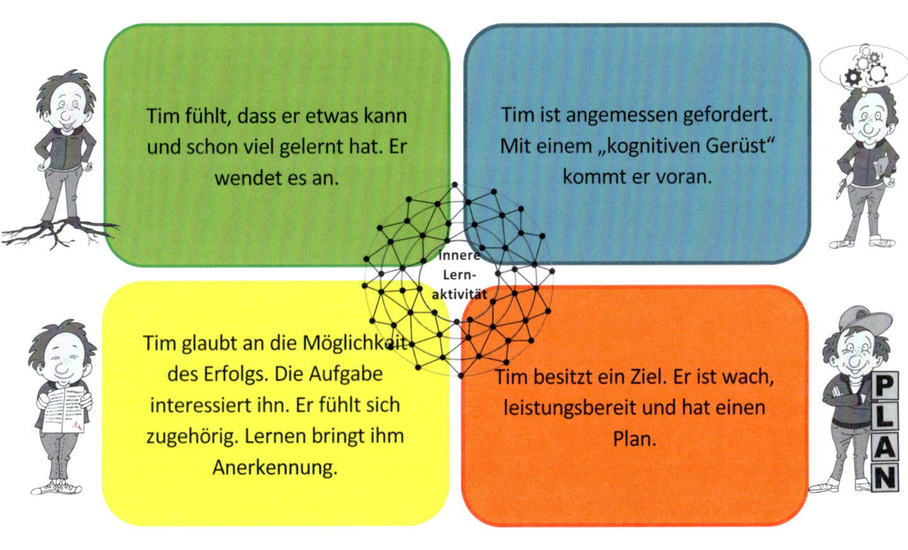

Abbildung 12: Lernsituation ohne Barrieren (positive Lernsituation)

2.4 Vier-Felder-Modell der Lernförderung

Die Strategie „Vom Förderanliegen zum gelingenden Lernen" dient dem Übergang von durch Barrieren beeinträchtigten Lernsituationen zu positiven Lernsituationen. Die Abbildung 12 (s. S. 53 unten) zeigt ein idealisiertes Zielbild.

Anschließend entwickeln wir vier Leitfragen für die Förderung und ein davon ausgehendes Ordnungssystem. Um in diesen Überlegungen mitzugehen, ist es eigentlich nur nötig, zwischen den Abbildungen 11 und 12 zu pendeln. In Abbildung 11 heißt es zum Beispiel: „Nichts von dem, was er kann, kann Tim anwenden, die Aufgaben sind ihm fremd." und in Abbildung 12: „Tim fühlt, dass er etwas kann und schon viel gelernt hat. Er wendet es an." Welche pädagogische Leitfrage und welche pädagogisch-diagnostischen Aufgaben ergeben sich für Sie als Lehrerin oder Lehrer, wenn Sie sich gedanklich zwischen diesen beiden Polen bewegen? Unsere Antworten, die hoffentlich ungefähr mit den Ihrigen übereinstimmen, folgen.

2.4.1 Leitfragen

Fördern heißt: Entwicklung eines gelingenden Lernhandelns. Der Unterricht ist der entscheidende Faktor (Heimlich & Wember, 2020; Werning & Avci-Werning, 2015, Kap. 5). Er muss gewährleisten, dass die Lernenden 1. ihre Kompetenzen anwenden, 2. sich das Neue – vermittelt durch Modelle und Instruktionen – aktiv aneignen, 3. dabei ihre psychischen Grundbedürfnisse erfüllt und nicht gefährdet sehen und 4. ihr Handeln steuern können.

1. Was ist notwendig, damit das Kind seine Kompetenzen in wesentlichem Umfang anwenden kann?

Jeder weiß, wie unangenehm fehlendes Kompetenzerleben ist: Hier, auf diesem Gebiet, in dieser Umgebung sind meine Fähigkeiten nicht viel wert (siehe S. 36 f.). Von Kindern kann nicht erwartet werden, dass sie ein solches Erleben gut bewältigen. Sie können nur auf den Voraussetzungen aufbauen, über die sie ohne zu großes Schwierigkeitserleben verfügen. Bei vielen lernschwachen Kindern laufen die pädagogischen Schlussfolgerungen notwendigerweise auf eine Senkung der Komplexität der Aufgaben hinaus.[5] Die individuelle Zugänglichkeit von Informationsangeboten muss geprüft werden. Ist es z. B. nötig, größere Schrift zu wählen, den Farbkontrast zu erhöhen, Kopfhörer zu verwenden? Eine positive Beziehung zu dem Lerngebiet kann sich nur bei nicht überfordernden Anforderungen entwickeln. Viele

5 In der Arbeit mit rechenschwachen Kindern des 5. und 6. Schuljahres haben wir oft erlebt, wie viel Lernzeit verloren gegangen war, weil nicht rechtzeitig auf ein Niveau des Zahlbegriffs zurückgegangen wurde, wie es die meisten Kinder im 2. Schuljahr oder zuvor erreichen.

Kinder mit Lernschwierigkeiten erleben Lernfortschritte leider nur als Problem (Pekrun & Linnenbrink-Garcai, 2014).

2. Wie kann in den Fächern und Lernbereichen für eine aktive Aneignung des neuen Wissens und der Fertigkeiten gesorgt werden?

Mit dieser Frage befinden wir uns im Bereich der Lernunterstützung und möchten zunächst die Bedeutung der Kriterien eines guten Unterrichts unterstreichen, ohne sie hier zu wiederholen (siehe dazu Helmke, 2010, 2022). „Wir sind am Schüler interessiert und nicht am Stoff; wir unterrichten Kinder" – so könnte das Motto dieser Kriterien formuliert werden. Speziell im Hinblick auf Lernstörungen weisen Lauth und Brack (2014, S. 407 ff.) darauf hin, wie wichtig Arbeit mit direkten, kleinschrittigen Instruktionen für eine aktive Informationsaufnahme und -verarbeitung sein kann. Grundlegend ist darüber hinaus die Arbeit mit *Advance Organizern*. Das sind visuelle Lern- und Orientierungshilfen, die das Vorwissen aktivieren und die Einordnung des neuen Wissens vorbereiten. Die wörtliche Übersetzung als „Voraus-Organisatoren" trifft das Gemeinte annähernd (es kann auch von Orientierungsgrundlagen gesprochen werden, siehe S. 38 f.). Als Beispiel dafür soll an dieser Stelle einmal keines aus dem schulischen Lernstoff gewählt werden, sondern eines aus dem Buch, das Sie in den Händen halten. Die Abbildung 8 (S. 41) könnte in einem Seminar oder Workshop als Advance Organizer verwendet werden. Sie vermittelt einen einführenden Überblick. Lernende können ihr Vorwissen aktivieren, Lernziele bilden, sich im Verlauf des weiteren Lernprozesses daran orientieren und weiteres Wissen „anlagern". „Auf diese Weise wird die auf zentrale Grundgedanken reduzierte Expertenstruktur [in unserem Fall die Abb. 8] zu einem wichtigen Ordnungsinstrument während des gesamten Lernprozesses." (Wahl, 2013, S. 154) Ausubel (1974) hat das Advance-Organizer-Konzept entwickelt, weil er dem verstehenden Lernen, d. h. der Einbettung des Wissens in die subjektiven Bedeutungen und Konzepte Priorität zuerkannte. Wahl (2013) verdeutlicht das Gemeinte: „In krassem Gegensatz zur ‚Osterhasenpädagogik', bei der Lehrpersonen ihr Wissen verstecken, geht es bei einem ‚Advance Organizer' darum, zu Beginn des Lernprozesses ganz offen die gesamten Inhalte vor den Lernenden auszubreiten. Jedoch nicht in Form einer bloßen Aufzählung der einzelnen Teilthemen, dadurch würde kein wirkliches Verständnis angebahnt, sondern in ihrem inhaltlichen Zusammenhang." (S. 147)

Diesen Grundgedanken und Anliegen dient auch die Lehr-Lern-Strategie des *Scaffolding* (Bruner, Olver & Greenfield, 1988). Die Quellen gehen zurück auf die Aneignungstheorie (Galperin, 1967; Leontjew, 1982; Lompscher, 1990) und, noch früher, auch auf Wygotskis Konzept der Zone der nächsten Entwicklung[6]. In dieser Zone

6 Nach Wygotski (1987, S. 298 ff.) ist jeder konkrete Entwicklungsstand durch zwei Niveaus gekennzeichnet: ein aktuelles Leistungsniveau und ein Niveau, das mit Hilfe erreichbar ist.

(Fortsetzung Fußnote s. S. 56)

bewegt sich das Kind mit Hilfe eines „Lerngerüsts", das ihm das Voranschreiten ermöglicht. Der Begriff „Scaffolding" (von engl. „scaffold": das Gerüst) bezeichnet die Unterstützung eines Lernprozesses durch die Lehrkraft. Das Gerüst ist eine *Orientierungsgrundlage*, mit deren Hilfe die Lernenden sich neue Inhalte und Kompetenzen erschließen können. Dazu dienen, neben dem Modeling, bei dem die Lehrkraft den Lösungsweg demonstriert und erklärt, Schrittfolgen, schematische Darstellungen bis hin zu dreidimensionalen Modellen und andere Hilfestellungen. Eigenaktiv und mit Hilfe der Instruktionen und Anleitungen sind die Kinder in ihrer Zone der nächsten Entwicklung tätig. Auch Vormachen und Nachmachen sind wichtig. Gerade für Kinder mit Lernschwierigkeiten ist das ein vorteilhafter Weg. Maria Montessori (1914, S. 13) beobachtete: „Besonders auffallend ist beim kleinen Kind das ‚Gedächtnis der Bewegung'. Wie oft, wenn der Erwachsene dem Kind etwas sagt, versteht es die Worte nicht, aber es behält die Bewegung, und dadurch merkt es sich, was man will." Dieser Hinweis gilt nicht nur für motorisches, sondern für jedes Lernen, bei dem ein Bild der Abfolge „in den Kopf gestellt" werden kann.

3. Wie kann dafür gesorgt werden, dass das Kind sich sicher und geborgen fühlt und sein Lernen den psychischen Grundbedürfnissen gerecht wird?

In positiven Lernsituationen spürt das Kind seine emotionalen Energien. Es konzentriert sich, nimmt Informationen auf, denkt nach, kontrolliert seine Zwischenergebnisse. Bei allem erlebt es die Grenzen seines Könnens als veränderbar. Der Unterricht ist der Raum, in dem eine aktive und angstfreie Haltung bekräftigt wird. Emotionales Sicherungsverhalten (in Gestalt vieler Formen des Widerstands) ist überflüssig. Entscheidend dafür sind die persönliche Ausstrahlung der Lehrkraft und das verlässliche Klassenklima. Der Übergang von einer problematischen in eine positive Lernsituation kann nicht erzwungen werden. Aber eine Einschätzung (Attribution), die Aufgabe selbst geschafft zu haben, ist immer wirksam. Zum Ausdruck kommt sie in Gedanken, wie: „Meine Anstrengung hat sich gelohnt!", „Heute habe ich überlegt gehandelt!", „Toll, ich habe nicht aufgegeben!" Ohne derartige tägliche Erfahrungen geht bei einem Kind mit Lernschwierigkeiten gar nichts. Dann ist die individuelle Lage ernst.

(Fortsetzung Fußnote 6)
Neben der ohne Hilfestellung möglichen Leistung hat das Individuum bereits die Möglichkeit für höhere Leistungen, die es mit einer geeigneten Hilfestellung erreichen kann. Die Hilfe muss vom Kind geistig erfasst, verarbeitet und genutzt werden können (sonst wäre es keine Lernhilfe und könnte allenfalls mechanisch nachvollzogen werden, ohne Lerngewinn). Den Bereich zwischen dem Niveau, das ohne Hilfe realisierbar ist, und dem oberen Niveau, das mit Hilfe erreichbar ist, bezeichnet man als Zone der nächsten Entwicklung.

4. Wie können die Lernbedingungen an die individuellen Möglichkeiten der Handlungssteuerung angepasst werden?

Fähigkeiten zur Handlungssteuerung entwickeln sich ontogenetisch spät und über lange Zeiträume. Das sehen wir an der Impulsregulation, am Umgang mit Enttäuschungen, am Ausmaß der Fähigkeit, aus Vernunftgründen etwas zu tun, was keinen Spaß bereitet, u. a. m. In der Handlungssteuerung drücken sich persönliche Dispositionen, der psychophysische Entwicklungsstand und Funktionsstörungen besonders stark aus. Wichtig sind klare Forderungen, konkrete Anleitungen, unmittelbare Kontrollen und zeitnahe Bekräftigungen. Das TEACCH-System leistet das mustergültig. Die Abkürzung steht für (engl.) „**T**reatment and **E**ducation of **A**utistic and related **C**ommunication handicapped **C**hildren". Eine Einführung gibt z. B. Häußler (2012). Ursprünglich für die Behandlung und Förderung autistischer und kommunikationsbeeinträchtigter Kinder entwickelt, ist das System eines der erfolgreichsten Fördersysteme überhaupt, weil es die Handlungssteuerung erleichtert. Die klare räumliche und zeitliche Strukturierung der Tätigkeiten erzeugt Sicherheit, Überschaubarkeit und Lernerfolge. Die Arbeitsaufgaben und Abläufe werden optimal gegliedert. Den Hattie-Studien zufolge haben diese Faktoren die höchsten Effektstärken.

Zum Abschluss des Leitfragen-Abschnitts, der viele prinzipielle Anforderungen zur Förderung formuliert, sei auf den Grund zur Hoffnung hingewiesen: Jede gelingende, das Kind befriedigende Lernhandlung kann zu positiven Lernsituationen beitragen – handle es sich zunächst auch nur um Lerntätigkeiten in einer Förderstunde, ein kleines interessengeleitetes Projekt, die Beteiligung des Schülers an einem Theaterprojekt oder einer Zeichen-AG. Hier werden Initial-Erfahrungen mit dem eigenen Können gewonnen. Die größte Chance dafür besteht, wenn an inneren Aktivposten angeknüpft wird. Oft sind das handwerklich-praktische Tätigkeiten, Hilfeleistungen des Kindes für andere, Spiele, kreative Aufgaben – Tätigkeiten also, die die psychischen Grundbedürfnisse unmittelbar ansprechen. Sie können zu Inseln werden, von denen ausgehend es immer weiter vorangeht.

> Grüning und Matthes (2023) beschreiben, wie es einer Sonderpädagogin gelungen ist, einen 17-jährigen Schüler mit komplexen Lernstörungen in positive Lernsituationen zu bringen. Am Anfang stand wöchentlich eine Förderstunde in Mathematik. Das war jenes Fach, in dem der Schüler bestimmte Stärken bei sich erkannte. Da er dieser einen Lehrerin vertraute, kam er mit ihrer Hilfe voran und fühlte sich wohl. Nach einigen Wochen ließ er die Teilnahme von Mitschülern an der Förderstunde zu. Zuvor war nur Einzelarbeit möglich. Allmählich konnte die Sonderpädagogin ihre Lernbegleitung des Jungen auf Teile des Klassenunterrichts und andere Fächer ausweiten. Nach etwa sechs Monaten beteiligte der Schüler sich sogar im Klassenunterricht Deutsch und hatte seine Verweigerungsaktivität aufgegeben. Es war gelungen, eine Aufwärtsspirale einzuleiten.

2.4.2 Ordnungssystem der Schwerpunkte der Lernförderung

Mit den Entscheidungen für Schwerpunkte der Lernförderung befinden wir uns in einer besonders anspruchsvollen und wichtigen Phase der gemeinsamen Entwicklung von Förderkonzepten. Das steht außer Frage. Es wird festgelegt, worauf wir uns in der Arbeit mit dem Kind konzentrieren wollen. Es geht noch nicht um die konkreten Maßnahmen, aber um die Richtungen. Ist es besonders wichtig, die Lese-Rechtschreib-Schwäche in allen Fächern besser zu berücksichtigen, die Erfolgserwartungen des Kindes zu stärken, ihm Erfolge sichtbar werden zu lassen, seinen Willen zur Überwindung von Schwierigkeiten zu unterstützen? Eine Reihe weiterer Punkte, die wahrscheinlich alle wichtig sind, könnte hinzugefügt werden. Das heißt, es müssen Prioritäten gesetzt werden.

In diesem Abschnitt legen wir nun ein inhaltliches Gerüst für die Schwerpunktbestimmung vor. Bereits 2016 entstand ein Entwurf. Wir stützten uns auf Fallberichte. Der Entwurf wurde evaluiert, die Schwerpunkte teils differenziert, teils gebündelt und anders angeordnet. 2018 wurden die bis dahin erzielten Ergebnisse dargestellt (Matthes, 2018, S. 63 ff.). Die formative Evaluation setzten wir fort. Das Ordnungssystem enthält insgesamt 16 abgrenzbare Schwerpunkte. Die folgende Übersicht gibt an, wann sie jeweils wichtig sind. *Wie* die Entscheidungen für Schwerpunkte getroffen werden können, beschäftigt uns allerdings erst im Abschnitt 3.6.2.

Zur Leitfrage 1:	Was ist notwendig, damit das Kind seine Kompetenzen in wesentlichem Umfang anwenden kann? (= Aspekt der basalen Kompetenzen)

Aufgabe der Förderung: Die Lernaktivität mit den Kompetenzen des Kindes verknüpfen

- **Beeinträchtigungen angemessen berücksichtigen / Wahrnehmung und Motorik fördern** – wichtig, wenn Lernhandlungen scheitern, weil sich Beeinträchtigungen des Hörens und Sehens, sensomotorische Schwierigkeiten oder Rechts-Links-Unsicherheit hemmend auswirken.
- **Den Entwicklungsstand der Sprache, des Denkens und des Wissens beachten** – wichtig, wenn Unterricht und Basiskompetenzen auseinanderklaffen und die Lücken immer größer werden.
- **Lese-Rechtschreib-Schwäche bzw. Rechenschwäche in allen Fächern angemessen berücksichtigen** – wichtig, wenn das Lernen an den individuellen Möglichkeiten der schriftlichen Informationsaufnahme bzw. des Umgangs mit Zahlen und Mengen scheitert. Erforderlich sein kann neben der Anpassung der Anforderungen ein langfristiges Programm zur LRS- oder Dyskalkulie-Förderung, einschließlich einer differenzierten Diagnostik.
- **Die sozial-mentalen Besonderheiten beachten, Empathie und Achtsamkeit**

fördern – wichtig, wenn das Kind nicht ausreichend in der Lage ist, die in der Schule erforderliche Frustrationstoleranz und Impulskontrolle aufzubringen.

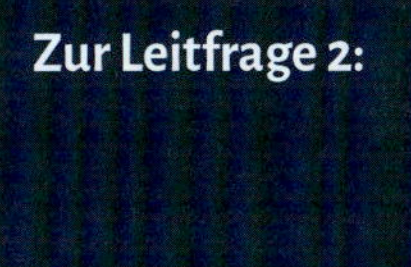

Wie kann in den Fächern und Lernbereichen für eine aktive Aneignung des neuen Wissens und der Fertigkeiten gesorgt werden?
(= Aspekt des Wissenserwerbs)

Aufgabe der Förderung: Bessere Bedingungen für eine zielgerichtete Informationsaufnahme und -verarbeitung schaffen

- **Aktivierende Lernziele erarbeiten, Vorwissen mobilisieren** – wichtig, wenn die Informationsaufnahme und -verarbeitung zufällig und ungerichtet bleiben, weil die Lernziele ungenügend übernommen werden oder eine zielgerichtete Aufmerksamkeit schwerfällt.
- **Orientierungsgrundlagen entwickeln, Lösungsprozesse modellieren** – wichtig, wenn dem Kind eine eigenaktive Lösung der Lernaufgaben nicht gelingt.
- **Metakognitive Strategien fördern** – wichtig, wenn das Kind seine Tätigkeit nur ungenügend selbst beobachtet, plant und kontrolliert, d. h. bei kognitiver Impulsivität und Unfähigkeit zum inneren Stopp-Impuls („Stopp, nachdenken, langsam!").
- **Kognitive Lernstrategien, d. h. Methoden des Erarbeitens, Anwendens und Übens, fördern** – wichtig, wenn dem Kind Methoden zum Erarbeiten, Einprägen, Anwenden und Üben von Lerninhalten fehlen, es also z. B. nicht weiß, wie es Material sichten, Schlüsselbegriffe in einem Text erschließen, Stichworte notieren, etwas wiederholen oder auswendig lernen kann.

Zur Leitfrage 3:

Wie kann dafür gesorgt werden, dass das Kind sich sicher und geborgen fühlt und sein Lernen den psychischen Grundbedürfnissen gerecht wird?
(= Aspekt der Motivation)

Aufgabe der Förderung: Emotional-motivationalen Barrieren vorbeugen oder sie überwinden

- **Erfolgserwartung stärken und Erfolge sichtbar machen** – wichtig, wenn in dem Lernbereich Misserfolgserleben und Entmutigung eingetreten sind und dem Kind die Überzeugung fehlt, die Aufgaben lösen zu können, und die Anstrengungsbereitschaft deshalb nachgelassen hat.
- **Interessen und Bedürfnisse nach Aktivität, Erlebnissen und neuen Eindrücken fördern** – wichtig, wenn Unterrichtsinhalte die Interessen und Erlebensbereiche nicht ausreichend ansprechen, den Lerngegenständen somit Lebensnähe und

Attraktivität fehlt.

- **Selbstwirksamkeitserleben stärken** – wichtig, wenn sich Hilflosigkeitserleben ausgebreitet hat, auch über den Lernbereich hinausgehend, und das Vertrauen in die Fähigkeiten fehlt.
- **Sozialen Halt und Sicherheit geben, Gemeinschaftsgefühl stärken** – wichtig, wenn das Lernen durch Konflikte, Beziehungsstörungen und psychosoziale Problemlagen überformt wird, z. B. durch zu hohe Erwartungen der Erziehungsberechtigten, für das Kind schmerzliche Beziehungen zu oder zwischen Mitschülern und Spannungen im Verhältnis zu Lehrkräften.

Zur Leitfrage 4:	Wie können die Möglichkeiten des Kindes zur Handlungssteuerung berücksichtigt und gefördert werden? (= Aspekt der Handlungssteuerung)

Aufgabe der Förderung: Individuellen Schwierigkeiten in der Handlungssteuerung vorbeugen und sie überwinden

- **Persönliche Ziele und den Willen zur Überwindung von Schwierigkeiten fördern** – wichtig bei geringen Ansprüchen an die eigenen Leistungen, verminderter Anstrengungsbereitschaft und der Gewohnheit, bei Schwierigkeiten aufzugeben.
- **Arbeits- und Ordnungsgewohnheiten fördern, Ablenkungsfaktoren vermindern** – wichtig bei mangelhaften Lern-, Arbeits- und Ordnungsgewohnheiten; wichtig auch, wenn die unübersichtliche zeitlich-räumliche Strukturierung des Lernumfeldes zu ungünstigen Abläufen geführt hat.
- **Lernplanung und -organisation fördern** – wichtig, wenn das Kind sehr stimmungs- und situationsabhängig arbeitet, die Erledigung der Aufgaben nicht organisiert und die Dinge besonders bei längerfristigen Aufgaben immer wieder aufschiebt.
- **Umgang mit Stress und Angst verbessern, Entspannung und Selbststeuerung fördern** – wichtig, wenn hohe Stressabhängigkeit, geringe Impulskontrolle und Konzentrationsfähigkeit Probleme bereiten, das Kind also selbst minimale Ablenkungen schwer abschirmen kann, leicht ermüdet, nicht still sitzen kann, motorisch unruhig ist.

Unser Ansatz kommt dem Selbstverständnis von Lehrerinnen und Lehrern entgegen. Vor allem in ihrem Unterricht können sie ihren Beitrag zur Zusammenarbeit in multiprofessionellen Teams einer inklusiven Schule leisten, die Schulsozialarbeit, lerntherapeutische und fachpsychologische Ansätze koordiniert und auch Handwerk und Kunst einbezieht.

3. Bausteine

3. Bausteine

3.1 Übersicht

Unsere Baustein-Gliederung entspricht den Schritten der Förderplanung in einschlägigen Publikationen (z. B. Flott-Tönjes u.a., 2017, S. 79; Popp, Melzer & Methner, 2017, S. 31–34; Schuck, Lemke & Schwohl, 2007, S. 211). Auf die Beschreibung des Anlasses folgen die Beobachtung und Analyse der Ausgangssituation. Hypothesen über Wirkzusammenhänge und die Entwicklung von Förderzielen und Schlussfolgerungen schließen sich an. Die Tabelle 1 (s. S. 64) gibt einen Überblick über die Bausteine und Methoden.

Theoretisch könnten alle Bausteine nacheinander abgearbeitet werden, doch das wäre bereits aus zeitlichen Gründen ausgeschlossen. Vor allem ist es nicht notwendig, weil immer schon ein bestimmter Erkenntnisstand erreicht ist.

Beispiele zur Auswahl von Bausteinen in einzelnen Fällen:

› Zur *Beschreibung der individuellen Lernsituation und Stärken* (Baustein 1) wurde der Teilhabebogen eingesetzt und daraus die Fragen nach einer Erklärung der geringen Mitarbeit und des Vermeidungsverhaltens abgeleitet. Die *Komponentenanalyse* (Baustein 2) mit Hilfe der Kärtchen gab eine Antwort. Verzichtet wurde auf die Strukturanalyse (Baustein 3). Ein Gedankenaustausch reichte dafür. Für die *Entwicklung des Oberziels und der Schwerpunkte der Lernförderung* (Baustein 4) fanden sich Anregungen in der Anlage 5.

› In einem anderen Fall wurde die Fragestellung nach kurzem Gedankenaustausch formuliert: Weshalb bleibt die Schülerin im Englischunterricht weit unter ihren Möglichkeiten? Dazu gab es unterschiedliche Meinungen. Die Lehrerinnen führten eine *Komponentenanalyse* (Baustein 2) durch, in der sie die besonders relevanten Kärtchen auswählten. Die *Strukturanalyse* (Baustein 3) schloss sich nahtlos an. In der Auswertung beschlossen die Lehrerinnen eine differenzierte Analyse des Lernstandes in Englisch. Die Ergebnisse wurden in einem Lernfördergespräch mit der Schülerin ausgewertet, das durch die *Planung von Maßnahmen* (Baustein 5) vorbereitet wurde.

› In einem weiteren Fall wurde nur eine *Strukturanalyse* (Baustein 3) durchgeführt. Die Zettel dafür fertigten die beiden Lehrerinnen im Rahmen ihres Gedankenaustauschs selbst an. Auf ihnen notierten sie knappe Stichworte zu Selbstaussagen, Wünschen und Konflikten, die ihrer Meinung nach „hinter" der Unruhe standen, die so oft von dem Schüler ausging. Die Lehrerinnen ordneten Stichworte zu einer Struktur. Zentrale Entwicklungsaufgaben traten hervor.

› Es gibt auch Fälle, in denen das Team über *Schwerpunkte der Lernförderung* (Baustein 4) diskutieren möchte, ohne zuvor eine Komponenten- oder Strukturanalyse durchzuführen. Dafür hat sich die Anlage 5 zu den Schwerpunkten, Zielen und Maßnahmen der Lernförderung bewährt. Mehrfach meinten Lehrerinnen, diese

Baustein	Fragen	Methoden / Anlagen
0. Ausgangspunkt: Förderanliegen und Fragestellung		
1. Beschreibung der individuellen Lernsituation und Stärken	Wo arbeitet das Kind gut mit und wo nicht? In welchen Situationen fühlt es sich wohl und zugehörig? Wo kann es beitragen? Was sind seine Stärken?	Teilhabebogen (Anlage 1), Stichwortsammlung zu Stärken und Flow-Erleben (Anlage 2)
2. Komponentenanalyse	Ist das Vorwissen vorhanden? Reichen die sprachlichen Kompetenzen? Entwickelt das Kind eine Motivation? und weitere Fragen	Vier-Felder Scan (Anlage 3), Kärtchen zur Komponentenanalyse (Anlage 4)
3. Strukturanalyse	Welche Wirkzusammenhänge gibt es in Lernsituationen und -bereichen? Wodurch wird der Erfolg gemindert oder blockiert? Was sind unterstützende Faktoren?	Die Strukturanalyse wird im Text beschrieben (siehe 3.5, keine Anlage)
4. Entwicklung des Oberziels und der Schwerpunkte der Lernförderung	Welche Entwicklungsimpulse und Veränderungen in den Lernbedingungen sind wichtig? Welche Schwerpunkte sollen gesetzt werden?	Schwerpunkte, Ziele und Maßnahmen der Lernförderung (Anlage 5)
5. Planung von Maßnahmen (v. a. in Lernfördergesprächen)	Welche Maßnahmen wollen wir gemeinsam mit dem Kind durchführen? Wie koordinieren wir die Maßnahmen? Auf welche Ziele und Inhalte sollen sich Lernfördergespräche richten?	Beispiele aus Lernfördergesprächen (Anlage 6), Bogen „Mein gutes Lernen" (Anlage 7), Gesprächskärtchen (Anlage 8)
6. Evaluation und Lernprozessbegleitung	Wurden die gewünschten Verbesserungen erreicht?	PERMA-Situationsbilanz (Anlage 9)

Tabelle 1: Überblick über die Bausteine, Methoden und Anlagen

Anlage könne manchmal an die Stelle des Struktur-Lege-Verfahrens treten und effektiv zur Entwicklung von Förderkonzepten beitragen.

Eingesetzt werden können die Methoden in der individuellen Analyse- und Planungsarbeit und in kooperativen Beratungen (Mutzeck, 2005a), in denen jede beteiligte Person sich sicher und gleichberechtigt fühlt und gegenseitiges Vertrauen besteht. Die Frage, ob die Strategie „Vom Förderanliegen zum gelingenden Lernen" einen Beitrag zum sonderpädagogischen Feststellungsverfahren leisten kann, wird im Kasten 1 beantwortet.

Kasten 1: Beitrag zur Feststellung des sonderpädagogischen Förderbedarfs

Die in diesem Buch dargestellten Angebote dienen der Arbeit mit Kindern mit oder ohne sonderpädagogischen Förderbedarf. Wie kann das vielleicht auch zur Feststellung eines sonderpädagogischen Förderbedarfs beitragen?

Die Antwort lautet: Das Feststellungsverfahren soll die Frage nach den notwendigen Förderbedingungen beantworten und das ist auch die Frage, der sich die Strategie widmet. In der Sonderpädagogik-Verordnung des Landes Brandenburg heißt es beispielsweise: „Der Bedarf an sonderpädagogischer Förderung ist bei Schülerinnen und Schülern anzunehmen, die in ihren Bildungs-, Entwicklungs- und Lernmöglichkeiten so stark beeinträchtigt sind, dass sie ohne spezielle Unterstützung nicht hinreichend gefördert werden können." (MBJS, 2017, § 5) Unsere Leitfragen (siehe S. 54 ff.) und die Bausteine beschäftigen sich damit, welche Bedingungen notwendig sind, damit das Kind seinen Voraussetzungen entsprechend gut lernen kann. Das kann zur Feststellung eines sonderpädagogischen Förderbedarfs beitragen. Eine valide Diagnostik im Sinne standardisierter Testverfahren, Fragebögen und Dokumentationsbögen leistet die Strategie nicht, ebenso nicht das Erstellen der Bildungsempfehlung mit Aussagen und Empfehlungen zum Lernort, zum anzuwendenden Rahmenlehrplan u. a.

Die spezifischen Regelungen zur Feststellung eines sonderpädagogischen Förderbedarfs obliegen den Bundesländern. Zu den wichtigsten Unterlagen für die Entscheidungen gehören immer auch Berichte über die Förderung. Wir meinen, dass Ergebnisse unseres Verfahrens dafür recht aussagefähig wären. Oft erwarten die offiziellen Regelungen einen Bericht, der nach Bereichen, Zielen und zugeordneten Maßnahmen gegliedert ist. Das wirkt etwas schematisch. Ergänzt oder gar ersetzt werden sollte es durch eine Darstellung, welche Unterrichtsbedingungen zu Erfolgen führten und welche ungenügend waren. Ergebnisse aus unseren Bausteinen könnten dazu beitragen.

3.2 Anliegen und Fragestellung

Die Strategie „Vom Förderanliegen zum gelingenden Lernen" und ihre Methoden dienen der Entwicklung von Förderkonzepten und -plänen. Zunächst seien elementare Definitionen der Begriffe „Förderung", „Förderkonzept" und „Förderplan" gegeben:

- „Der *Begriff der pädagogischen Förderung* bezeichnet Handlungen, die gemäß eines impliziten oder expliziten Förderkonzepts auf die Anregung und Begleitung einer an Bildungszielen orientierten, für wertvoll gehaltenen Veränderung individueller Handlungsmöglichkeiten von Menschen in ihren Lebensgemeinschaften und an den sozialen Folgen von Benachteiligungen und Behinderungen ausgerichtet sind." (Schuck, 2001, S. 63)
- *Sonderpädagogische Förderung* ist ebenfalls pädagogische Förderung. „Sonder-" kann man verstehen als besonders auf das Kind zugeschnitten, weil dieses eine spezifische Lernhilfe oder emotionale Ansprache benötigt.
- Das *Förderkonzept* umfasst die subjektive Theorie der Förderung. Sie existiert im Wesentlichen „im Kopf" (siehe Abschnitt 1.1). Der *Förderplan* „benennt das Machbare und hält das im zeitlichen Verlauf Kontrollierbare fest." (Schuck, Lemke & Schwohl, 2007, S. 209) Die Weiterentwicklung von Förderkonzepten und Förderplänen ist eine prozessbegleitende Aufgabe.

Zum Verhältnis von Förderung und Förderkonzept nennt Ricken (2008) die folgenden gesicherten Positionen: 1. Förderprozesse schließen, wenn Entwicklungsschwierigkeiten festgestellt werden, immer an eine diagnostische Phase an. 2. Förderkonzepte sind „... jedoch nicht direkt aus diagnostischen Daten abzuleiten ..., sondern Ergebnisse der Interpretationen der Daten unter Bezug auf erziehungswissenschaftliche, bildungstheoretische und entwicklungspsychologische Theorien und Konzepte". (S. 79) 3. Förderung gelingt besser, „wenn alle Beteiligten einbezogen werden, Transparenz hergestellt und Verantwortlichkeiten festgelegt werden" (ebd.). 4. Förderung muss prozessbegleitend und summativ evaluiert werden.

Die Arbeit am Förderkonzept beginnt mit der Klärung des Anliegens. Wenn möglich, werden Fragestellungen formuliert. Beispiele:

- „Es bereitet Sorgen, dass Pepe im Unterricht oft nicht mitarbeitet und schnell aufgibt, wenn ihm Anforderungen schwierig erscheinen. Er zieht sich auf sich selbst zurück. Eigentlich würde er nur eine kleine Anstrengung benötigen, verfällt aber stattdessen in Hoffnungslosigkeit. In ihm ist viel Angst."
- „Evi ist kognitiv gut befähigt. Allerdings stößt sie momentan an Grenzen: Sie verweigert Aufgaben in unterschiedlichen Lernsituationen und lässt sich auch durch verschiedene Interventionen im Unterricht nicht zur Mitarbeit oder Aufgabenerledigung bewegen. Werden Aufgaben oder Zusammenhänge über eine längere Zeit erklärt, beschäftigt sie sich mit anderen Dingen, zum Beispiel schreibt sie Zettelchen oder bemalt die Federtasche."
- „Patricia fordert intensiv ständige Aufmerksamkeit der Lehrerin und wendet sich

gegen andere Kinder, wenn diese die Aufmerksamkeit erhalten. Ständig entstehen um Patricia herum Konfliktsituationen unter den Kindern."

- „Michael hat erhebliche Lern- und Konzentrationsschwierigkeiten. Auf seine Fehler reagiert er schnell wütend und verweigert die weitere Arbeit. Er stört durch lautes Verhalten. Außerdem zeigt sich erheblicher Förderbedarf im Bereich Sprache."

In einigen dieser Beispiele könnte versucht werden, das Anliegen etwas stärker einzugrenzen. Die genaue Benennung ist ein guter Start für die weitere Beobachtung und Planung. In den nächsten Abschnitten beschäftigen wir uns mit den sechs Bausteinen und wollen das anhand der Beispiele „Milo" und „Maja" transparent machen (siehe auch das Beispiel „Leo" im Abschnitt 1.2).

Milo und Maja: Förderanliegen und Fragestellung

Milo:
Milo besucht die Klasse 4 einer Grundschule. Seine Leistungen liegen in den meisten Fächern im mittleren Bereich, schwanken aber stark. In Mathematik hat er besondere Schwierigkeiten. Ende des 1. Schuljahrs wurde sonderpädagogischer Förderbedarf im Schwerpunkt der sozial-emotionalen Entwicklung festgestellt. Als Grund für die Antragstellung wurden Einordnungs- und Eingewöhnungsschwierigkeiten angegeben. Milo widersetzte sich Anforderungen mehr oder weniger intensiv. Er zeigte externalisierendes, unterkontrolliertes Verhalten. Eine sonderpädagogische Förderung konnte allerdings nach dem Feststellungsverfahren kaum realisiert werden, weil die Ressourcen dafür fehlten. Der einfühlsamen und engagierten Arbeit der Klassenlehrerin und der Horterzieherin war zu verdanken, dass sich das Lern- und Leistungsverhalten im 2. Schuljahr positiv entwickelte und stabilisierte. Unbefriedigend blieben bis heute die Ordnungsgewohnheiten; so herrscht in den Schulsachen Chaos. Milo opponiert und verweigert die Mitarbeit bei Aufgaben, von denen er meint, dass er sie nicht kann. Das geschieht besonders oft in Mathematik, dem Fach, das ihm tatsächlich schwerfällt und in dem er keine Lernfortschritte erlebt. Für die Wochenplanarbeit und bei Projekten bringt er oft nur geringe Anstrengung auf und organisiert seine Tätigkeit zu wenig.
Wir möchten erreichen, dass Milo sich engagierter am Unterricht beteiligt und die Leistungen erreicht, die ihm möglich sind. Unterricht und Lernanstrengungen sollen für ihn wichtiger als bisher werden. In Mathematik soll er bald einen großen Schritt vorankommen.

Maja:
Seit Schuljahresbeginn ist Maja Schülerin der 7. Klasse einer Gemeinschaftsschule. Sie hatte bis zu ihrem 4. Schuljahr sonderpädagogischen Förderbedarf im Schwerpunkt der sprachlichen Entwicklung. Diagnostiziert worden waren: Sprachentwicklungsverzögerung und Lese-Rechtschreib-Schwäche. Bis zum Ende des 3. Schuljahres fand eine logopädische Förderung statt und im Sozialpädiatrischen Zentrum wurde

eine Verlaufsdiagnostik durchgeführt. Bis zum 5. Schuljahr erhielt Maja Nachhilfe im Studienkreis. Aktuell bestehen noch eine isolierte Lesestörung (Lesegeschwindigkeit, Textverständnis) und in Rechtschreibung Schwierigkeiten bei der Anwendung der morphematischen Strategie. Als Nachteilsausgleich wurde beschlossen: Anpassung des Fehlerindex im Bereich Rechtschreibung für die Fächer Deutsch und Englisch, separates Vorlesen von Aufgaben bei Lernentwicklungskontrollen und Klassenarbeiten, Ausweitung der Arbeitszeit schriftlich um 10 Prozent, stärkere Gewichtung mündlicher Leistungen in den Fremdsprachen und in Deutsch.
In Mathematik lernt Maja gut. Die Leistungsentwicklung in Deutsch und Englisch zeigt eine abfallende Tendenz. Probleme sind:

- *Fehlende mündliche Mitarbeit in Unterrichtsgesprächen*
- *Sehr zurückhaltende Kommunikation, spricht nicht gern vor der Klasse, insbesondere nicht bei Abweichung von bekannten Ritualen, starke Gehemmtheit bei Vorträgen*
- *Erhebliche Ängste vor Leistungsüberprüfungen, macht sich selbst Druck, ist blockiert*
- *Vergisst oft Hausaufgaben*
- *Stark verringerte Motivation, gibt schnell auf.*

Maja soll in Deutsch und Englisch möglichst oft konkrete positive Rückmeldungen erhalten, damit sie ihre Fähigkeiten erkennt und weiteren Mut fasst.

3.3 Beschreibung der individuellen Lernsituation und Stärken (Baustein 1)

Den ersten Schlüssel zur Förderung legt die Analyse der Variabilität des Lernhandelns in unsere Hände. Verwendet werden können der Teilhabebogen (Anlage 1) und die Stichwortsammlung zu Stärken und Flow-Erleben (Anlage 2).

3.3.1 Teilhabebogen

Der Teilhabebogen (Anlage 1) dient dem Erfahrungsaustausch über das Lernen in unterschiedlichen Situationen unter drei Aspekten. Die Lehrkräfte schätzen ein, in welchen Fächern/Bereichen und unter welchen Bedingungen die Konzentration des Kindes auf die Lerngegenstände aus ihrer Sicht gut bzw. nicht gut ist. Das Gleiche tun sie im Hinblick auf die soziale Integration und das emotionale Wohlbefinden. Sie tragen Einschätzungen zusammen: Wann, wo, wie, wobei etc. kann das Kind ein gutes Lernverhalten erreichen? Aus welchen Gründen scheint das in einigen anderen Situationen kaum möglich zu sein? Mit diesen Fragestellungen sind sie den Lernbarrieren auf der Spur. Zeitliche, soziale, personelle, inhaltliche, didaktische Gründe für die Unterschiede, all das müssen sie vorerst gar nicht streng systematisch durchforsten; der menschliche Verstand ist so angelegt, dass er auf viele mögliche Erklärungen dafür stoßen kann, weshalb der Prozess stockt. Man fragt immer nach Gründen. Die wichtigsten Ergebnisse (es sind Arbeitshypothesen!) können in den Teilhabebogen eingetragen werden.

Es hat sich gezeigt, dass der Teilhabebogen zu einer Diskussion führen kann, unter welchen Bedingungen das Lernen relativ gut gelingt und wo der Schüler oder die Schülerin weit davon entfernt ist. Die Lerntätigkeit wird nicht nur als Erwerb von Wissen und Fertigkeiten gesehen, sondern auch als sozial-kommunikative Aktivität und unter dem Gesichtspunkt des Wohlbefindens.

Auf dem Bogen sind die Einschätzungen in drei Dimensionen auf Skalen von 1 bis 6 einzutragen:

1. *Konzentration auf den Lerngegenstand*: Die Skala richtet sich auf die Zuwendung zum Lerngegenstand und die aktive Beteiligung.[7]
   Pole: höchstens kurzzeitige Zuwendung ←→ konzentrierte, ausdauernde Tätigkeit.
   Fragen: Wann können eine gute Zuwendung zum Lerngegenstand und Beschäftigung mit ihm beobachtet werden? Unter welchen Bedingungen weniger oder gar nicht?
2. *Soziale Integration, Einbezogensein*: Die Skala richtet sich auf die sozial-kommunikativen Aspekte der Lernaktivität bei Unterrichtsgesprächen, im kooperativen Lernen und bei individuellen Lernaufgaben.
   Pole: Kontakte fehlen oder sind nur negativ ←→ angemessene, gelingende Kontakte.
   Frage: Wo hat das Kind förderliche soziale Kontakte und wo ist es eher isoliert?
3. *Emotionales Wohlbefinden*: Die Skala umfasst die emotionalen Aspekte des Schulalltags, das heißt die positiven Emotionen und Bewertungen und die relative Abwesenheit negativer Emotionen.
   Pole: Unsicherheit, Vermeidung oder Angst ←→ Wohlbefinden, Sicherheitsgefühl.
   Frage: Wo fühlt sich das Kind im Unterricht sicher, aufgehoben und wohl und wo ist das nicht der Fall?

Neben den Skalen ist ein wenig Platz für Stichworte zu den Bedingungen und Situationen, in denen ein an der Skala markierter Stand erreicht wird. Beispiele für Eintragungen: „während der Freiarbeit", „beim Experimentieren", „bei der Arbeit am

---

7 Für die Forschung haben sich Beobachtungsbögen bewährt (z. B. Helmke & Renkl, 1992), mit denen für bestimmte Zeitintervalle notiert wird, ob der Schüler „on-task" oder „off-task" ist. „On-task" heißt: Die Schülerin oder der Schüler hört zu, bearbeitet die Aufgaben, macht sich Notizen etc. „Off-task" heißt: Die Schülerin oder der Schüler redet mit dem Tischnachbarn, träumt, beschäftigt sich mit anderen Dingen, stört den Unterricht etc. Berechnet werden die prozentualen Anteile des On- und Off-Task-Verhaltens.

PC", „in Übungsphasen Sachkunde" (siehe auch die ausgefüllten Teilhabebögen für Leo und Milo in Abbildung 2 und Abbildung 13). So kann bewusst werden, dass die Beteiligung eines Schülers bei schriftlichen Aufgaben viel geringer ist als bei Anforderungen zum gegenständlichen Handeln. Oder es tritt hervor, dass die Mitarbeit sehr von der Lehrerpersönlichkeit abhängt (oder vom Wochentag, vom Lerninhalt, von didaktischen Arbeitsformen, von den sozialen Settings etc.).

Beispiele für Fragen und Probleme, die mit Hilfe des Teilhabebogens aufgeworfen wurden:

- „In der Vergangenheit bewies Elisa ihre guten kognitiven Fähigkeiten häufig. Doch in den letzten Wochen verweigerte sie die Mitarbeit oft und ließ sich auch durch die verschiedensten pädagogischen Interventionen im Unterricht nicht zur Mitarbeit oder Aufgabenerledigung bewegen."
- „Weshalb widersetzt Luca sich allen Anforderungen an Ordnung und Arbeitsausführung bei schriftlichen Arbeiten, während er zur mündlichen Mitarbeit bereit ist, wenn das Thema ihn anspricht? Weshalb sucht er ständig nach Aufmerksamkeit der Lehrpersonen und stört oder provoziert, wenn er keine Aufmerksamkeit erhält?"
- „Weshalb fühlt Finn sich im Deutschunterricht wohl und arbeitet mit, ganz anders als in Mathematik? Auch in Lebenskunde/Ethik/Religion zeigt er Interesse und kein herausforderndes Verhalten."

Bei der Konzipierung der Skalen sind wir von den menschlichen Grundbedürfnissen als obersten Sollwerten der Aktivität ausgegangen (siehe S. 44). Das psychische System strebt nach Konsistenz und will Inkonsistenz vermeiden. Die psychischen Grundbedürfnisse wirken in unterschiedlicher Stärke permanent und gleichzeitig. Sie wirken ineinander und sie können manchmal einander widersprechen und konflikthaft sein, wenn ein Bedürfnis zeitweise zurücktreten muss, um ein anderes zu befriedigen. Hinter der Dimension „Konzentration auf den Lerngegenstand" steht das Bedürfnis nach Orientierung und Kontrolle. Die Dimension „Soziale Integration" fokussiert auf das Bindungs- und Zugehörigkeitsbedürfnis. Die Dimension „Emotionales Wohlbefinden" spiegelt die Befriedigung aller Grundbedürfnisse.

3.3.2 Stichwortsammlungen zu Stärken

Eine der Fragen, die bei der Förderplanung oft gestellt werden, lautet: „Worin bestehen die Stärken und wie können wir an ihnen anknüpfen?" Tatsächlich wird Förderung durch nichts anderes so sehr in eine gute Richtung geführt wie durch die Orientierung an den Stärken der Schülerin oder des Schülers. Gewöhnlich wird darüber nachgedacht, was der Mensch besonders gut kann. Man vergleicht die Fähigkeiten verschiedener Kinder und meint dann: „A. ist der beste Vorleser der Klasse." Oder man sieht das Fähigkeitsprofil eines Kindes und sagt: „Vorlesen ist seine besondere Stärke." Bezogen auf die Vergleichsgruppe oder das individuelle Profil werden bestimmte Fähigkeiten hervorgehoben (auf sportlichem Gebiet, im sozialen und emotionalen Bereich, in den kognitiven Fähigkeiten etc.).

Dieser vergleichende Stärkenbegriff ist nicht falsch, aber noch zu eng. Es fällt uns meist nicht sehr viel dazu ein, wie an den Stärken des Kindes im Sport oder seiner Kontaktbereitschaft angeknüpft werden kann, wenn die Kompetenzentwicklung in Mathematik dringend ist. Ein primär an Vergleichsmaßstäben orientiertes Stärkenkonzept reicht eben nicht. Wir benötigen ein Stärkenkonzept, das psychologisch tiefer geht. Ein solches finden wir in der Positiven Psychologie. Für Leistungsmaßstäbe und Vergleiche interessiert sie sich weniger, aber dafür, woran man erkennt, wenn ein Mensch sich im Kontakt zu seinen Stärken befindet. Biswas-Diener (nach Blickhan, 2010, S. 155) meint: Man erkennt es daran, dass der Mensch sich wohlfühlt, lebendig ist, klarer spricht, mehr Ausdruck zeigt. Den Stärken kommen wir auf die Spur, indem wir beobachten, erkunden und erfragen, wodurch die Person sich angesprochen und belebt fühlt: „Was tust du gern? Welche Tätigkeiten bereiten dir Freude?" (nicht: „Was kannst du gut?"). Für eine dringende Kompetenzentwicklung in Mathematik ist es wichtig, Anhaltspunkte zu haben, wodurch das betreffende Kind sich im Unterricht angesprochen fühlen und aktiver würde.

Stärken offenbaren sich in besonderer Weise, wenn wir erkunden, in welchen Tätigkeiten das Kind ganz aufgeht, sich einem Flow-Erleben annähert und die eigene Kreativität erlebt. Im Flow ist das Lernfenster[8] so weit geöffnet wie nur irgend möglich. Flow-Momente verbessern die Selbstständigkeit und die Freude an der Anstrengung. Das gilt nicht nur für Kinder. Im Flow fühlt man sich in der eigenen Leistungsfähigkeit herausgefordert, die Tätigkeit fesselt und hat subjektiv hohen Ernstcharakter. Die Informationsverarbeitung ist optimal. Kinder haben keine Konzentrationsschwierigkeiten und sie entdecken ihre Fähigkeiten im Flow. Der Sonderpädagoge André Zimpel (2013) hebt den Flow-Charakter des Spiels hervor und betont: „Was einem Kind aktuell im gemeinsamen Spiel schon möglich ist, das ist die Zone der nächsten Entwicklung." (S. 77)

In der Anlage 2 befinden sich eine Stärkenliste und eine Stichwortsammlung zum Flow-Erleben. Das sind keine Auswahlinventare, sondern eher Suchfelder: Wo sind bei dem Kind Offenheit, Freude und Engagement zu erkennen?

- Die Stärkenliste lehnt sich an Items in Persönlichkeitstests der Positiven Psychologie an und wurde durch einige Stärken aus dem Leistungsbereich ergänzt.
- Die Stichwortsammlung zum Flow-Erleben fragt danach, durch welche Tätigkeiten und Vorhaben das Kind gefesselt wird.

---

8 Das Lernfenster ist das Netz der inneren Lernaktivität (siehe Abbildung 8 bis Abbildung 12).

Weiteres Material für die Beschreibung der individuellen Lernsituation und der Stärken bieten der Vier-Felder-Scan (siehe Abschnitt 3.4.1, S. 74 f., und Anlage 3) und die Handreichungen zum Lernfördergespräch (siehe Abschnitt 3.7.2, S. 99 ff., sowie Anlage 6). Oft erkennen Kinder bei ihren Mitschülern Stärken auf der Gefühls- und Beziehungsebene. Vielfach bewährt hat sich das Komplimente-Spiel („Was magst Du an Melina?").

Milo und Maja: Individuelle Lernsituation und Stärken

Milo: Individuelle Lernsituation *(Mathematik im Vergleich zu anderen Hauptfächern)*

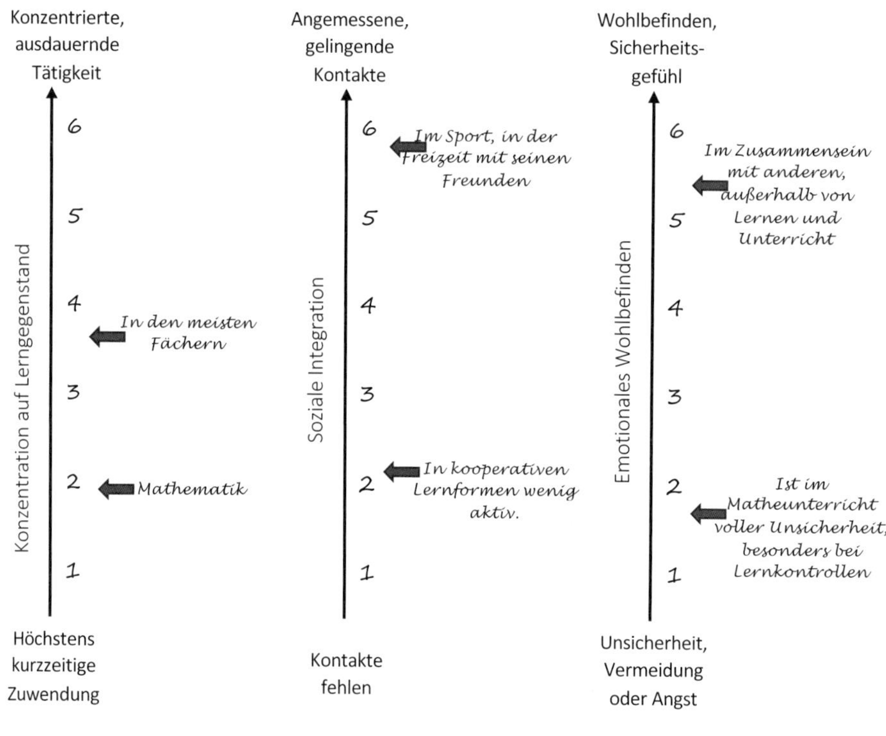

Abbildung 13: Teilhabebogen Milo

Milo: Stärken

Milo ist sportlich. Er spielt im Fußballclub, wo er sich hohe Ziele setzt. Hier und in freien Beschäftigungen ist er kooperationsfähig, möchte Verantwortung übernehmen und mitbestimmen. Milo fühlt sich gern als „Anführer", ist sozial aktiv und möchte keine Schwäche zeigen. Dieser Wunsch wird allerdings manchmal zum Problem. Er kämpft für Gerechtigkeit, vertritt Anliegen offen und ist recht durchsetzungsfähig. Bei Projektaufgaben hat er sich in mündlichen Präsentationen mehrfach ausgezeichnet (gute Vorträge).

***Maja: Individuelle Lernsituation** (Deutsch, Englisch, Mathematik)*

Der Teilhabebogen wurde bei Maja nicht verwendet. Stattdessen wurden folgende Stichworte notiert:

Konzentration:
- *Angst vor Fehlern in Deutsch und Englisch (im Unterschied zu Mathematik und anderen Fächern)*
- *Bearbeitet gut überschaubare Aufträge vollständig, überwiegend selbstständig, jedoch mitunter ungenau*
- *Kann bei Hoffnung auf Erfolg ausdauernd und konzentriert arbeiten und will die Erklärungen verstehen*
- *Beginnt bei schriftlichen Aufgaben zögerlich, braucht mehr Zeit und blockiert manchmal*
- *Gibt schnell auf, wenn sie sich überfordert fühlt*
- *Englisch: erheblich verringerte mündliche Beteiligung, Schwierigkeiten beim Hörverstehen und in der Aneignung von Vokabeln und grammatikalischen Regeln*
- *Erledigt Hausaufgaben oft nicht*

Soziale Integration:
- *Teilt sich in vertrauten Paarsituationen mit*
- *Nimmt in Mathematik Hilfen der Lernpartnerin an*
- *Allgemein sehr zurückhaltende Kommunikation, nach Ansprache zugänglich*
- *Spricht nicht gern vor der Klasse*
- *Gehemmtes Konfliktverhalten*

Emotionales Wohlbefinden:
- *Motivation schwankend und tagesformabhängig*
- *Hat in Mathematik etwas höheres Zutrauen in eigene Kompetenzen gewonnen*
- *Blockierungen vor Leistungsüberprüfungen*

Maja: Stärken

- *Wirkt emotional stabil, hat sich sichtbar gut in die neue Lerngruppe der Klasse integriert*
- *Kann ausdauernd und konzentriert arbeiten, ist manchmal sehr bemüht, inhaltlich zu folgen*
- *In Mathematik auch im schriftlichen Bereich gute Mitarbeit*
- *Erheblicher häuslicher Fleiß*

3.4 Komponentenanalyse (Baustein 2)

Unter Komponenten verstehen wir Teilhandlungen und Operationen des Lernens. Lernförderliche Komponenten sind: Interesse an der Aufgabe, Erfolgserwartung, genaue Informationsaufnahme, Denkoperationen zur Analyse, Überprüfung von Lösungsansätzen u. a. Beeinträchtigende Komponenten sind: Wissenslücken, ungeeignete Orientierungsgrundlagen, misserfolgsorientierte Motivation, Ermüdung etc. Der Hauptweg der Analyse von Lernkomponenten ist die Beobachtung. Methodische Hilfestellungen sind der Vier-Felder-Scan und die Komponentenanalyse mit Hilfe der Kärtchen.

3.4.1 Vier-Felder-Scan

Der Vier-Felder-Scan (siehe Anlage 3) ist eine Zusammenstellung von Fragen zur Beobachtung und Interpretation des Lernens in einer Unterrichtsstunde oder bei der Beschäftigung mit bestimmten Lernaufgaben. Es wird ausgewertet, wie das Kind die Aufgaben löste und auf Impulse und Hilfestellungen reagierte. Die Fragen wurden anhand des Vier-Felder-Modells des Lernhandelns (siehe Abschnitt 2.2) entwickelt und stützen sich auf die Darstellung Kretschmanns (2007, S. 24 f.) zu Teilhandlungen und Störungen des Lernablaufs. Das Beobachtungsschema ist leicht anwendbar und umfasst die wesentlichen Handlungskomponenten. Zwangsläufig sind teils unscharfe Begriffe enthalten.

Zur Nützlichkeit des Vier-Felder-Scans in der pädagogischen Förderung seien einige Feedbacks von Anwenderinnen wiedergegeben:

- „Letztendlich ist mir klar geworden, dass es unumgänglich ist, jeden Schüler in einer derartigen Lernbeobachtungssituation näher kennenzulernen, um ihm wirklich in seinen Bedürfnissen und seinem Leistungsniveau gerecht werden zu können. Dies muss man selber tun und kann sich nicht auf von anderen durchgeführte Beobachtungen und Tests verlassen."
- „Die Grundstruktur des Vier-Felder-Scans erachte ich als sehr lohnenswert. Sie hilft, sich auf das Positive zu fokussieren, was manchmal schwerfällt, weil man sich von Erwartungen leiten lässt."
- „Intuitiv werden viele dieser Inhalte von den meisten Lehrpersonen wahrscheinlich bereits angewendet. Die vorliegende, ausführliche Form bietet die Möglichkeit, sinnvolle Rückschlüsse für die alltägliche Praxis und die individuelle Förderung eines Kindes zu ziehen. In meinen Augen ist der zeitliche Aufwand hoch und leider nicht für jedes Kind durchführ- und leistbar."
- „Ich bin beeindruckt (ein wenig auch erschrocken), was mir im gemeinsamen Unterricht mit allen Schülern so alles entgeht. Mir war zwar bewusst, dass G. ein sehr unsicheres Mädchen ist, denn auch im normalen Unterricht zeigt sie beim Reden vor anderen Mitschülern große Nervosität, aber dass die Aufgaben sie auch körperlich derart unter Druck setzten, war mir nicht so bewusst."

- „Sehr wertvoll war für mich, an den Gedankengängen der Schülerin teilzuhaben und so zu entdecken, wie sie zu manchen fehlerhaften Lösungen kommt, die aber eigentlich für sie logisch sind. Hier kann ich gut ansetzen."
- „Der Vier-Felder-Scan regt an, noch stärker nach den Gründen zu fragen, warum bestimmte Strategien angeregt werden oder andere fehlen. Der Scan hat mir geholfen, bestimmte Hilfsmittel, wie Advance Organizer oder Beispiele, gleich am Anfang zur Verfügung zu stellen."

3.4.2 Das System der Kärtchen

Die Kärtchen können für größere Einschätzungsbereiche verwendet werden als der Vier-Felder-Scan. Der Kärtchensatz besteht aus 32 Item-Kärtchen. Die Anlage 4 dient als Kopiervorlage (Download). Zu jedem der vier Funktionsbereiche gehören acht Kärtchen, die jeweils eine Lernkomponente beschreiben. Die folgende Abbildung zeigt zwei Beispiele.

Textseite	Stichwortseite
Lernstrategien und Lerntechniken werden ausreichend genutzt (Lernen in Sinnzusammenhängen, wesentliche Gedanken erfassen, wiederholen u. a.).	Wissenserwerb (7) **Lernstrategien und Lerntechniken** ➔ Kognitive Lernstrategien, d. h. Methoden des Erarbeitens, Anwendens und Übens, fördern
Das ***Erleben von Lernfortschritten*** *überwiegt bei* weitem über das Erleben von Misserfolgen.	Motivation (3) **Erleben von Lernfortschritten** ➔ Erfolgserwartung stärken und Erfolge sichtbar machen

Abbildung 14: Zwei Komponentenkärtchen

Auf der einen Seite, „Textseite" genannt, steht jeweils ein Satz zur Beschreibung der Komponente. Die andere Seite beschränkt sich auf Stichworte. Oben (farbig unterlegt) werden der Funktionsbereich und die Item-Nummer genannt und die Pfeile unten führen zu naheliegenden Schwerpunkten der Lernförderung, zu denen es in der Anlage 5 weitere Hinweise gibt. Die folgende Tabelle gibt links eine Übersicht über die 32 Kärtchen. Die Schwerpunkte rechts entsprechen dem Ordnungssystem, das wir im Abschnitt 2.4.2 (S. 58 ff.) vorgestellt haben.

	Kärtchen (Komponenten)	**Schwerpunkt der Lernförderung**
Basale Kompetenzen	(1) Kompensation von Beeinträchtigungen des Sehens oder Hörens (2) Grob- und feinmotorische Kompetenzen und Rechts-Links-Sicherheit	Beeinträchtigungen angemessen berücksichtigen / Wahrnehmung und Motorik fördern
	(3) Anwendung von Vorwissen (Fakten, Regeln, Begriffe u. a.) (4) Anwendung kognitiver Fähigkeiten (5) Anwendung der mündlichen Sprechfähigkeiten	Den Entwicklungsstand der Sprache, des Denkens und des Wissens beachten
	(6) Lese- und Rechtschreibfähigkeiten und Umgang mit Zahlen und Mengen	Lese-Rechtschreib-Schwäche bzw. Rechenschwäche in allen Fächern angemessen berücksichtigen
	(7) Akzeptieren der Wünsche und Gefühle anderer Kinder (8) Soziale Kompetenzen (Nähe-Distanz-Verhalten u. a.)	Die sozial-mentalen Besonderheiten beachten, Empathie und Achtsamkeit fördern
Wissenserwerb	(1) Fähigkeiten zur Aufmerksamkeitsregulation	Aktivierende Lernziele erarbeiten, Vorwissen mobilisieren
	(2) Individuell passende Arbeitsmittel, Schrittfolgen, Lernhilfen (3) Informationsverarbeitung bei Anleitungen	Orientierungsgrundlagen entwickeln, Lösungsprozesse modellieren
	(4) Orientierung an der Aufgabenstellung (5) Handlungsaufbau (schrittweises Vorgehen) (6) Selbstkontrolle (Ergebnisse, Zwischenergebnisse)	Metakognitive Strategien fördern
	(7) Lernstrategien und Lerntechniken (8) Planen und Realisieren von komplexen Tätigkeiten (Wochenplan, Projekte u. a.)	Kognitive Lernstrategien, d. h. Methoden des Erarbeitens, Anwendens und Übens, fördern

Tabelle 2: Übersicht zu den Kärtchen

	Kärtchen (Komponenten)	Schwerpunkt der Lernförderung
Motivation	(1) Erfolgszuversicht (2) Umgang mit dem Erleben von Schwierigkeiten (3) Erleben von Lernfortschritten	Erfolgserwartung stärken und Erfolge sichtbar machen
	(4) Offenheit gegenüber Neuem / Anknüpfen an Interessen (5) Befriedigung der Bedürfnisse, etwas zu tun, herzustellen, zu gestalten	Interessen und Bedürfnisse nach Aktivität, Erlebnissen und neuen Eindrücken fördern
	(6) Kompetenz- und Selbstwirksamkeitserleben	Selbstwirksamkeitserleben stärken
	(7) Gefühl der Zugehörigkeit (8) Vertrauen zur Lehrerin oder zum Lehrer	Sozialen Halt und Sicherheit geben, Gemeinschaftsgefühl stärken
Handlungssteuerung	(1) Eigener Leistungsanspruch und Anstrengungsbereitschaft (2) Arbeit mit Aufgaben, die Überlegung und Anstrengung verlangen	Persönliche Ziele und Willen zur Überwindung von Schwierigkeiten fördern
	(3) Fähigkeiten, Ablenkungen abzuschirmen (4) Arbeits- und Ordnungsgewohnheiten	Arbeits- und Ordnungsgewohnheiten fördern, Ablenkungsfaktoren vermindern
	(5) Zeiteinteilung und Zeitmanagement (6) Fähigkeiten zur Kooperation beim Lernen	Lernplanung und -organisation fördern
	(7) Impulskontrolle (8) Affektregulation	Umgang mit Stress und Angst verbessern, Entspannung und Selbststeuerung fördern

Tabelle 2: Übersicht zu den Kärtchen (Fortsetzung)

Für die Entwicklung der Kärtchen gab es drei Quellen: erstens das Vier-Felder-Modell des Lernhandelns, zweitens ca. 80 Falldarstellungen, die mit dem Struktur-Lege-Verfahren von 2018 erarbeitet wurden, drittens Beobachtungen anhand des Vier-Felder-Scans. Diese Quellen führten jeweils zu Listen von Item-Kandidaten (d. h. zu Entwürfen für Kärtchen), die abgeglichen wurden. Ähnliches wurde zusammengefasst, zu allgemeine und schlecht interpretierbare Begriffe gestrichen, Formulierungen verbessert. Das führte zu einem Entwurf mit circa 60 Kärtchen, eine Zahl, die für die

Einschätzung nicht praktikabel ist. Sie wurde in einem empirischen Prozess auf 32 reduziert – ein Kompromiss zwischen Differenziertheit und Handhabbarkeit.

Die Kärtchen bilden eine Matrix von psychischen Komponenten der Lernaktivität für den Geltungsbereich von der Grundschule bis zum 6. Schuljahr. Sie können auch darüber hinaus verwendet werden. Die inhaltliche Struktur hat sich in unserer Strategie bewährt.

Das Buch „Förderkonzepte – einfühlsam und gelingend“ (Matthes, 2018) enthält einen aus 30 Kärtchen bestehenden Kärtchensatz, als „Ursachenkärtchen“ bezeichnet. Hier werden ebenfalls Lernkomponenten angeführt, aber weniger systematisch als auf den neuen Kärtchen. Ein weiterer Unterschied: Die 2018er Kärtchen nennen jeweils einige die Teilhabe mindernde Faktoren. Die Abbildung 15 zeigt ein Beispiel.

20

Umgang mit Ablenkungen / Festhalten am Handlungsziel

Die Teilhabe mindernde Faktoren (Beispiele):

- Schwache Bindung an Handlungsziele
- Hohe Ablenkbarkeit
- Flüchtige Arbeitsweise
- Es wirken zu viele Ablenkungsfaktoren.

Abbildung 15: Ein Ursachenkärtchen von 2018

Wir haben Lehrerinnen und Lehrern beide Varianten der Kärtchen (den Satz der Ursachenkärtchen von 2018 und den Satz der neuen Komponentenkärtchen) zur Verfügung gestellt. Dabei ergab sich keine eindeutige Bevorzugung. Den Satz der Ursachenkärtchen von 2018 beschrieben sie als umfassender, den Satz der neuen Komponentenkärtchen als spezifischer, direkter von der Theorie des Lernhandelns ausgehend.

3.4.3 Vorgehen bei der Komponentenanalyse

Bei der Komponentenanalyse arbeiteten wir meist mit der Textseite der Kärtchen und empfehlen das auch weiterhin. Die dort befindliche Kurzbeschreibung führt zu konkreteren Vorstellungen von dem jeweiligen Lernverhalten in unterschiedlichen Situationen. In der Erprobung verwendeten manche Anwenderinnen die Stichworte aber bereits bei der Komponentenanalyse. Ein Verstoß gegen die Anwendungsvorschrift ist das nicht. Auch wurde manchmal zuerst auf die Stichwortseite geschaut,

Abbildung 16: Arbeitsfläche

dann der Beschreibungssatz auf der anderen Seite gelesen und schließlich das Kärtchen mit der Stichwortseite auf der Arbeitsfläche eingeordnet. Man sollte hier probieren, was einem besser liegt.

Ausreichend ist eine Arbeitsfläche, etwa 50 mal 40 Zentimeter groß und so untergliedert, wie in Abbildung 16 zu sehen.

Auf das grüne Feld werden die Kärtchen zu den Stärken gelegt. Auf das rote Feld kommen die Kärtchen zu den noch zu schwachen Lernkomponenten, die das Lernen hemmen. Der Raum zwischen den beiden Polen kann für die Vorsortierung verwendet werden. Die Applikationen lauten:

STÄRKEN und NOCH ZU SCHWACHE LERNKOMPONENTEN

Die Sortierprozedur[9]: Theoretisch kann ein Kontinuum mit Zwischenstufen angenommen werden. Ein entsprechendes Rating kostet aber viel Zeit, die sich nicht rentiert. Für das Weitere kommt es nur darauf an, neben den Stärken die wesentlichen zu schwachen Lernkomponenten zu finden. Die Sortierprozedur lässt sich sogar noch mehr vereinfachen. Falls Sie sich nämlich zuvor mit den Stärken beschäftigt haben, können Sie sich jetzt ganz auf die Auswahl der noch zu schwachen Komponenten konzentrieren. Die wichtigsten Lernbarrieren können erfahrungsgemäß durch maximal acht Kärtchen identifiziert werden.

Wir empfehlen folgende praktische Schritte zur Auswahl der Kärtchen:

- Vor der Sortierprozedur können Sie die Kärtchen herausnehmen, die nicht in Betracht kommen, weil sie im Einschätzungsbereich keine Rolle spielen.
- Die Kärtchen, mit denen Sie arbeiten wollen, liegen auf einem Stoß, die Seiten mit den Texten nach oben. Die Reihenfolge kann zufällig sein. Kärtchen für Kärtchen entscheiden Sie, ob die jeweilige Komponente zu einem gelingenden Lernhandeln beiträgt oder nicht, und ordnen es auf der Arbeitsfläche ein. „Hineindenken" können Sie sich mit einer gedanklichen Hilfskonstruktion (siehe Abbildung 17):

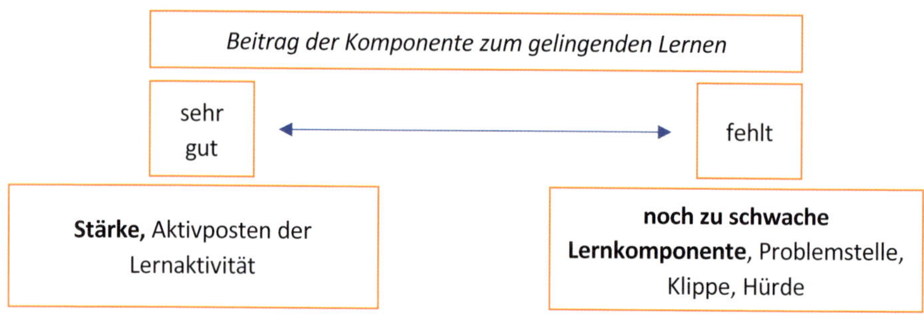

Abbildung 17: Gedankliche Hilfskonstruktion für die Komponentenanalyse

- Kärtchen, die weder für die linke noch für die rechte Seite in Betracht kommen oder zu denen Ihnen Beobachtungen fehlen, legen Sie beiseite.
- Bei etlichen Kärtchen werden Sie vielleicht meinen: „Das müsste besser werden." Für die Identifizierung der Lernbarrieren sind aber nur die relevantesten Probleme entscheidend, maximal acht. Sollten Sie zunächst z. B. bei 16 Kärtchen großen Verbesserungsbedarf sehen, besteht Ihre Arbeit anschließend darin, jene auszuwählen, die das Zentrum der Probleme betreffen (so wenig wie möglich, um herauszuarbeiten, was die Barrieren immer wieder ausmacht; mehr als acht Kärtchen dürften dafür nicht nötig sein).

9 Ich danke Frau Prof. Ricken für die Mitteilung ihrer Erfahrungen.

- Sie können handschriftliche Kärtchen anfertigen. Tun Sie das bitte, wenn Sie Kärtchen zusammenfassen oder präzisieren wollen oder ein wichtiger Inhalt fehlt.

Der nächste Schritt kann die Strukturanalyse (Baustein 3) sein. Oder Sie entscheiden sich dafür, jetzt gleich zu Schlussfolgerungen (Bausteine 4 und 5) überzugehen.

Milo und Maja: Komponentenanalyse

Die Abbildung 18 (Milo) und die Abbildung 19 (Maja) zeigen die noch zu schwachen Lernkomponenten. Zu den Stärken siehe den 2. Teil der Fallbeispiele (S. 72 f.).

Milo: Komponentenanalyse *(Deutsch, Mathematik, Sachunterricht, Englisch)*

Abbildung 18: Komponentenanalyse Milo

Unter „NOCH ZU SCHWACHE LERNKOMPONENTEN“ befinden sich sieben gedruckte Kärtchen. Ein handschriftliches kommt hinzu. In gewissem Sinn markieren diese Kärtchen Ziele, denn hier existieren bei Milo beträchtliche Probleme. Von „Förderzielen“ sprechen wir aber vorerst besser noch nicht. Das wäre einfach unrealistisch. Förderziele setzen Prioritäten und berücksichtigen die realen Fördermöglichkeiten.

Maja: Komponentenanalyse *(Deutsch, Englisch)*

Abbildung 19: Komponentenanalyse Maja

Die Abbildung 19 zeigt neun gedruckte Komponentenkärtchen und ein handschriftliches. Die bezeichneten Komponenten sind für gelingendes Lernen notwendig, bilden bei Maja aber noch Probleme. Für die spätere Strukturanalyse und die weitere Entwicklung des Förderkonzepts wurde die Zahl der Kärtchen reduziert. Wie erwähnt, ist das wichtig, damit das Förderkonzept sich auf das Wesentlichste konzentrieren kann. Im Hinblick auf die Strukturanalyse legte die Lehrerin deshalb die beiden gedruckten Kärtchen zum Gefühl der Zugehörigkeit und zu den kognitiven Fähigkeiten beiseite, *ebenso das handschriftliche Kärtchen zur Erschöpfung bei geistiger Beanspruchung (in der Abbildung wurden diese Kärtchen durch * markiert). In der Strukturanalyse arbeitete die Lehrerin mit sieben Kärtchen weiter.*

Der nächste Schritt kann die Strukturierung sein (Baustein 3) oder Sie entscheiden sich dafür, jetzt gleich zu Schlussfolgerungen überzugehen (Baustein 4).

3.5 Strukturanalyse (Baustein 3)

3.5.1 Aufgabe der Strukturanalyse

Struktur-Lege-Techniken werden in vielen Bereichen verwendet, in der Schule vor allem als Methode zur Analyse und Darstellung gedanklicher Netzwerke. „Grundgedanke ist es, das semantische Netzwerk sozusagen sichtbar vor sich auf dem Tisch auszulegen. Dazu braucht man zuerst die Begriffe als ersten Grundbestandteil von Netzen. [...] Je nach Vorkenntnissen schreiben die Lernenden die Kärtchen selbst oder die Lehrperson gibt die Begriffe vor." (Wahl, 2013, 184 f.) Die Lernenden ordnen die Kärtchen in Strukturen an, jeder so, wie er die Inhalte und deren Beziehungen versteht. In der Partnerarbeit erklären und begründen sie ihr Arbeitsergebnis.

Im Struktur-Lege-Verfahren wird diese Technik für die Analyse des Lernhandelns genutzt. Die Aufgabe besteht in der Klärung der Struktur, durch die das Lernen beeinträchtigt wird. Das ist gleichbedeutend mit dem Erkennen der Richtungen, in denen unbedingt ein „besseres Funktionieren" erreicht werden muss. Nicht selten kommen mehrere Struktur-Varianten in Betracht. Die Lücke zwischen Theorie und Realität lässt sich prinzipiell nicht völlig schließen. Auf innere Prozesse kann immer nur hypothetisch geschlossen werden. Erreichbar ist ein in sich stimmiges Strukturbild, sodass Sie sagen können: „Dieses Bild kann ich als meine Einschätzung zur Diskussion stellen. Es ist meine reflektierte Theorie." Dabei ist die Struktur kein im Sinne der Testtheorie valides und situationsübergreifendes Strukturbild. Ein solches ist nicht möglich. Spezifische eigene Erinnerungen und Geschichten beeinflussen die subjektive Einordnung und Bewertung. Doch die zwei oder drei Problemkreise, die dem gelingenden Lernen bei dem Kind besonders stark im Wege stehen, können aufgedeckt werden, vor allem, wenn in der Teamdiskussion unterschiedliche Blickwinkel eingebracht werden.

3.5.2 Vorgehen bei der Strukturanalyse

Mit der Auswahl der relevanten Kärtchen (Komponentenanalyse) ist die Strukturanalyse bereits gut vorbereitet. Die Struktur kann nun mit Hilfe des heuristischen Fragens entwickelt werden.

Ein konstruiertes Beispiel: Die Komponentenanalyse zeigt, dass das geringe Vorwissen des Schülers ein Problem ist; auch interessieren ihn die Lerninhalte offenbar wenig; er strengt sich ungenügend an; ihm entgehen Informationen; seine Informationsverarbeitung bleibt in der Anfangsphase stecken u. a. Heuristisch wäre in diesem Fall unter anderem zu fragen: Würde dem Schüler das Lernen gelingen, wenn die Anforderungen auf seine Vorkenntnisse zugeschnitten werden? Ist das geringe Interesse am Lerninhalt der Grund dafür, dass er die Information nicht aufnimmt und verarbeitet? Das wären nur zwei von vielen möglichen Zusammenhangsfragen, gerichtet auf die Ermittlung der wechselseitigen oder kreislaufartigen Wirkzusammenhänge, die das Lernen beeinträchtigen.

Es konnte gezeigt werden, dass sich das Fragen und die Suche nach Antworten effizient und praktikabel gestalten lässt, nämlich, indem man die Kärtchen auf der Arbeitsfläche probeweise anordnet. Am Anfang liegt das Kärtchen A (z. B. Informationsaufnahme) in der Nähe des Kärtchens B (z. B. Interesse). Automatisch steht die Frage vor Augen: Welche Beziehungen gibt es? Man rückt die Kärtchen A und B ein Stück auseinander oder schiebt sie näher zueinander, zieht ein drittes Kärtchen und ein viertes Kärtchen hinzu, präzisiert die Anordnung und fährt fort, bis auch das letzte Kärtchen einbezogen ist. Probedenken und Verschieben der Kärtchen werden erst beendet, wenn ein befriedigendes Ergebnis erreicht ist. Die Lehrkräfte, die so gearbeitet haben, bestätigten einhellig: Die auf den Kärtchen stehenden Stichworte erleichtern das gedankliche Annähern an die reale Problemstruktur im Analysebereich.

Bitte ordnen Sie also die Kärtchen mehrfach ganz unterschiedlich auf der Arbeitsfläche an. Verwenden Sie dafür die Stichwortseite. Gruppieren Sie ein oder mehrere Kärtchen zentral und legen Sie andere peripher. Ziehen Sie weitere Kärtchen heran. Bald werden Sie besonders eng Zusammengehörendes in seiner Bedeutung klarer als bisher erfassen und es einander zuordnen. Bilden Sie hypothetische Kreisläufe und Beziehungen, wie: Kärtchen A ergibt sich aus B. Oder: Es besteht eine Wechselwirkung. Oder: A ist etwas Übergeordnetes, B das Konkretere. Prüfen Sie gedanklich, ob diese Konstruktion Ihren Beobachtungen tatsächlich entspricht. Ordnen Sie ein bestimmtes Element probeweise an einer anderen Stelle ein. Vielleicht erleben Sie ein „Aha!", d. h. eine kognitive Umstrukturierung, eine Einsicht. Durch Verschieben der Kärtchen können Wirkketten und Teufelskreise konstruiert und mit der Wirklichkeit verglichen werden. Ruft Problem A das Problem B wirklich maßgeblich hervor? Was ist noch beteiligt? Arbeiten Sie auch mit Pfeilen und Ausrufezeichen (real oder bloß vorgestellt) oder fügen Sie eigene Kärtchen hinzu. Halten Sie das Ergebnis der Strukturanalyse in einem Foto fest.

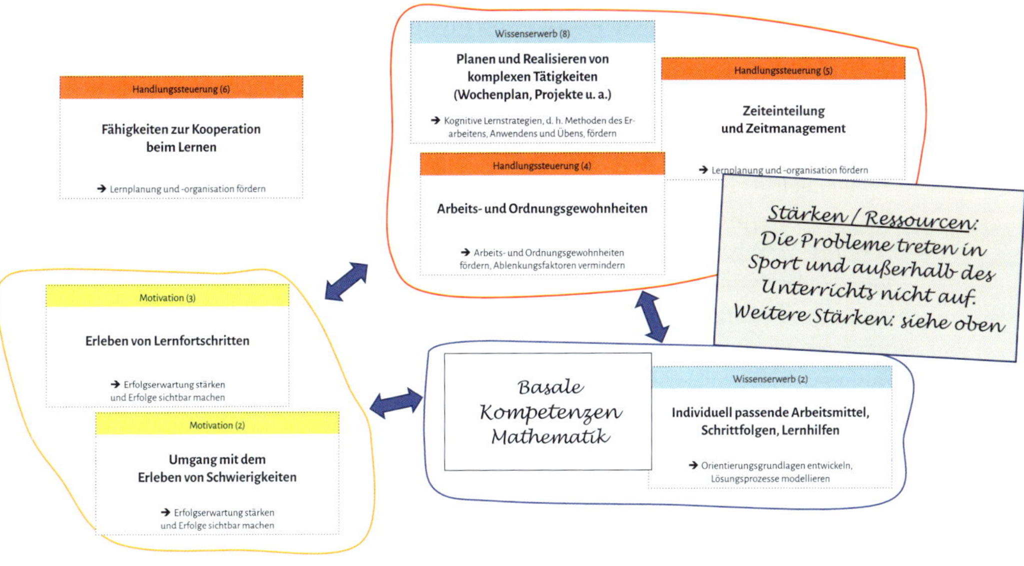

Abbildung 20: Strukturanalyse Milo

Milo und Maja: Strukturanalyse

Milo: Strukturanalyse *(Deutsch, Mathematik, Sachunterricht, Englisch)*

Alle in der Komponentenanalyse ausgewählten Kärtchen waren relevant für die Erklärung der Schwierigkeiten im Lernen. Eine Frage war zum Beispiel: Welche Beziehungen existieren zwischen „Fähigkeiten zur Kooperation beim Lernen“ und den „Basalen Kompetenzen im Umgang mit Zahlen und Mengen“? Wahrscheinlich keine direkten! Die Kärtchen wurden weiter auseinandergeschoben. Andere Fragen: Wie hängen „Arbeits- und Ordnungsgewohnheiten“ und „Planen und Realisieren komplexer Tätigkeiten (Wochenplan, Projekte u. a.)“ zusammen? Welche Beziehungen existieren zwischen dem „Umgang mit dem Erleben von Schwierigkeiten“ und dem „Erleben von Lernfortschritten“? Indem die Lehrerin bestimmte Kärtchen nahe zueinander legte und andere auseinanderrückte, wurden allmählich wahrscheinliche Problembereiche und Wechselwirkungen sichtbar. Das war ein Prozess gedanklicher Hypothesenbildung und -prüfung. Schließlich entstand das in der Abbildung 20 gezeigte Bild.

Demnach gibt es bei Milo drei Problemkreise:

- *Er erlebt keine Lernfortschritte und gibt auf, wenn ihm eine Aufgabe schwierig erscheint (in der Abb. links unten).*
- *Ein großer Problemkreis (in der Abb. rechts oben) umfasst die ungenügenden Ordnungsgewohnheiten, den fehlenden Handlungsaufbau bei komplexen Aufgaben,*

die Schwierigkeiten der Zeiteinteilung und des Zeitmanagements. Dabei ist zu beachten, dass Milo seine Tätigkeit besser organisiert, wenn er sich sicher fühlt; jedenfalls deutet das im Ergebnis der Stärkenanalyse geschriebene Kärtchen zum Verhalten im Sport und außerhalb des Unterrichts darauf hin.
› Die beiden Kärtchen rechts unten weisen auf lernbereichsspezifische und basale Probleme hin. In Mathematik reicht der Wissensstand (unsicher im Dezimalsystem, unklare Mengenvorstellungen) nicht aus, um die gestellten Aufgaben zu lösen, und Milo kommt mit den Arbeitsmitteln und Schrittfolgen, die ihm empfohlen und zur Verfügung gestellt werden, nicht gut zurecht; sie sind ihm keine Hilfe.

In dem Kärtchen links oben (nicht eingekreist) geht es um die Fähigkeiten zur Kooperation beim Lernen. Als eigenständiger Problemkreis wird das nicht betrachtet. Milo hat seine Kooperationsfähigkeit bewiesen; die ungenügende Lernkooperation ergibt sich aus den anderen Problemkreisen.

Maja: Strukturanalyse (Deutsch und Englisch)

Hier entstand folgendes Strukturbild:

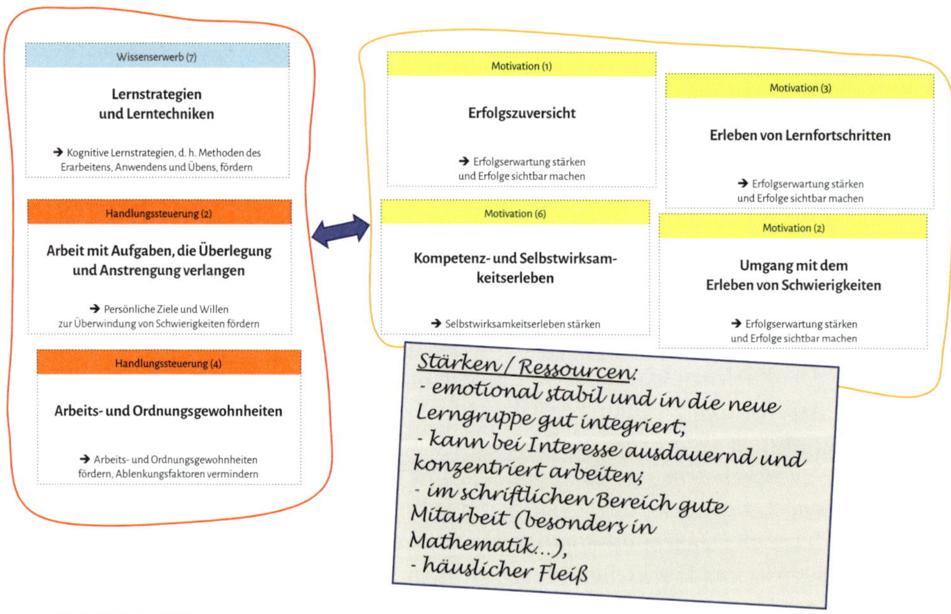

Abbildung 21: Strukturanalyse Maja

Zwei große Problemkreise treten hervor:
› Der gemeinsame Nenner der drei links liegenden Kärtchen besteht in der Handlungssteuerung und den Lernstrategien.
› Die vier rechts liegenden Kärtchen bündeln komplexe Probleme der Motivation und des Erlebens der Selbstwirksamkeit.

Die eingefügten Hinweise auf Stärken und Ressourcen deuten darauf hin, dass es sich beim ersten Problemkreis um Anwendungsschwierigkeiten (Performanzprobleme) handelt, nicht um Kompetenzprobleme. Bei Anwendungsschwierigkeiten werden eigentlich vorhandene Kompetenzen aus bestimmten Gründen nicht angewandt. Vermutet werden darf, dass das in wichtigen Lernsituationen geringe Kompetenz- und Selbstwirksamkeitserleben hier eine große oder gar bestimmende Rolle spielt.

Möglicherweise ist, etwas abweichend von der hier erarbeiteten Strukturdarstellung, auch eine andere möglich, die den Problemkreis der Motivation und des Erlebens der Selbstwirksamkeit als denjenigen ansieht, der hinter den Problemen der Handlungssteuerung und Lernstrategien steht, d. h. diese hervorbringt. Doch das ist eine „von außen" kommende Bemerkung. Sicherlich ist die in der Abbildung 21 gezeigte Darstellung gut vertretbar, zumal sie die Bedeutung des Kompetenz- und Selbstwirksamkeitserlebens ebenfalls deutlich zeigt.

3.6 Entwicklung des Oberziels und der Schwerpunkte der Lernförderung (Baustein 4)

Förderung benötigt eine Strategie. Den unterschiedlichen Akteuren – dem Kind, den Mitgliedern des pädagogischen Teams, den Eltern – soll sie bekannt sein. So können alle in die gleiche Richtung wirken. Zur Strategie gehören ein *Oberziel* und die *Schwerpunkte der Lernförderung*. Festlegungen zu den Ressourcen, die eingesetzt werden sollen, können hinzukommen. Das Oberziel ist das längerfristige, große Ziel. „Fernziel" wäre sicherlich auch eine mögliche Bezeichnung, aber dafür haben wir uns nicht entschieden, weil es auch „gleich morgen" konkret angestrebt werden soll. Die Schwerpunkte der Lernförderung umfassen, worauf es in den nächsten Wochen und Monaten ankommt.

3.6.1 Oberziel

Die Wirkungskraft eines positiven Zukunftsbildes kann kaum überbewertet werden. Mit ihm verlässt der Blick die defizitorientierte Richtung, die sich sonst spontan und unerwünscht aufdrängt. Die Aufmerksamkeit und das Engagement in der Interaktion richten sich auf die optimistische Idee. Plötzlich können Gelegenheiten für Impulse und Veränderungen viel besser als bisher erkannt und genutzt werden, im Unterricht, in den zeitlichen Abläufen, durch gegenseitige Unterstützung und Absprachen. Als Oberziel erscheint, was bei einer kontinuierlichen, individuell zugeschnittenen Lernförderung erreicht werden kann: „So kann es in etwa einem Jahr sein, wenn alles gut geht." Ganz allgemein bestehen Oberziele in positiven Lernsituationen und gelingenden Lernhandlungen (siehe Abbildung 5 und Abbildung 7, S. 31 und S. 36). Beispiele für individualisierte Oberziele:

- „**Pam** lernt, ihren Voraussetzungen gemäß, ohne Verstehens-Barrieren und ablenkende Umstände. Sie freut sich über ihren Erfolg. Ihr Interesse für Pferde hat sie vertieft und das hat dazu beigetragen, dass sie sich mit einigen Themen intensiver beschäftigt."
- „**Gabriella** ist im Klassenverband gut integriert; sie fühlt sich wohl. Die Lern- und Arbeitsweise ist zielgerichteter geworden und Gabriella öffnet sich für Hilfestellungen. Bereits früher wurde ihre Sportlichkeit geschätzt und das konnte sie noch ausbauen."
- „**Ahmad** erlebt seine Stärken im schulischen Bereich. Er verhält sich anderen Kindern gegenüber reflektierter. Dabei knüpft er an sein Verantwortungsgefühl für die jüngeren Geschwister an."
- **„Regine** fühlt sich in ihrer Klasse sicher und sucht dort auch aktiv Hilfe. In der Gruppenarbeit bietet sie eigene Lösungsvorschläge an und ist zur Mitarbeit bereit. Ihre Freundlichkeit und Zurückhaltung werden in der Klasse geschätzt."
- „**Jacob** fühlt sich in seiner Klasse sicher und von seinen Lehrerinnen und Lehrern verstanden. Er lernt allmählich, seine Emotionen besser zu regulieren. Seine Hilfsbereitschaft ist bekannt, wird nachgefragt und gewürdigt."

In den Beispielen wird der Ausbau von Stärken mit der Überwindung von Schwächen verbunden. Kreisläufe des Schwierigkeitserlebens und Vermeidens werden aufgebrochen.

Gute Dienste bei der Entwicklung des individualisierten Oberziels leistet die *Wunderfrage*, die wir aus der lösungsorientierten Beratung kennen. Sie kann den Anstoß zu einer Fortschrittsgeschichte geben (siehe de Shazer & Dolan, 2020). Ein Beispiel für diese Frage: „Stellen wir uns vor, ein Jahr ist vergangen. Tim ist 12 Jahre alt und geht in die 6. Klasse. Es ist fast wie in einem Wunder: Vieles fügte sich zum Guten. Tim hat die richtigen Hilfen erhalten – und konnte sie annehmen. Wir haben über seine Entwicklung gestaunt. Wie können wir uns Tim in einem Jahr vorstellen?"

3.6.2 Schwerpunkte der Lernförderung

Die Schwerpunkte der Lernförderung berücksichtigen die gegebenen Problemkreise und Stärken und richten sich, auch längerfristig, auf Ziele und Maßnahmen für positive Lernsituationen und gelingendes Lernhandeln. In schematischer Form zeigt die Abbildung 22 (s. S. 89), wie gut gesetzte Schwerpunkte die Entwicklungsrichtung verändern und in positive Lernsituationen führen können.

Im unteren Bereich der Abbildung dominieren problematische Lernsituationen. Der Bereich des gelingenden Lernens verengt sich immer mehr. Dieser Prozess kann sehr weit gehen, bis zur Minimierung „funktionierenden" schulischen Lernens (siehe die Abbildung 11 auf S. 53). Richtig gesetzte Schwerpunkte können eine Wende herbeiführen. In der Abbildung 22 wird angenommen, dass die Schwerpunkte „Erfolgser-

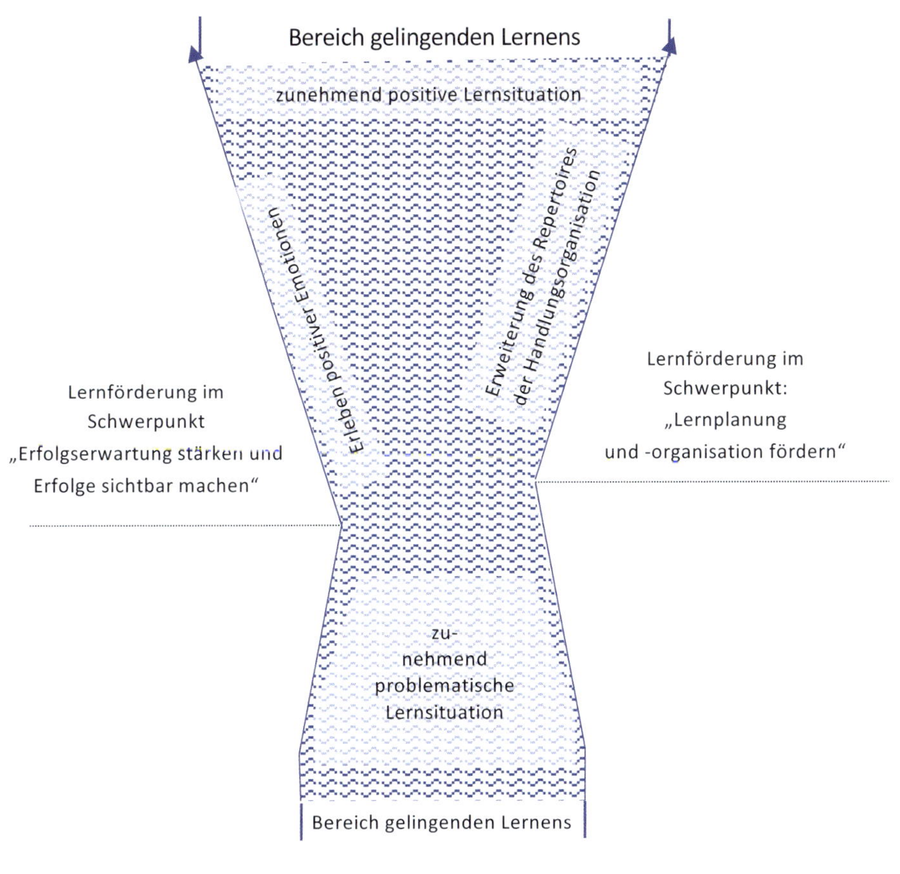

Abbildung 22: Lernförderung und Wandel von Lernsituationen

wartung stärken und Erfolge sichtbar machen“ und „Lernplanung und -organisation fördern“ gesetzt werden (hier mit einem zeitlichen Abstand). Das Team hat sich darauf geeinigt und widmet sich den Schwerpunkten bei vielen sich bietenden Gelegenheiten und mit geplanten Maßnahmen. Bald beginnt das Kind, sich in seiner Wahrnehmung, seinem Denken, seiner Anstrengung im Unterricht stärker zu öffnen. Es ist bereit, sich mit Aufgaben zu beschäftigen, die es zuvor innerlich nicht wirklich übernommen hätte. Sein Denk- und Handlungsrepertoire erweitert sich allmählich. Es gewinnt Lernerfahrungen, die sein Kompetenzgefühl stärken, sodass es sich mehr als zuvor fordert und zutraut. Sich aktiv beteiligend empfindet es seine Lerntätigkeit häufiger als befriedigend. Positive Lernerfahrungen verbreitern sich und bauen sich auf. Das sind Prozesse, wie sie Barbara Fredrickson (2011) in der „Broaden-and-Build-

Theorie"[10] beschrieben hat. Sie entsprechen der Alltagserfahrung und wurden durch Studien untermauert. Es gibt viele Falldarstellungen, auch solche aus unseren Projekten, die die Theorie bestätigen.

Ein Ordnungssystem der Schwerpunkte haben wir im Abschnitt 2.4.2 vorgestellt. Bereits im Einleitungsbeispiel „Leo" empfahl die Sonderpädagogin eine enge Begrenzung der Anzahl der Schwerpunkte. Mehr als drei sollten es nicht sein. Das leuchtet ein. Wer viele Schwerpunkte setzt, setzt eigentlich keine. Wenn fast alles „das Wichtigste" sein soll, ist nichts davon besonders wichtig und die Unentschiedenheit hemmt die Förderung.

Die Planung geht weit über die Beschreibung und Erklärung des Gegebenen hinaus. Jetzt stellen sich Fragen, was zu tun ist. Wir lassen die Analyse von Komponenten und Strukturen hinter uns und suchen gangbare Wege. Es gibt einen Rahmen, in dem Veränderungen möglich sind. Er hängt auch von den zur Verfügung stehenden pädagogischen Ressourcen und den Erfahrungen, Einstellungen, Fähigkeiten und Bereitschaften der Beteiligten ab. Für Entscheidungen über Schwerpunkte und Maßnahmen gibt es keinen Standardweg. Es ist schwer vorstellbar, die Entscheidungsfindung der „KI" zu übertragen. Zu Schwerpunkten für die Lernförderung kann nur gewählt werden, woran die Lehrkräfte, das Team, die Eltern und natürlich die Kinder selbst wirklich arbeiten können und auch wollen, so wünschenswert anderes auch sein sollte.

Die Weisheit der Akteure ist ein wesentlicher Faktor bei solchen Entscheidungen. Es ist eine Art des Denkens und Fühlens erforderlich, die Kuhl (2010, o. J.) *intelligente Intuition* nennt. Er unterscheidet sie von der elementaren Intuition. *Elementar* sind die einfachen, spontanen, oft als Bauchgefühle erscheinenden intuitiven Tendenzen. Sie können bei Förderentscheidungen eine gute Rolle spielen, aber eigentlich nur, wenn sie reflektiert und in einer ganzheitlichen Betrachtung aufgeklärt werden. In der intelligenten Intuition kommen die relevanten Erfahrungen zur Geltung, nicht bloß die Kognitionen, sondern auch die Gefühle und die emotional-kognitiven Erwartungen. Die Lehrperson fühlt sich in die Perspektive des Kindes ein. Sie beachtet, wen das Kind in ihr sieht (die Projektionen), und sieht seine Probleme und Widerstände bei bestimmten Interventionen voraus. Sie kennt ihre eigenen pädagogischen Stärken und diejenigen des Teams. Entscheidungen für individuelle Schwerpunkte und Maßnahmen können durchaus Zeit in Anspruch nehmen. Sind sie aber ausgereift, so ist das mit einem Gefühl des richtigen Handelns und sogar der Freiheit

10 Diese Theorie zeigt, dass positive Emotionen die Wahrnehmung erweitern (broaden). Sie sind praktisch die Quelle, die Offenheit, Interesse und Flexibilität hervorbringt. Die Informationsverarbeitung verbessert sich. Das hat die Bildung (build, den Aufbau) von intellektuellen, emotionalen und sozialen Ressourcen zur Folge und stärkt auch die Resilienz und Anpassungsfähigkeit. Es kommt zu entwicklungsförderlichen Kreisläufen.

An basalen Kompetenzen anknüpfen

- Beeinträchtigungen angemessen berücksichtigen / Wahrnehmung und Motorik fördern
- Den Entwicklungsstand der Sprache, des Denkens und des Wissens beachten
- Lese-Rechtschreib- bzw. Rechenschwäche in allen Fächern berücksichtigen
- Die sozial-mentalen Besonderheiten beachten, Empathie und Achtsamkeit fördern

Den Wissenserwerb anleiten

- Aktivierende Lernziele erarbeiten, Vorwissen mobilisieren
- Orientierungsgrundlagen entwickeln, Lösungsprozesse modellieren
- Metakognitive Strategien fördern
- Kognitive Lernstrategien, d.h. Methoden des Erarbeitens, Anwendens und Übens fördern

Die Bedürfnisse und Motive nutzen

- Erfolgserwartung stärken und Erfolge sichtbar machen
- Interessen und Bedürfnisse nach Aktivität, Erlebnissen und neuen Eindrücken fördern
- Selbstwirksamkeitserleben stärken
- Sozialen Halt und Sicherheit geben, Gemeinschaftsgefühl stärken

Die Handlungssteuerung unterstützen

- Persönliche Ziele und den Willen zur Überwindung von Schwierigkeiten fördern
- Arbelts- und Ordnungsgewohnheiten fördern Ablenkungsfaktoren vermindern,
- Lernplanung und -organisation fördern
- Umgang mit Stress und Angst verbessern, Entspannung und Selbststeuerung fördern

Abbildung 23: Die Schwerpunkte der Lernförderung

verbunden: So wäre es gut, so kommen wir voran, darauf freue ich mich, das werde ich mit meinen Kolleginnen, dem Kind, seinen Erziehungsberechtigten besprechen.

Das Ordnungssystem aus dem Abschnitt 2.4.2 bietet eine Entscheidungshilfe. Es abstrahiert vom Variantenreichtum des Konkreten. Die Abbildung 23 stellt die Schwerpunkte im Vier-Felder-Modell ohne Zusatzerklärung dar.

Die Abbildung wird zu einer Art „Advance Organizer", zu einem „Voraus-Organisator" auch im wörtlichen Sinn – in diesem Fall nicht für das Lernen der Schüler, sondern für Entscheidungen über Schwerpunkte der Lernförderung. Man kann auswählen und die Begriffe konkreter fassen, damit noch prägnanter wird, worum es bei dem Schüler oder der Schülerin geht. Aus dem Schwerpunkt „Selbstwirksamkeitserleben stärken" wird dann vielleicht: „A. gewinnt die Erfahrung, dass er seine Leistungen in Mathematik verbessern kann. (Er muss sich vor allem auch besinnen und tun, was er eigentlich schon kann.")

Auch Schwerpunkte, bei denen man unsicher ist, ob sie den Kern der Probleme genau treffen, können positive Wirkungen hervorrufen. Denn alle sind mehr oder weniger miteinander verknüpft. Jeder Schwerpunkt tangiert Inhalte mehrerer anderer. Wird großer Wert auf „Umgang mit Stress und Angst verbessern, Entspannung und Selbstregulation fördern" (siehe Handlungssteuerung, 4. Punkt) gelegt, so kommt das sicherlich auch dem Schwerpunkt „Sozialen Halt und Sicherheit geben, Gemeinschaftsgefühl stärken" (siehe Motivation, 4. Punkt) zugute.

Wir schauen jetzt in Fortsetzung der Fallbeispiele Milo und Maja an, für welche Schwerpunkte die Lehrerinnen sich entschieden haben. Vorangestellt werden die Oberziele.

Milo und Maja: Oberziel und Schwerpunkte der Lernförderung

Milo: Oberziel

Milo erkennt, dass das Lernen in Deutsch, Mathematik, Sachkunde und Englisch für seine soziale Anerkennung und Aktivität wichtig ist und er Verbesserungen erreichen kann. In Mathematik findet er Anschluss. Er verbessert sein Lern- und Arbeitsverhalten.

Milo: Schwerpunkte der Lernförderung

Die folgende Abbildung gleicht der Abbildung 20 auf Seite 85. Zusätzlich eingezeichnet wurden die Schwerpunkte. Für ihre Festlegung wurden auch die Pfeile genutzt, die sich auf den Kärtchen befinden.

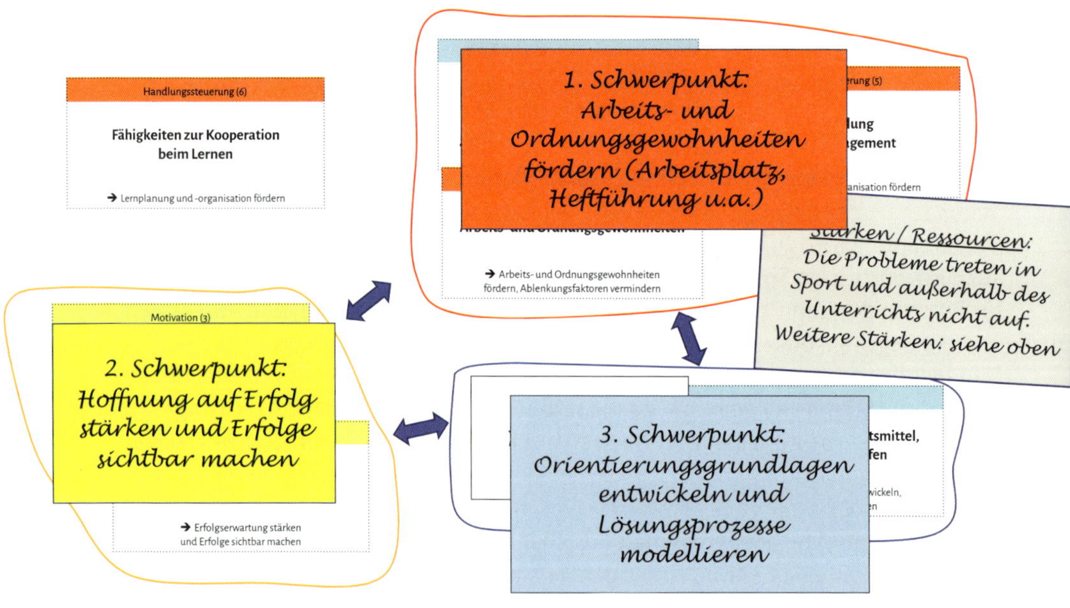

Abbildung 24: Strukturanalyse und Schwerpunkte Milo

1. *Arbeits- und Ordnungsgewohnheiten fördern, Ablenkungsfaktoren vermindern (Arbeitsplatz, Heftführung u. a.) (s. rechts oben). Dieser Schwerpunkt folgt dem Hinweis auf dem Kärtchen „Handlungssteuerung 4" und er ist auch wichtig für die Verbesserungen in der Lernplanung und organisation, die im Kärtchen „Handlungssteuerung 5" gefordert werden.*
2. *Erfolgserwartung stärken und Erfolge sichtbar machen (in Mathematik und anderen Fächern) (s. links unten). Dieser Schwerpunkt folgt dem Hinweis auf den Kärtchen „Motivation 2" und „Motivation 3".*
3. *Orientierungsgrundlagen entwickeln und Lösungsprozesse modellieren. Dieser Schwerpunkt bezieht sich auf die bereichsspezifischen Voraussetzungen für das Lernen in Mathematik. Die Nennung an dritter Stelle bedeutet keine Rangfolge. Die Anpassung der Anforderungen an den Lernstand, die Vermittlung von Orientierungsgrundlagen und die Modellierung von Lösungsprozesse sind notwendig, damit Fortschritte in den anderen Schwerpunkten überhaupt möglich werden.*

Maja: Oberziel

Maja gewinnt die Überzeugung, dass sie ihre Leistungen in Englisch und Deutsch durch eigene Anstrengung steigern kann. Fehler und die Erwartung von Schwierigkeiten wirken nicht mehr blockierend. Die Festigung von Arbeits- und Ordnungsgewohnheiten trägt zu ihrem Sicherheitsgefühl bei.

Maja: Schwerpunkte der Lernförderung

Im Team wurden drei Schwerpunkte der Lernförderung abgesprochen und in die Strukturabbildung eingetragen (siehe Abbildung 25, s. S. 94). Ebenso wie bei Milo, gaben auch hier die auf den Kärtchen befindlichen Pfeile einige Anhaltspunkte.

1. *Erfolgserwartung stärken und Erfolge sichtbar machen. In dem Problemkreis, der auf der rechten Seite der Abbildung 25 zu sehen ist, weisen die Kärtchen „Motivation 1" bis „Motivation 3" in diese Richtung. Ein viertes Kärtchen aus diesem Funktionsbereich deutet auf den Schwerpunkt „Selbstwirksamkeitserleben stärken", der viele Gemeinsamkeiten mit „Erfolgserwartung stärken" aufweist.*
2. *Persönliche Ziele und Willen zur Überwindung von Schwierigkeiten fördern. Im Problemkreis auf der linken Seite der Abbildung wird dieser Schwerpunkt auf dem mittleren Kärtchen („Handlungssteuerung 2") angesprochen.*
3. *Kognitive Lernstrategien, d. h. Methoden des Erarbeitens, Anwendens und Übens, fördern. Dieser Schwerpunkt ergibt sich, wie bereits der zweite, aus dem Problemkreis links (siehe das obere Kärtchen).*

Der Pfeil auf dem unteren Kärtchen des linken Problemkreises führt zur Förderung der Arbeits- und Ordnungsgewohnheiten. Um sich nicht zu verzetteln, wurde ein besonderer Schwerpunkt dazu nicht festgelegt.

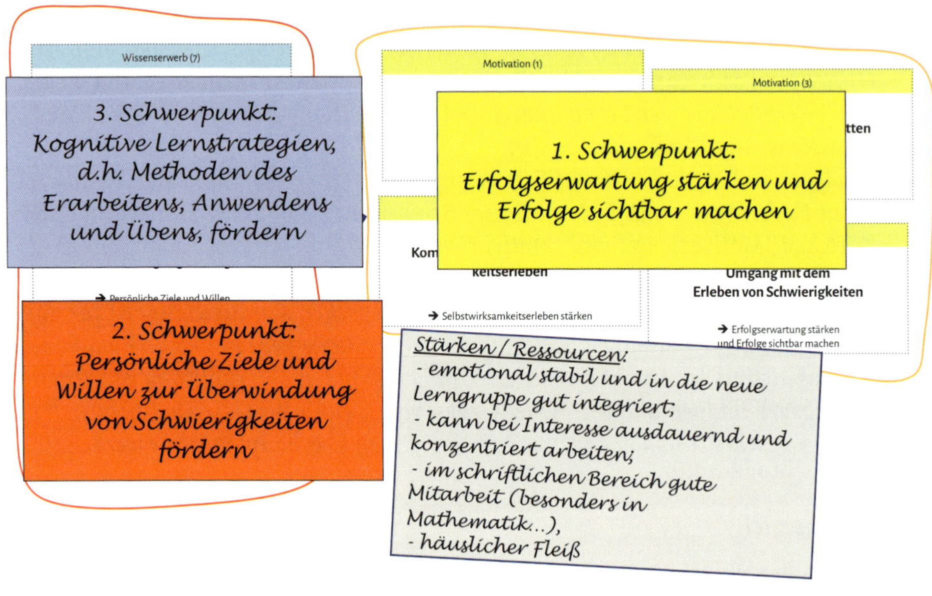

Abbildung 25: Strukturanalyse und Schwerpunkte Maja

3.7 Planung von Maßnahmen (Baustein 5)

Der allgemeine Sprachgebrauch meint mit Maßnahmen Handlungen oder Regelungen, die etwas Bestimmtes bewirken sollen. So definieren Popp, Melzer und Methner (2017): „Unter **Fördermaßnahmen** werden alle Handlungen verstanden, die förderzielführend sind. Diese Formulierung schließt präventive und intervenierende Maßnahmen ebenso wie gut evaluierte komplexe Förderprogramme oder ‚einfache' Methoden ein. Handlungen, welche auf die Erweiterung der Informationsbasis zielen (z. B. weitere Gespräche oder weitere diagnostische Verfahren), können ebenfalls als Fördermaßnahmen verstanden werden." (S. 107) Fördermaßnahmen sollen möglichst detailliert festgelegt werden: „Der wichtigste Aspekt der Formulierung von Fördermaßnahmen ist die Konkretheit. Dies schließt die Beschreibung ein, – wer, – wann, – was, – wo, – wie und – ggf. mit welchen Mitteln tun wird. Diese konkrete Beschreibung von Fördermaßnahmen erhöht die Verbindlichkeit im Förderplan und damit die Wahrscheinlichkeit ihrer Umsetzung." (ebd., S. 33) Prozessbegleitend ist darauf zu achten, ob das Konzept modifiziert werden muss.

3.7.1 Überblick über Fördermaßnahmen

In ihrem System der Fördermaßnahmen unterscheiden die genannten Autorinnen mehrere Ebenen (ebd., S. 112 ff.):

› **Unterrichtsarrangement**
  - Kontinuierliche, unterrichtsimmanente Fördermaßnahmen (Anwendung permanent über den vollständigen Unterrichtsverlauf, z. B. Feedback, kleine Hilfestellungen)
  - Unterrichtsintegrierte Fördermaßnahmen, die bewusst in den Unterricht eingeplant werden, aber noch nicht den Umfang von sonderpädagogischen Maßnahmen haben (z. B. Rollenspiel)
  - Unterrichtsorganisatorische Fördermaßnahmen (Änderung der Sitzordnung, Strukturierung des Unterrichts, differenziertere Aufgabenstellung)
  - Trainings bzw. Elemente aus Trainingsprogrammen (z. B. Gesprächs-, Anti-Aggressions-, Methodentraining)
  - Förderpädagogische Maßnahmen im Unterricht und der Schule, die insbesondere in sonderpädagogischen Organisationsformen zum Einsatz kommen

› **Schularrangement**
  - Schulinterne Fördermaßnahmen, die die Ressourcen der Schule zur Förderung von Schülern aufgreifen (z. B. Teilnahme an einer Schul-AG, am Förderunterricht, Hausaufgabenhilfe)
  - Schulorganisatorische Fördermaßnahmen, d. h. fächer- und klassenübergreifende Maßnahmen, die auf der Schulebene organisiert werden müssen (z. B. Schülerpatenschaften)

› **Kooperation**
  - Maßnahmen, die mit Kooperationspartnern durchgeführt werden (z. B. Einbindung der Schulsozialarbeit, Lerntherapie)

› **Außerschulischer Bereich**
  - Außerschulische Fördermaßnahmen (z. B. soziale Kontakte ausbauen, Sport in der Freizeit)

Das hier abgesteckte Feld der Maßnahmen erfasst die gesamte pädagogische Tätigkeit und die Zusammenarbeit mit den Kooperationspartnern. Zur Verantwortung der Klassenlehrkraft gehört es, den Austausch von Erkenntnissen, Erfahrungen und Vorschlägen zu moderieren. In den Beratungen werden konsensfähige Ergebnisse gesucht. Am Ende müssen die Beteiligten wissen, welche Aufgaben auf sie zukommen. Unabhängig von den Schwerpunkten der Lernförderung sind unter anderem auch die folgenden Fragen wichtig:

1. Welche Maßnahmen haben sich bei der Arbeit mit dem Kind bisher bewährt?
2. Mit welchen Methoden haben die Lehrkräfte und die anderen Personen des Teams Erfahrungen? Wo liegen ihre besonderen Kompetenzen?
3. Wie kann die Schülerin oder der Schüler in die Förderplanung einbezogen werden?
4. In welchen Fragen ist ein Austausch mit anderen Kolleginnen und Kollegen not-

wendig und welche Kooperationsbeziehungen müssen eingeleitet werden?
5. Welche weiteren Beratungen und Absprachen mit den Eltern sollen vorgesehen werden?
6. Welche Materialien müssen beschafft und welche Rahmenbedingungen verändert werden?
7. Sind gegebenenfalls die Empfehlungen und Förderhinweise der Sonderpädagogischen Stellungnahme beachtet worden?
8. Sind Maßnahmen zum Nachteilsausgleich zu beschließen?

Im gegebenen Rahmen sind Fördermöglichkeiten zu suchen, die die Lernsituationen und -prozesse bestmöglich voranbringen. Diese Suche und Vorbereitung auf Entscheidungen für Maßnahmen trägt heuristischen Charakter. Die Anlage 5 kann als Hilfsmittel verwendet werden. Sie besteht aus Impulstabellen. Jedem Schwerpunkt der Lernförderung (siehe Abb. 23, S. 91) ist eine solche zugeordnet. Der Schwerpunkt ist im Kopf der Tabelle zu sehen (fett gedruckt). In der linken Spalte befinden sich Stichworte zu Zielen und methodischen Ansätzen. Die rechte Spalte enthält Erläuterungen und Beispiele. Die Pfeile auf den Kärtchen führen zu ausgewählten Impulstabellen (bitte nicht schematisch handhaben). Die Abbildung 26 zeigt zwei Beispiele.

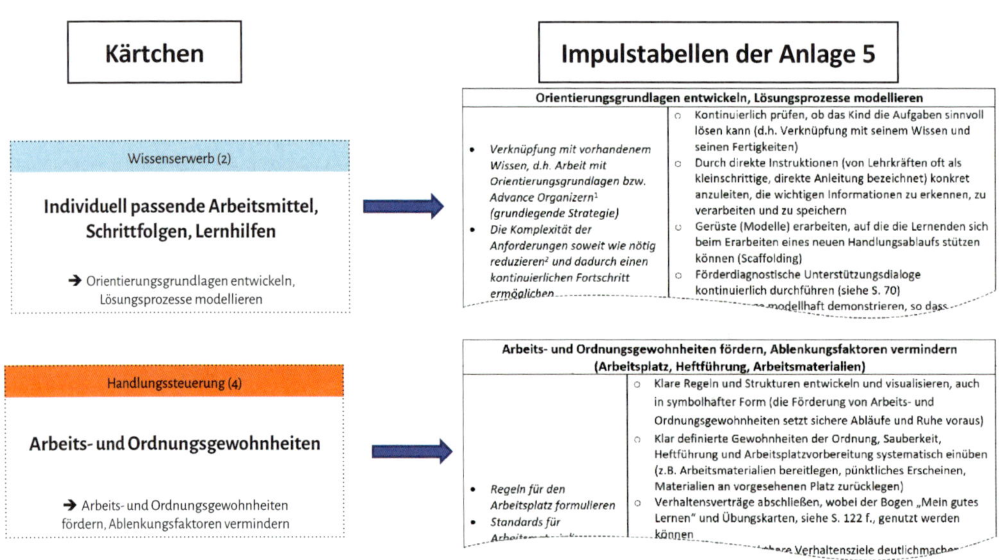

Abbildung 26: Kärtchen und Impulstabellen für die Planung von Maßnahmen

Die Anlage 5 berücksichtigt diejenigen Methoden besonders, die sich durch hohe Effektstärken auszeichnen (Hattie, 2017; Hattie & Zierer, 2020). Beispiele dafür sind die direkten Instruktionen, die Förderung von Strategien, die Selbsteinschätzung des Leistungsniveaus, die Beachtung der kognitiven Entwicklungsstufe, die Aktivierung von Vorkenntnissen durch im Voraus gegebene visuelle Lern- und Orientierungshilfen und das prozessbezogene Feedback. Im Verlauf der formativen Evaluation wurde die Anlage 5 mehrfach überarbeitet. Manche Fachbegriffe wurden durch allgemein verständliche ersetzt. Trainings- und Förderprogramme für Lesen, Rechtschreibung und Mathematik haben wir nicht angeführt. Sie sind in der Literatur relativ leicht zu finden und die Wahl setzt eine genaue, spezifische Diagnostik voraus.

Einer der wichtigsten Gesichtspunkte bei der Planung ist die Beschränkung auf das Realisierbare. Unrealistische Planungen schaden. Zumindest tragen sie permanent zu einer pädagogischen Entmutigung bei. Wir schauen uns nun an, welche Maßnahmen für Milo und Maja geplant wurden.

Milo und Maja: Maßnahmen

Milo:
Ein nachhaltiger Erfolg kann mit Maßnahmen erzielt werden, die alle Schwerpunkte berücksichtigen. Schwerpunkte waren (in Kurzform): 1. Arbeits- und Ordnungsgewohnheiten, 2. Erfolgserwartung, 3. Orientierungsgrundlagen (vor allem in Mathematik). Um die Schwerpunkte 2 und 3 unmittelbar zu verbinden, sahen die Lehrerinnen vor, Milos Hoffnung auf Erfolg gerade in Mathematik und dadurch zu stärken, dass ihm gezielt Modelle und Lernhilfen vermittelt werden, mit denen er selbst Erfolge erzielen kann. Dieses „Selbst-Erreichen" muss für ihn erlebbar sein. Dem Schwerpunkt 1 zufolge benötigt Milo außerdem Unterstützung und Anleitung zur Ausbildung seiner Arbeits- und Ordnungsgewohnheiten. Hier können seine guten Erfahrungen aus Bereichen genutzt werden, in denen er sich relativ gut organisiert (unter anderem in Sport und bei Vorträgen zur Präsentation von Projektergebnissen). Manches davon kann als „Muster" auf andere Bereiche übertragen werden (Lernfördergespräche sind dafür besonders geeignet).

Schwerpunkte	Maßnahmen
1. Arbeits- und Ordnungsgewohnheiten fördern (Arbeitsplatz, Heftführung u. a.)	*– Verwendung des Plans „Mein gutes Lernen"* *– Verstärkersystem zur Gewohnheitsbildung (Ziele genau festlegen)* *– Vorträge halten (eine Stärke Milos) und über die Arbeit daran berichten lassen*

Tabelle 3: Maßnahmen für Milo

Schwerpunkte	Maßnahmen
2. *Erfolgserwartung stärken und Erfolge sichtbar machen*	– *Lernfördergespräche (Mathe, Deutsch, Englisch)* – *Metakognitive Gespräche* – *Nächste realisierbare Ziele auf einem Gebiet entwickeln (Selbsteinschätzungsleiter)*
3. *Orientierungsgrundlagen entwickeln und Lösungsprozesse modellieren (Mathematik)*	– *Genaue Analyse des Lernstandes in Mathe (dringend) und direkte Instruktionen (Komplexität der Anforderungen zuschneiden)* – *Austausch mit Lernpartnern entwickeln (Übungen zum Umgang mit den Texten der Sachaufgaben)*

Tabelle 3: Maßnahmen für Milo (Fortsetzung)

Zu den meisten Maßnahmen folgen weiter unten konkrete Hinweise.

Maja:
Auch für Maja wurden durchdachte, konkrete und wahrscheinlich realisierbare Maßnahmen zu den Schwerpunkten geplant, die ihr ein besseres Lernen ermöglichen können.

Schwerpunkte	Maßnahmen
1. *Erfolgserwartung stärken und Erfolge sichtbar machen*	– *Lernfördergespräche (handlungsorientiert)* – *Arbeit mit der Skalierungsfrage (Definition erreichbarer Lernziele)*
2. *Persönliche Ziele und Willen zur Überwindung von Schwierigkeiten fördern*	– *Reflexionsbogen zur Anstrengungsbereitschaft (Mathe, Deutsch, Englisch)* – *Ankern auf Erlebnissen, in denen Maja sich hohe Ziele gesetzt und diese auch erreicht hat)*
3. *Kognitive Lernstrategien fördern*	– *Übungen zu Lernstrategien (bezogen auf die konkreten Lernziele), in der Gruppe davon berichten*

Tabelle 4: Maßnahmen für Maja

Details in der Maßnahmenplanung sind den Personen verständlich, die an der Entwicklung des Planes beteiligt waren. Bei ihrer tabellenartigen Zuordnung „Schwerpunkte – Maßnahmen“ hielten sich die Lehrerinnen an Empfehlungen zur Förderplanung. Es wäre unangebracht, z. B. darüber diskutieren zu wollen, ob das Lernfördergespräch vielleicht besser einem anderen Schwerpunkt zugeordnet werden sollte. Gelegentlich wurde die Meinung vertreten, das hier gewählte Gliederungsprinzip sei nicht immer optimal. Die in den Plänen weiterhin vorhandenen Spalten „Verantwortung“ und „Bemerkungen“ haben wir in den Tabellen weggelassen.

Wie breit das Spektrum der Fördermaßnahmen ist, zeigt der Blick auf die oben genannten Ebenen nach Popp, Melzer & Methner (2017, S. 112 ff.). Wir konzentrieren uns auf Methoden zur Entwicklung des bewussten Lernhandelns und arbeiten das *handlungsorientierte Lernfördergespräch* besonders aus.

3.7.2 Lernfördergespräche

Lernfördergespräche haben viele Formen. Es gibt geplante und spontane, mehr oder weniger detaillierte, individuelle und Gruppengespräche. In ihnen werden Lernergebnisse gewürdigt, Strategien diskutiert, Stolperstellen angesprochen, Arbeitsmittel und Hilfestellungen erörtert. Einige Formen der Lerngespräche haben spezielle Bezeichnungen. Hervorheben möchten wir hier zunächst den *förderdiagnostischen Unterstützungsdialog, das metakognitive Gespräch*, das *Lernentwicklungsgespräch* und das *stärken- und lösungsorientierte Entwicklungsgespräch*. Im Abschnitt 3.7.3 wird das *handlungsorientierte Lernfördergespräch* dargestellt.

Förderdiagnostische Unterstützungsdialoge sind längere Dialoge (mehrere Minuten jedenfalls) zwischen der Lehrkraft und dem Kind, die speziell dazu dienen, die Lernausgangslage und dazu passende Anforderungen und Hilfen detailliert auszuloten. Es gibt zwei Phasen (Moog, 1990).

1. **Beobachtung ohne Hilfestellung**: Begonnen wird mit einer Aufgabe, bei der man beobachten kann, wie das Kind die Aufgabe erfasst und an die Lösung herangeht. Welche Informationen nimmt das Kind auf? Wo übersieht es wichtige Informationen (Stichwort: „überselektive Wahrnehmung", siehe Lauth & Brack, 2014, S. 409)? Welche Lösungsmöglichkeiten erkennt es? Wo verkürzt es Lösungsprozesse unzulässig?
2. **Variation der Anforderungen und Lernimpulse**: Hier findet ein Dialog statt. Man variiert die Schwierigkeit der Aufgabe, spricht unterschiedliche Repräsentationsebenen an (enaktiv – ikonisch – symbolisch)[11], demonstriert eine Lösungsstrategie und schlägt Hilfsmittel zur Bearbeitung der Aufgabe vor (z. B. die Hundertertafel beim Rechnen, Silbenbögen beim Lesen). Ein Gespräch wird gesucht, das Kind soll seine Gedanken und Strategien entwickeln: Was kannst du schon? Wie hast du das gemacht? Was möchtest du als Nächstes lernen? Eilige Lösungsvorschläge, Belehrungen und unüberlegte Ratschläge unterbleiben. Hilfestellungen werden erprobt, etwa ein Signalkärtchen für das innere Stopp oder ein anderes für „Schritt für Schritt" oder die Selbstkontrolle. Das Ziel besteht darin, den Bereich zwischen „Können" und „Noch-nicht-selbstständig-Können" auszuloten. Im Sinne Wygotskis sind förderdiagnostische Unterstützungsdialoge darauf gerichtet, die Zone der nächsten Entwicklung (siehe S. 55 f.) zu sondieren und zu erkunden, wie sie durch passende Lernangebote ausgeschöpft und erweitert werden können.

---

11 Zu den Ebenen siehe Bruner, Olver & Greenfeld, 1988.

Das **metakognitive Gespräch** hilft den Kindern, ihre Tätigkeit beim Lösen von Aufgaben zu analysieren und geeignete Strategien auf andere Gebiete zu übertragen. Beispielfragen

- zur Aufgabenanalyse und Planung: Wenn du noch mal überlegst, was war der erste Schritt und was hast du dann gemacht? Womit hast du angefangen? Wie hast du herausgefunden, was du machen musst? Wie bist du auf diese Lösung gekommen?
- zur Schwierigkeitsbewältigung: Was hast du gemacht, wenn dir nicht gleich eine Lösung einfiel? Hast du etwas zu dir gesagt? Was machst du, wenn eine Aufgabe nicht ganz so gut klappt? Hast du bei einer Aufgabe bemerkt, dass da etwas falsch läuft? Was hast du daraufhin gemacht? Hast du einen Erfolgsschlüssel?
- zu ähnlichen Aufgaben / zum Transfer: Was sind ähnliche Aufgaben? Worin besteht die Ähnlichkeit? Woran hast du dich erinnert? Was würdest du anderen Schülern für diese Aufgaben raten?
- zur Selbstkontrolle: Als du dich mit den Aufgaben beschäftigt hast, hast du sie dann überprüft (am Anfang, in der Mitte, am Ende)?
- zum Erfolgs-/Misserfolgserleben und zur Attribution: Bist du mit deinem Ergebnis zufrieden/unzufrieden? Weshalb?
- zur Reflexion: Was hat dir gefallen / nicht gefallen? Wie hast du dich gefühlt? Was ist dir besonders gut gelungen? Welche Dinge willst du noch besser machen?

Sogenannte **Lernentwicklungsgespräche** (LEG) werden in größeren Zeitabständen durchgeführt. Sie haben vor allem im Grundschulbereich bereits einen festen Platz. Den Schülerinnen und Schülern sowie den Eltern wird ein detailliertes Bild über die bisherige Lernentwicklung und den Lernstand vermittelt und die Gespräche dienen der Entwicklung von Zielen für die weitere Arbeit (Hardeland, 2017). Bereits in der Vorbereitung werden die Eltern über die Aufgabe des LEGs informiert. Das Kind ist Mittelpunkt des Gesprächs und die Eltern werden gebeten, eine Beobachterposition im Hintergrund einzunehmen. Sie können Fragen stellen und eigene Einschätzungen beitragen. Manchmal füllt das Kind in der Vorbereitungsphase einen Selbsteinschätzungsbogen aus. Herangezogen werden können weitere Unterlagen. Entfalten kann sich ein Gespräch über Stärken und Schwächen, das zu Zielen und anderen Schlussfolgerungen führen kann – bis hin zu einer Lernvereinbarung, die von dem Kind, seinen Erziehungsberechtigten und Lehrkräften abgeschlossen wird.

Stärken- und lösungsorientierte Entwicklungsgespräche sind ein methodisch-theoretischer Ansatz (Spiess & Bischoff-Weiß, 2012; Spiess & Streese, 2019), der sich an Prinzipien der lösungsfokussierten Kurztherapie orientiert (de Shazer & Dolan, 2020; siehe auch Spiess, 2012, 2013). Viele Lehrkräfte fühlen sich von den Grundgedanken angesprochen, haben aber Probleme damit, im Gespräch pädagogische Empfehlungen und Forderungen in dem Maße zu unterlassen, wie das vom Theorieansatz gefordert wird. Bischoff-Weiß (2012, S. 19 ff.) sieht eine Lösung darin, dass sie als Lehrerin Vorschläge zum Gesprächsgegenstand und -ziel unterbreitet. Gemeinsam mit den Lernenden erarbeitet sie, welches Ziel im nächsten Zeitabschnitt besonders wichtig ist und wie es erreicht werden kann. In ihrem Leitfaden behandelt Bischoff-Weiß (2012, S. 26 ff.) folgende Schritte:

1. Begrüßung und Darstellung der geplanten Vorgehensweise
2. Beschreibung und Analyse erreichter Kompetenzen (Ist-Zustand)
3. Entwurf erwünschter Kompetenzen (Soll-Zustand)
4. Entwicklung eines Weges vom Ist- zum Soll-Zustand
5. Gute Wünsche und Vereinbarung eines Folgetermins

Das Gespräch zeichnet sich dadurch aus, dass der Lernende wirklich zum „Autor" der Beschreibung und Analyse aktueller Kompetenzen wird, sein Ziel entwirft und seinen Weg entwickelt. In dieser Hinsicht ist das Gespräch nach Spiess & Bischoff-Weiß (2012) ein Vorbild für unsere handlungsorientierten Lernfördergespräche.

3.7.3 Handlungsorientierte Lernfördergespräche

In handlungsorientierten Gesprächen bereitet sich das Kind mit Hilfe der Lehrkraft auf eine Verbesserung in seinem Lernhandeln vor. Oft muss dafür viel besprochen werden. Immer vertreten sein werden die psychologischen Elemente *Wunsch*, *Ziel*, *Hindernisse* und (Realisierungs-)*Plan*. Das sind wesentliche Strukturkomponenten bewusster Handlungen (die Handlungsausführung und die Bewertung von Ausführung und Ergebnis kommen hinzu). Es gibt sie sowohl bei ganz einfachen als auch bei höchst vielschichtigen Handlungen. Relativ einfach ist die Struktur einer Handlung, in der ein Kind am Abend zu Hause den *Wunsch* verspürt, zu seiner Entspannung etwas zu lesen, das *Ziel* bildet, jetzt in seinem aktuellen Buch zu schmökern, das *Hindernis* sieht, Mama könnte dagegen sein, weil etwas anderes noch zu erledigen ist, und nun einen *Plan* entwickelt, wie es dies doch tun kann.

In unserem Zusammenhang denkbare Wünsche sind beispielsweise: bessere Leistungen in Mathematik; die Eltern sollen sich über meine Leistungen freuen; die Anderen sollen staunen, wie klug ich bin. Wünsche müssen zu erreichbaren Zielen geführt werden. Da bei der Realisierung bestimmte Schwierigkeiten zu erwarten sind, entsteht ein Realisierungsplan.

Entsprechende Beratungen können viele Formen haben, sich situativ ergeben oder vorgeplant, lang oder kurz sein, mit einem oder mit mehreren Kindern durchgeführt werden etc. Die folgende Darstellung widmet sich dem ausführlichen, geplanten Gespräch einer Lehrerin[12] mit einem Kind. So können wir die Inhalte systematisch und ins Einzelne gehend darstellen und Anregungen auch für kürzere, weniger umfas-

12 In diesen Abschnitten verwende ich ausschließlich „Lehrerin" für die Person, die das Gespräch führt.

sende Gespräche geben. Auf einige allgemeine Erläuterungen folgt eine Übersichtstabelle zu den Gesprächsabschnitten, die danach detailliert dargestellt werden.

Allgemeine Erläuterungen

1. Die Basis ist eine vertrauensvolle Beziehung. Der Grund dafür ist elementar: Beeinflussbar ist das Verhalten, indem der Mensch in seiner Gefühlswelt angesprochen und in seinem Selbst berührt wird. Sich etwas rational vorzunehmen, es für vernünftig zu halten, hat noch keine Auswirkungen auf die neuronalen Netzwerke des realen Handelns. Weiterentwicklung des Handelns und Veränderung von Gewohnheiten geschehen über die Gefühle und das Erleben von Beziehungen (grundlegend zu dieser Erkenntnis: Damasio, 2021). Im Gespräch muss das Kind sich öffnen können. Das tut es Menschen gegenüber, in deren Gegenwart es sich sicher und aufgehoben fühlt und deren Autorität es spürt. Es ist nicht ganz einfach, eine Situation zu schaffen, in der das Kind die Worte der Lehrerin annimmt. Angenehme räumliche Bedingungen, Vermeidung von Zeitdruck und vorsorglicher Ausschluss von Störungen sind Voraussetzungen. Die Lehrerin wird keine Lernberatung ansetzen, wenn es gerade zu Spannungen mit dem Kind gekommen ist. Die einleitenden Worte und Gesten schaffen Sicherheit. Auch falls es etwas pathetisch klingt: Die Lehrerin mag das Kind so, wie es ist, und spricht mit ihm wohlwollend und um seiner selbst willen. Das erzeugt Resonanz. Wenn das Kind spürt: „Es ist ein Gespräch, das mich angeht und mir weiterhilft" (ein Bauchgefühl!), ist es bereit, auch seine Schwierigkeiten zu sehen, ohne sich verletzt zu fühlen. Dann kann es Gedanken entwickeln, die ihm zuvor verschlossen waren. Im Gespräch wird nichts übergestülpt, auch nicht die positive Sicht auf die Dinge. Die Lehrerin kann sie nahelegen, vielleicht auch ein wenig suggerieren (dies aber doch nur, wenn ein sichtbarer Wahrheitsgehalt da ist). Für das Kind muss es sich gut anfühlen, auf eine Anregung einzugehen. Das erfordert Freundlichkeit und Optimismus. Es erfordert, emotionale und Beziehungsbotschaften des Kindes aufmerksam wahrzunehmen, ohne Bewertung und spontan-oberflächliche Ratschläge. So wird das Gespräch für beide Seiten befriedigend und effektiv.

2. Im Gespräch befassen sich die Lehrerin und das Kind mit einem Lernthema, das den vorangegangenen Analysen zufolge wichtig ist und in dem das Kind sein Handeln weiterentwickeln soll (im Zusammenhang mit einem Unterrichtsfach, mit der Gruppen- oder Partnerarbeit, mit Präsentationen, mit schriftlichen Arbeiten, mit der Mitarbeit bei Unterrichtsgesprächen oder der Vorbereitung auf Lernkontrollen, mit der Bereitschaft, sich im Morgenkreis zu äußern, mit der Werkstattarbeit, der Mitarbeit in der Schülerfirma, dem Lernen in der Lerninsel). Die Lehrerin hat Vorstellungen entwickelt, was sie besprechen möchte und mit welchen Zielen etwa. Sie bleibt aber offen. Allgemeine Themen (z. B.: Was sind gute Lernmethoden? Wie kann ich mich besser konzentrieren? Wie verbessere ich mich in Mathematik?) sind meist viel zu weitgreifend. Selbst wenn dazu gute Ideen entwickelt würden, in das reale Lernhandeln schaffen sie es bei lernproblematischen Kindern nicht. Gemeinsam werden ein Lern- oder Verhaltensziel ent-

wickelt und die Realisierung vorbereitet. Später muss das Kind an das erarbeitete Ziel und das Wie denken. Das geht nur, wenn es konkrete Handlungsvorstellungen gebildet hat und bei der Realisierung unterstützt wird.

3. Der Aufbau des handlungsorientierten Lernfördergesprächs ähnelt den ersten vier Phasen der Lernhandlung (siehe Abbildung 7 auf S. 36):
   - Die 1. Phase der Lernhandlung sichert die Anfangsmotivation. Im Gespräch entwickelt das Kind einen Wunsch.
   - Die 2. Phase der Lernhandlung besteht in der Übernahme der Aufgabe. Im Gespräch erarbeitet das Kind ein genaues Ziel. Dazu schätzt es zunächst das bereits erreichte Niveau ein und bestimmt dann das nächste Etappenziel, verbunden mit Überlegungen, woran das Erreichen des Ziels zu erkennen ist.
   - Die 3. Phase der Lernhandlung ist die Schwierigkeitswahrnehmung. Und auch im Gespräch werden Hindernisse oder Schwierigkeiten antizipiert.
   - Die 4. Phase der Lernhandlung ist die Vermittlung. Im Gespräch bildet das Kind einen Plan für das Gelingen (z. B., wie es eine Lernhilfe verwenden oder auf eine Schrittfolge achten kann).

Die 5. Phase der Lernhandlung ist die selbstwirksame Ausführung. Seinen Plan setzt das Kind im Unterricht oder in anderen Situationen um. Die 6. Phase der Lernhandlung ist die Selbstbewertung. In der Lernberatung kann es darum gehen, was seit dem letzten Gespräch besser geworden ist und worin ein neues Ziel bestehen kann.

In der Tabelle 5 folgt nun der bereits angekündigte Überblick über die Abschnitte des Lernfördergesprächs.

Gesprächsabschnitt	**Schlüsselfragen**	**Anregungen, Materialien**
Begrüßung, Einstimmung, Themenstellung	*Worüber wollen wir sprechen?*	Stärken (Anlage 2), Schwerpunkte der Lernförderung (siehe Abbildung 23 und Anlage 5)
Entwicklung des Wunsches	*Was kannst du schon gut? Was geht seit dem letzten Mal besser?* *Was ist dein Wunsch? Was möchtest du noch besser können? Was soll anders werden?*	Evtl. Arbeit mit Gesprächskärtchen (frei oder Auswahl aus Anlage 8)

Tabelle 5: Allgemeiner Plan des handlungsorientierten Lernfördergesprächs

Gesprächsabschnitt	Schlüsselfragen	Anregungen, Materialien
Erarbeitung eines Ziels	*Auf welcher Stufe stehst du jetzt? Weshalb hast du dich hier eingeordnet?* *Was ist das genaue Ziel?* *Woran erkennen wir, dass du das Ziel erreicht hast?*	Skalierungsfragen (siehe 3.7.4)
Einstellung auf das Hindernis oder die Schwierigkeit	*Welche Hürde gibt es? Was kann schwierig werden?* *Welche Schwierigkeiten müssen gemeistert werden?*	Beispiele aus Lernfördergesprächen (Anlage 6), Übungskärtchen zum Bogen „Mein gutes Lernen" (Anlage 7)
Entwicklung des Plans für das Gelingen	*Wie machst du es? Was tust du? Was wird dir helfen?* *Was trägt jeder dazu bei?*	

Tabelle 5: Allgemeiner Plan des handlungsorientierten Lernfördergesprächs (Fortsetzung)

Den Punkten ‚Wunsch – Ziel – Hindernis – Plan' folgt auch der Bogen „Mein gutes Lernen" (Anlage 7), der das Gespräch begleiten kann. Dem Kind bereitet es Freude, ihn selbst mitzugestalten.

Anschließend gehen wir auf die einzelnen Gesprächsabschnitte ein. Besonders wichtig sind die in der mittleren Spalte der Tabelle 5 genannten Schlüsselfragen. Sie lehnen sich an die Fragen des Prozessmodells für Beratungsgespräche und Coachings an (Spiess, 2012, 2013).

Gesprächsabschnitt „Begrüßung, Einstimmung, Themenstellung"
Ein ausführliches Gespräch umfasst bis zu 25 oder gar 30 Minuten und findet gewöhnlich in einer freien Zeit oder Förderstunde statt. Die Lehrerin kündigt es etwa so an: *„Ich möchte mit dir über dein Lernen in ... sprechen. Wir können uns darüber unterhalten, womit du zufrieden bist und womit noch nicht, und nehmen uns dafür genügend Zeit."* Manchmal kann sie hinzufügen: *„Mit deinen Eltern habe ich schon telefoniert. Sie finden gut, dass wir* überlegen *wollen, wo du gut bist und wie du noch besser werden kannst, und sind gespannt, was wir in dem Gespräch vereinbaren."*

In der Begrüßung und Einstimmung holt die Lehrerin das Kind, das sicherlich noch mit dem eben Erlebten beschäftigt und in den Erwartungen unsicher ist, einfühlsam ab. Den vorgesehenen Gesprächsablauf kann sie anhand der Gliederung des Bogens „Mein gutes-Lernen" erläutern: *„Hier tragen wir ein, worüber wir sprechen wollen, also das* ***Thema****. Danach möchte ich etwas über deine* ***Wünsche*** *erfahren und du sollst ein* ***Ziel*** *festlegen. Wir sprechen über die* ***Stolpersteine****, die vielleicht vorkommen können, und überlegen, wie du das Ziel erreichen kannst. Dafür machen wir einen* ***Plan****.“*

Gesprächsabschnitt „Entwicklung des Wunsches“
Ein Wunsch ist ein Begehren, das jemand in sich trägt. Er kann stärker und konkreter werden oder auch verblassen und verschwinden. Man hofft auf Verwirklichung, weiß aber nicht unbedingt, wie man sie erreichen kann. Es ist eine Zukunftsphantasie, die in Worten einen gewissen Ausdruck finden mag, oft aber ein Träumen, ein emotionaler Film ist, ohne besonders rationale Grundlage. Ein Wunsch kann die Quelle großer Energie sein und zum Ausgangspunkt bewusster Planung werden. Das Wünschen gehört in das handlungsorientierte Lernfördergespräch. Es bildet die motivationale Phase, in der abgewogen und konkretisiert wird, worin das Kind sich als Schülerin oder Schüler verbessern möchte.

Die Lehrerin hilft dem Kind, einen realistischen Wunsch zum eigenen Lernen zu formen. Sie beginnt mit der Frage: *„Was kannst du schon gut?“* oder *„Worin bestehen deine Stärken?“* Antworten sind beispielsweise: „Ich bin in Mathe gut!“, „Ich bin ehrlich“ oder „Ich bin hilfsbereit“. Die Lehrerin würdigt das und geht auf eine konkretere Ebene, z. B.: *„Wenn du daran denkst, wie du in Englisch mitarbeitest / an das Schreiben von Aufsätzen herangehst / wie du mit deinen Freunden und anderen Mitschülern klarkommst … Was machst du gut? Was gelingt dir?“* Durch eigene Beobachtungen lenkt sie und gibt Impulse: *„Mir ist in den letzten Wochen aufgefallen, dass es dir schon gut gelingt, einen kleinen Moment abzuwarten, wenn andere Schüler an der Reihe sind. Zum Beispiel am Montag, da warst du beim Erzählkreis Vorletzter und hast es gut geschafft, bis dahin den anderen zuzuhören und dabei leise zu sein“, „Ich habe […] gesehen, dass du in der Freiarbeit manchmal ganz schnell eine Aufgabe aussuchen und anfangen kannst. Am Mittwoch hast du dir direkt nach der Pause die Experimentierkiste mit den Seifenblasen genommen und alles ausgepackt und angefangen.“* (Beispiele von Bischoff-Weiß, 2012, S. 29 f.) Stichworte, was bereits gut ist, werden in den Bogen „Mein gutes Lernen“ in entsprechende Spalte eingetragen.

Eintragungen unter „Das ist schon gut“ (oder entsprechende mündliche Feststellungen) sind ausgezeichnete Ausgangspunkte für Verbesserungswünsche. Ohne diese Ausgangspunkte bleiben Verbesserungswünsche nämlich oft entweder zu allgemein oder sie werden negativ formuliert (z. B. „Ich möchte mehr Freunde haben“, „Ich will nicht mehr so faul sein“, „Ich will, dass die Anderen mich nicht ärgern“, „Ich möchte in Mathe besser werden“). Deshalb ist der Bezug zum „bereits Guten“ so wichtig. Davon ausgehend kann die Lehrerin fragen: *„Gibt es etwas, was du in diesem Bereich* [Bezug zum bereits Guten!] *noch besser tun* möchtest?“, und das Kind gelangt in einen positiven, aktivierenden Modus – ganz anders, als bei Wünschen vom Typ „Ich will, dass die Anderen mich nicht ärgern“.

Es folgen nun vier Beispiele. Sie tragen die Überschriften „Stopp – Immer mit der Ruhe“, „Meinung“, „Englisch“ und „Hinhören“. Zuerst zu den Wünschen (zu den anderen Gesprächsabschnitten kommen wir danach):

- **Beispiel „Stopp – Immer mit der Ruhe“.** Wunsch: *Die Aufgaben lösen, auch wenn ich aufgeregt bin und schnell fertig werden möchte.*
  Imaginierte Folgen der Wunschrealisierung: Ich werde die Ruhe bewahren und viel weniger Fehler machen. Ich werde mein Ziel erreichen. Ich werde keinen Ärger bekommen. Dann freue ich mich.
- **Beispiel „Meinung“.** Wunsch: *Ich möchte in der Klasse meine Meinung sagen.*
  Imaginierte Folgen der Wunschrealisierung: Ich werde mit mir zufrieden sein und mich gut fühlen. Ich werde akzeptiert.
- **Beispiel „Englisch“.** Wunsch: *Im mündlichen Englisch Mut haben und ausprobieren, was ich kann.*
  Imaginierte Folgen der Wunschrealisierung: Ich freue mich. Ich bin stolz.
- **Beispiel „Hinhören“.** Wunsch: *Ich konzentriere mich, wenn Aufgaben erklärt werden.*
  Imaginierte Folgen der Wunschrealisierung: Bessere Leistungen in Mathematik.

Die Wünsche können im Bogen unter „Das soll noch besser werden“ eingetragen werden.

Eine Imagination der Folgen der Wunschrealisierung (sich vorstellen, was im Ergebnis der Verwirklichung besser und toller würde, welche Folgen sie nach sich zöge) ist wichtig. Darauf hat Oettingen (2015) hingewiesen. Die Imagination kann die Kraft des Verbesserungswunsches stark genug werden lassen, sodass dieser sich später gegen spontan-situative Konkurrenz-Impulse und Stimmungen durchsetzen kann. Ohne diesen Vorlauf wird die Realisierung oft aufgeschoben, bedeutet sie doch Anstrengung und Zurückdrängen gewohnter Abläufe. Denn das bisherige Verhalten gab Sicherheit. Warum sollte es denn aufgegeben werden? „So habe ich es immer gemacht!“, „Ich strenge mich nicht an!“, „Mich interessiert das nicht!“ – Die emotionale Bilanz war im Gleichgewicht, während der Aufbruch zu neuem Verhalten unbequem ist. Und er muss nicht nur einmal vollzogen werden, sondern so lange, bis sich mit dem neuen Verhalten wieder Sicherheit einstellt. Deshalb ist es sehr gut, wenn das Kind bildhaft antizipiert, wie stolz es sein wird, wenn es geschafft ist, und wie großartig die Gefühle der Kompetenz und Teilhabe sein werden. Bewusste Verhaltensänderungen setzen Gefühle und Gedanken voraus, die tatsächlich wirken, auch morgen und übermorgen noch. Damit das Kind sich die positiven Folgen der Erfüllung des Wunsches lebendig vergegenwärtigen kann, fragt die Lehrerin: *„Was wäre das Schönste, wenn dein Wunsch in Erfüllung ginge?“, „Was würde passieren, wenn du das schaffst?“, „Wie würdest du dich dann fühlen?“, „Was würdest du dann können?“, „Was würden deine Eltern denken?“, „Was würden deine Freunde sagen?“*. Die in den vier Beispielen angegebenen Imaginationen sind Ergebnisse dieser Gesprächspassagen.

> Wir haben im Kolloquium darüber diskutiert, ob die genannten Wünsche nicht bereits Ziele sind, und schließen uns der handlungspsychologischen Begrifflichkeit an: Wünsche enthalten in gewisser Weise tatsächlich Ziele im Sinne emotional getragener Vorstellungen von Zielzuständen. Konkrete Handlungsziele sind es noch nicht. Solche sind kognitiv gut strukturiert und im Prinzip erreichbar.

Beim Wunsch überwiegt das Emotionale. Natürlich: Emotional attraktiv soll das konkrete Ziel ebenfalls sein – darüber hinaus muss es aber noch mit Zielkriterien verknüpft werden, die gemessen, überprüft und oft auch terminiert werden können.

In der Wunschphase sollen die emotionalen Bestrebungen vertieft werden. So denkt auch Ben Furman. In seinem „Ich schaffs"-Programm bestehen die ersten Schritte darin, „Probleme in Fähigkeiten zu verwandeln". Furman schreibt (2008): „In jedem unerwünschten Verhalten steckt eine Fähigkeit, die es zu erlernen gilt." Also motiviere man das Kind, „eine bestimmte Fähigkeit zu erlernen". (S. 23) Diese Phase Furmans ordnen wir noch dem Wunsch zu (ohne diese Zuordnung „akademisieren" zu wollen). Es gibt fließende Übergänge und selbstverständlich passt sich die Lehrerin der Sprache des Kindes an. Sie achtet auf aktivierende Formulierungen der Wünsche („Ich lasse mich nicht ablenken" ist nicht aktivierend, aber: „Ich denke ganz fest an das Ziel!" oder „Ich interessiere mich jetzt nur für die Aufgabe!"). Furman empfiehlt, der neuen Fähigkeit einen Namen zu geben, was den Kindern großen Spaß macht. „Die Kreativität der Kinder ist grenzenlos – wie man unter anderem auch an Fähigkeitsnamen wie ‚Der Bär', ‚Gentleman', ‚Füße', [...], Simon-sagt-Fähigkeit' oder ‚Ja-Fähigkeit' erkennen kann" (ebd., S. 45). Eine griffige Benennung erleichtert das Gespräch über Wünsche, Ziele und Wege.

Gesprächsabschnitt „Erarbeitung eines Ziels"
Gemeinsam mit dem Kind erarbeitet die Lehrerin das konkrete Ziel. Dazu die Lernberatungsexpertin Hanna Hardeland (2020): „Es ist ratsam, dass sich der Lerncoach für die Zielformulierung ausreichend Zeit nimmt, denn je präziser ein Ziel formuliert wird, desto konkreter kann daran gearbeitet werden. Wird oberflächlich gearbeitet, kann dies dazu führen, dass Neujahrsvorsätze entwickelt werden, z. B. ‚Ich will ab morgen wieder mehr für die Schule tun!' [...] Die Ziele sollen möglichst detailliert (erlebbar, imaginiert) beschrieben werden." (S. 47) Bewährt hat sich die Skalierung mit 10 Stufen. Auch in den oben begonnenen Beispielen wurde mit solchen Skalen gearbeitet. Die Kinder gaben ihnen die folgenden Namen: „Der Elefant" (Beispiel 1)[13], „Die eigene Meinung sagen" (Beispiel 2), „Mut!" (Beispiel 3) und „Hohe Aufmerksamkeit" (Beispiel 4).

Zuerst wird das Kind gebeten, den jetzigen Stand auf der Skala einzuschätzen. Beispiel: *„Wir haben nun eine Skala gezeichnet, mit der gemessen werden kann, wie weit jemand in der Fähigkeit ‚Die eigene Meinung sagen' schon gekommen ist. Es gibt Kinder, die das noch gar nicht schaffen und auf der Stufe 1 stehen. Einige können es ganz toll. Sie stehen ganz*

13 Die Schülerin war von einem Film sehr beeindruckt, der zeigte, wie umsichtig eine Elefantenkuh ihre Herde vor dem Verdursten rettete, indem sie die Herde zu einer verborgenen Wasserstelle führte. Der Elefant war ihr Lieblingstier.

oben. Wenn du dir die Skala anschaust und überlegst, wie gut du es im Moment schaffst, wo stehst du jetzt? Mache ruhig ein Kreuz an der Stelle, wo du dich jetzt befindest." Das Kind soll auch darüber sprechen, weshalb es eine bestimmte Stufe als Ist-Stand angegeben hat („*Du stehst auf der Stufe 4. Was hast du schon gelernt, denn früher warst du ja auf den Stufen darunter? Und was musst du noch lernen, damit du höhere Stufen erreichst?*").

Darauf folgt die Festlegung des Ziels für die nächsten Wochen (oder einen anderen Zeitraum): „*Wir wollen uns nun überlegen, wie weit du in den nächsten Wochen kommen möchtest… Wenn wir uns in 6 Wochen wieder zu so einem Gespräch treffen […], wo möchtest du dann sein?*" (vgl. Bischoff-Weiß, 2012, S. 39). Eigentlich ist es meist irrelevant, ob das Kind von der Stufe 3 zur Stufe 5 oder von Stufe 4 zur Stufe 5 oder 6 kommen will. Wichtig ist aber, darüber zu sprechen, woran der Fortschritt zu erkennen ist. Bischoff-Weiß (ebd.) gibt folgende Hinweise: „Manchmal setzen Schülerinnen und Schüler sich sehr hohe Ziele, sie wollen in wenigen Tagen die 10 auf der Skala erreicht haben. Für andere erscheint der Schritt von der 3 auf die 7 schon sehr groß. Auch kommt es vor, dass sie ihre Ziele weit in die Zukunft schieben, z. B. ans Ende des Schuljahres. […] [Ich habe] gute Erfahrungen damit gemacht, sich zum Abschluss der Skalierung darüber Gedanken zu machen, wie eine klitzekleine Veränderung aussehen könnte, an der erkennbar ist, dass man auf dem richtigen Weg ist. Dabei geht es nicht darum, erste Schritte und Maßnahmen verbindlich festzulegen, sondern sich vorzustellen, wie bereits in 24 Stunden oder in drei Tagen eine kleine Veränderung eingetreten sein könnte. ‚*Jetzt sind 6 Wochen ja eine wirklich lange Zeit. Stell dir mal vor, dass du schon morgen oder übermorgen einen ganz kleinen Erfolg merken würdest, also nicht von der 3 auf die 7, aber vielleicht ein ganz kleines Stück auf dem Weg zwischen der 3 und der 4. Woran könntest du so eine klitzekleine erste Veränderung bemerken? Gibt es noch etwas, was das sein könnte?*'" (S. 41)

Zur Erarbeitung des Ziels in den Beispielen: Überall wurde das Ziel mit Hilfe von Skalen erarbeitet.[14]

- **Beispiel „Stopp – Immer mit der Ruhe".** Anhand der zehnstufigen Skala wurde im Gespräch erörtert, wo überall ein Stopp, gutes Hinsehen und Nachdenken nötig ist und was es bewirken kann (bei der Suche der Elefanten nach der Wasserstelle, im Straßenverkehr, beim Ostereiersuchen, Durchfahren eines Labyrinths, ausdrucksvollem Lesen, bei Aufgaben in Mathematik etc.). Für „Ruhe und Überlegung beim Aufgabenlösen in Mathematik" wurde ein Zielpunkt festgelegt.
- **Beispiel „Meinung".** Die Lehrerin fragte: „Woran kannst du und woran können andere sehen, dass du deine Meinung sagst?" Es wurde vereinbart: „Wenn wir uns das nächste Mal unterhalten, frage ich dich nach einem Beispiel, wo dir das gelungen ist."
- **Beispiel „Englisch".** Die Frage lautete: „Woran kannst du und woran können andere sehen, dass du in Englisch (mündlich) keine Angst mehr vor Fehlern hast und

14 Die konkreten Markierungen auf der Skala haben wir hier nicht zur Verfügung.

dir etwas traust?" Es wurde auch vereinbart, dass der Schüler seine Englisch-Lehrerin fragt, ob sich seine Mitarbeit verbessert hat.

- **Beispiel „Hinhören".** Als Skala wurde hier ein „Aufmerksamkeits-Thermometer" verwendet. Der Schüler schätzte selbst ein, wie er in bestimmten Situationen hingehört und nachgedacht hat, und gab eine Skalenstufe als Ziel an.

Weitere Hinweise zur Arbeit mit der Skalierung finden Sie auf den Seiten 113 ff. Natürlich kann ein Ziel auch ohne eine Skala kontrollier- und einschätzbar formuliert werden.

Gesprächsabschnitt „Einstellung auf das Hindernis / die Schwierigkeit"

Das Ziel wurde festgelegt. Dann ist es Zeit, darüber zu sprechen, welche Schwierigkeiten, Hindernisse oder Probleme auftreten können. Oettingen (2015) berichtet über psychologische Experimente, in denen sie zwei Gruppen von Kindern und Jugendlichen, die ein bestimmtes Handlungsziel erreichen wollten, verglich. Die eine Gruppe entwickelte in der Vorbereitungsphase positive Realisierungserwartungen. Die andere Gruppe gewann ebenfalls Erfolgszuversicht, fasste aber auch mögliche Erfolgshindernisse ins Auge. Die positive Zukunftsvorstellung, auf die sich die erste Gruppe konzentrierte, wurde in der anderen Gruppe mit dem Visualisieren von Hindernissen verbunden. Diese Kombination bezeichnet Oettingen als „mentales Kontrastieren". Die Ergebnisse des Experiments fasst sie wie folgt zusammen: „Das mentale Kontrastieren hatte die Fähigkeit der Kinder gefördert, Hindernisse auf dem Weg zu einem erreichbaren Ziel zu entdecken. Die Kinder, die mental kontrastiert hatten, waren also besser aufgestellt, ihre Ziele zu verfolgen und mit unerwarteten Hindernissen umzugehen." (S. 147)

Einige Hindernisse: Das Kind kennt zwar einen Weg, denkt aber nicht an ihn, wenn es ihn braucht; es besitzt keine geeignete Strategie; äußere Störungen oder Ablenkungen treten auf; ein Flüchtigkeitsfehler unterläuft; ein wichtiger Schritt wird ausgelassen. Auf solche Stolpersteine muss das Kind sich einstellen. Sonst kommt es in den entscheidenden Momenten zu Unsicherheitsemotionen und dann hilft der Spruch „Du schaffst es!" wahrscheinlich auch nicht weiter. Im Gespräch kann die Lehrerin sagen: *„Manchmal klappen Dinge nicht so, wie wir das gerne möchten. Da gibt es Stolpersteine und Hürden. Was wäre denn schwierig, wenn du das tun willst, was du dir vornimmst? Gibt es ein Hindernis, das im Wege stehen kann?"* Die Hindernisse in den Beispielen:

- **Beispiel „Stopp – Immer mit der Ruhe".** Ich bin zu aufgeregt und will schnell fertig werden.
- **Beispiel „Meinung".** Ich habe Angst, dass ich Unsinn rede.
- **Beispiel „Englisch".** Zu schwere Aufgaben.
- **Beispiel „Konzentration".** Es ist zu laut in der Klasse.

Die Kinder trugen diese Hindernisse in den Bogen „Mein gutes Lernen" ein.

Gesprächsabschnitt „Entwicklung des Plans für das Gelingen"
Die Bewältigung der Hindernisse muss vorher mental mehrfach durchgespielt werden. Das gehört übrigens auch zu den Kernelementen des Heidelberger Kompetenztrainings (Knörzer, Amler & Rupp, 2011). Es ist der Gesichtspunkt, der beim „positiven Denken" übersehen wird. Das betont Gabriele Oettingen (2015) und sie plädiert in ihrer „Psychologie des Gelingens" für die Entwicklung von „Wenn-Dann-Plänen": **Wenn** das Hindernis X auftritt, **dann** werde ich Y tun. Fragen können sein: *„Was machst du, wenn …?", „Hast du einen guten Gedanken, wie du dir helfen kannst oder was dir helfen kann, wenn …?", „Kennst du einen Trick?", „Was wäre schlau?", „Wie kannst du das schaffen?".*

Im notwendigen Moment kann das Kind nur dann an die passende Handlungsweise denken, wenn sie vorher explizit entwickelt und eingeübt wurde. Gollwitzer u. a. (2011) nennen das die *Implementation von Durchführungsvorsätzen*. Wichtig ist dabei, *eine* Handlungsweise zu wählen, nicht vier oder fünf, die der Lehrkraft auch noch einfallen würden. Das Kind muss *eindeutig* wissen, was es tun wird. Es muss darauf eingestellt sein, weil es sich die Realisierung genau vorgestellt, sie mental trainiert, abrufbar, stabil und transferierbar gemacht hat.

Beinhalten kann der Plan, d. h. die Dann-Komponente, zum Beispiel (in zufälliger Zusammenstellung): auf ein Kärtchen mit dem Lösungsweg schauen; die Schrittfolge beachten; die Wortliste als Hilfe verwenden; eine Informationsquelle nutzen; an den Stolz denken, wenn es geschafft ist; ganz fest daran denken, dass ich es schaffen kann; ruhig atmen und meinen Blick auf die Aufgabe richten; die Aufgabe anfangen, auch wenn sie schwer ist; meinen Erfolgstrick anwenden; die Lösung kooperativ suchen; meine Ermutigungsfigur anschauen; mich mit dem Atmen beruhigen; an den Preis denken, den ich mir aus der silbernen Kiste wählen kann; an die Bewertung denken, die ich am Ende der Woche erhalte; das Leise-Zeichen verwenden; auf das STOPP schauen; die Übungsblätter verwenden, die ich am Mittwoch bekommen habe.

Komplexere Handlungsmöglichkeiten können im Gespräch nicht erarbeitet und eingeübt werden, doch kann dafür gesorgt werden, eine Handlungsweise zu planen, die dem Lernenden schon einmal geholfen hat und die er sich zutraut und beherrscht. Die Lehrerin kann an solche Situationen erinnern: *„Als du schon einmal nicht wusstest, was du tun solltest – wie hast du es trotzdem geschafft?"* So lockt sie gute Erfahrungen mit Denk- und Lerntechniken und -strategien hervor, die auch hier passen („Ich habe mein Erinnerungskärtchen genommen", „Ich habe mit dem Hunderterblatt gearbeitet", „Ich habe das Wort in Morpheme zerlegt", „Ich habe Ben gefragt, was er für das Poster machen möchte, und wir haben diesmal zeitig begonnen"). Gemeinsam werden Erfahrungen gefunden, auf die zurückgegriffen werden kann.

Zur Entwicklung des Plans in den Beispielen:

› **Beispiel „Stopp – Immer mit der Ruhe".** Die Lehrerin hatte ein Kärtchen mitgebracht, auf dem ein Stopp-Zeichen zu sehen war. Im Gespräch fiel der Schülerin noch etwas Besseres ein. Sie fertigte ein Kärtchen an, das „helfen kann, langsam und ruhig zu bleiben". Darauf waren ein Stopp-Zeichen und ein Elefant zu sehen (siehe die Fußnote auf S. 107). Immer wenn sie „zu aufgeregt und zu zappelig" sein würde, wollte die Schülerin darauf schauen.

› **Beispiel „Meinung".** Vorbereitet wurde die Selbstinstruktion „Ich verändere meine Körperhaltung (Kopf hoch!) und lege einfach los. Die anderen reden manchmal auch Unsinn." Hintergrund war die Erinnerung des Schülers an ein Erlebnis im Sport, in dem Mitschüler seinen Namen rhythmisch gerufen und ihn so angespornt hatten. Er hatte dabei bemerkt, wie sich seine Körperhaltung straffte. Das würde helfen, wenn er sich beinahe wieder zu sehr zurückhalten würde.
› **Beispiel „Englisch".** Erarbeitet wurden der ‚kluge Gedanke' „Fehler sind nicht schlimm" und die Selbstinstruktion: „Ich kann einen Teil richtig machen und das ist gut". Der Schüler schrieb den klugen Gedanken auf.
› **Beispiel „Hinhören".** Der Plan hatte zwei Bestandteile: 1. Mit der Ampel zeigen, dass ich etwas nicht verstanden habe. 2. Ich melde mich und stelle eine Frage.

Der Gesprächsabschnitt kann mit Vereinbarungen schließen (Was tut das Kind? Was tun die Lehrerin und andere Personen? Wer besorgt welche Arbeitsmittel? etc.). Aus Untersuchungen zum Priming wissen wir, dass Hinweisreize in der Anwendungssituation gewünschte Assoziationen hervorrufen können (Signalkärtchen, vereinbarte Gesten, Bereitlegen von Lernhilfen, Schrittfolgen).

Im Beispiel „Meinung" wurde mit dem **Ankern** gearbeitet. Im Sport hatte der Schüler ein Erlebnis, in dem er Angst überwunden hatte. Er erinnerte sich gut, wie er seine Körperhaltung verändert und dabei Kraft und Selbstbewusstsein gespürt hatte. Daran wollte er sich erinnern, wenn es für ihn wichtig werden würde und als Anker dafür die linke Faust schließen. Täglich übertragen wir frühere gute Erfahrungen mit Handlungsstrategien und Fähigkeiten auf neue Situationen, zum Beispiel: „Ich weiß noch, welche Angst ich hatte, und doch habe ich es geschafft, weil ich ..."; „Ich wollte aufgeben, aber dann habe ich an meinen ‚Trick' gedacht ...". Eine Geste, ein innerer Ermutigungssatz, vieles kann die Bewältigungsstrategie vor Augen treten lassen, d. h. ein Anker oder Signal sein, der das Erinnern in Gang setzt.

Die Aktivierung von Erfahrungen oder Modellen ist praktizierte Stärkenorientierung. Vielen Kindern gelingt das spontan, kaum aber Kindern mit Lernschwierigkeiten auf ihren Problemgebieten! Sie müssen dazu angeleitet werden. Ihnen muss gezeigt werden, wie sie Furcht besiegen können. Soziale Kompetenzen können sie festigen, indem sie sich an das Wie und den Erfolg entsprechender Verhaltensweisen bei sich selbst und anderen erinnern (und zwar ganz konkret, sonst wirkt es nicht).

Abschluss des Gesprächs

Das Kind und die Lehrerin blicken noch einmal auf das Gespräch zurück und beide, auch das Kind, sagen, was ihnen am besten gefallen hat. Lehrerin: *„Jetzt haben* *wir den Bogen ‚Mein gutes Lernen' ausgefüllt. Du hattest viele gute Ideen. Besonders ist mir aufgefallen, dass du ... Das hat mir gefallen. Deshalb glaube ich, dass du es wirklich schaffen wirst.*" Die Lernberatung kann damit abgeschlossen werden, dass das Kind und die Lehrerin den Bogen „Mein gutes Lernen" unterschreiben. Das Kind geht gestärkt und motiviert aus dem Gespräch. Es fühlt sich verstanden und spürt das Zutrauen seiner Lehrerin. Jetzt hat es vor Augen, wie es ein gutes Ergebnis erreichen kann und dafür die nötige Unterstützung erhalten wird. In den kommenden Tagen werden Feedbacks, Zwischenbilanzen und Updates nötig sein. Folgegespräche können vereinbart werden.

3.7.4 Weitere Hinweise

Allgemeine Fragen

In Tabelle 5 (S. 103 f.) sahen wir die Schlüsselfragen der Gesprächsabschnitte. Im Unterschied dazu sind die folgenden Fragen an vielen Stellen einsetzbar. Man kann sie parat haben, um das Kind immer wieder zu Beiträgen anzuregen. Sie halten den Gesprächsfluss aufrecht und helfen über eine Stagnation in der Kommunikation hinweg.

› Die Fragen „*Was denkst du darüber?*" und „*Wie meinst du das?*" sprechen das metakognitive Wissen an.
› Die Fragen „*Wie ist das für dich?*" und „*Was denkst du, wie es für die Anderen ist?*" können zum Bewusstwerden von Bedürfnissen, Emotionen und persönlichen Positionen anregen.
› Die Fragen „*Was möchtest du tun?*" und „*Was findest du, was wir tun sollten?*" beteiligen das Kind an Schlussfolgerungen zum Handeln.

Impulsbeispiele für Lernfördergespräche

Die in der Anlage 6 zusammengestellten Beispiele stammen aus verschiedenen Formen von Lernfördergesprächen. Es sind Stichworte mit unterschiedlichem Charakter. Angesprochen werden Lernerlebnisse und -erfahrungen, exemplarische Formulierungen, fiktive Geschichten und Fragen. Wir haben Lehrerinnen und Lehrer konsultiert, ob die heterogene Sammlung in das Buch aufgenommen werden sollte. Ohne Ausnahme haben sie dafür plädiert. Man könne sich zu eigenen Überlegungen anregen lassen und die Vorbereitung von Lernberatungen werde erleichtert. Da in der Anlage viele Themen und methodische Möglichkeiten anklingen, könnte eine Warnung angebracht sein: Nicht verzetteln! Die Lernberatung soll ein bestimmtes Handeln gut vorbereiten. Für einen „Situations-Prototypen" soll sie ein erfolgversprechendes Muster der Handlungsplanung und -ausführung entwickeln (ein „Drehbuch", siehe das SOAP-Modell, S. 32 f.). Wenn über viele Themen, Ziele und Ratschläge gesprochen wird, bleibt kaum etwas im Gedächtnis.

Gesprächskärtchen

Die oben beschriebenen Komponentenkärtchen sind ein Material, mit dem Lehrkräfte arbeiten können. Die Lernenden können die Gesprächskärtchen (Anlage 8) verwenden. Auf ihnen befinden sich Stichworte wie: „sich Ziele setzen", „aufmerksam zuhören", „die Aufgabe verstehen", „den eigenen Fähigkeiten vertrauen", „Lernhilfen verwenden". Die Systematik entspricht jener der Komponentenkärtchen (siehe Tabelle 2, S. 76 f.). Für einige Komponenten gibt es zwei Kärtchen; einige sind nicht vertreten. Eine Vorauswahl oder die Verwendung eigener Kärtchen ermöglicht es der Lehrerin, den Gesprächsgegenstand zu steuern.

Die Lehrerin erklärt: „*Ich habe mit Schülerinnen und Schülern (ungefähr so alt wie du) über ihr Lernen gesprochen. Das war spannend. Sie haben erzählt, worüber sie sich ärgern und wo sie sich gefreut haben, was ihnen gut gelingt – und auch, wo sie besser werden möchten. Die Themen stehen auf diesen Kärtchen. Zum Beispiel ‚Selbständig arbeiten' und ‚Ergebnisse kontrollieren'. Wir können uns darüber unterhalten, welche von diesen Tätigkeiten du gut machst, wo es Probleme gibt und welche Hilfe du benötigst.*"

Es kann an folgenden Aufgaben gearbeitet werden:

- Analyse des Standes in einem Bereich: Das Kind ordnet ausgewählte Kärtchen danach, wie die Tätigkeiten gelingen. „*Du nimmst ein Kärtchen. Wenn etwas darauf steht, was bei dir gut ist, legst du es auf die grüne Fläche. Kärtchen, auf denen etwas steht, was noch nicht gut ist, legst du auf die rote Fläche. Du kannst Kärtchen auch dazwischen hinlegen.*"
- Gespräch über Beziehungen zwischen den Komponenten, Anwendung der Struktur-Lege-Technik.
- Erarbeitung von Zielen: „*Du hast darüber nachgedacht, was du in deinem Lernen schon gut oder noch nicht so gut kannst ...*"
- Erarbeitung von Kriterien: „*Woran kannst du erkennen, dass du dabei besser geworden bist?*"
- Entwicklung von Hilfen: „*Welche Hilfe benötigst du?*"

Selbsteinschätzungsleiter (Skalierung)

Die Metapher der Leiter hat eine lange pädagogisch-therapeutische Tradition. Mit ihr oder einer ähnlichen Metapher (Treppen, Weg zum Gipfel u. a.) sind Kinder meist bereit, Selbsteinschätzungen abzugeben und zu begründen. Leicht lässt sich ihre Aufmerksamkeit auf ein neues Ziel und den Weg dorthin lenken. Das sind große Vorzüge. Soziale Vergleiche, Misserfolgserleben und Unzufriedenheit mit dem bisher Erreichten werden zurückgedrängt.

Eine ansprechende grafische Darstellung kann die Bedeutung der Sache unterstreichen, doch können auch einfache Kartonstreifen mit Markierungen ihren Zweck erfüllen. Für die Einordnung können Spielfiguren oder Symbole verwendet werden. Hardeland (o. J.) berichtet, dass sie im Lerncoaching Skalen verwendet, die sie auf den Fußboden legt. So müssen ihre Klienten nicht im Sitzen arbeiten. Wenn ein Klient die Stufe 3 als Ist-Zustand markiert und die Stufe 7 als Ziel-Zustand angibt, stellt er sich zuerst neben die Stufe 3 und bewegt sich dann, Vorstellungen von seinen Fortschritten entwickelnd, schrittweise nach vorn. Zwischenstufen werden ihm deutlich. Das ist eine gute Gelegenheit für die Bestimmung des nächsten Ziels.

Methodische Schritte (siehe auch S. 107 ff.):

1. **Entwicklung des Gegenstandes der Skala.** Beispiele: sich auf die Aufgabe konzentrieren; ein Arbeitsergebnis präsentieren; Strategie zum Vokabellernen; selbstständig arbeiten; an der Gruppenarbeit teilnehmen; mit Kritik umgehen; Kritik äußern; für die Wochenplanarbeit die Zeit einteilen; Stress meistern; eine kluge Lernstrategie anwenden; einen eigenen Standpunkt vertreten; anderen zuhören.
2. **Definition der unteren und oberen Stufen.** Beim Ziel „Die Arbeit an Aufgaben beginnen (nicht immer wieder hinauszögern)" kann die Lehrerin erläutern: Zur Sprosse ganz unten: *„Bei dem Schüler, der hier steht, war es oft so: Ein Arbeitsblatt war ausgeteilt worden und die Kinder sollten beginnen. Leider wusste der Schüler nicht, wie er*

Abbildung 27: Beispiel für eine Selbsteinschätzungsleiter

anfangen soll. Er schaute aus dem Fenster und spielte mit irgendeinem Gegenstand. Seine Gedanken wanderten woanders hin und er dachte: ‚Das kann ich sowieso nicht'. Oft meinten Erwachsene: ‚Wo bist du nur mit deinen Gedanken? Fange an!'" Zur Sprosse ganz oben führt die Lehrerin aus: *„Bei dem Schüler, der hier oben steht, ist es so: Auch er hat die Aufgaben am Anfang nicht richtig verstanden. Da liest er sie noch einmal ganz genau. Ihm fällt etwas ein, womit er beginnen kann. Er macht den ersten und dann den nächsten Schritt. Immer wieder denkt er nach und freut sich, dass er ein Stück vorangekommen ist."*

3. **Selbsteinschätzung.** Das Kind soll nun angeben, auf welcher Stufe es sich selbst sieht: *„Wo stehst du auf dieser Leiter? Stehst du genau in der Mitte, etwas mehr in der Nähe des Kindes, dem es schwerfällt, die Aufgabe zu beginnen, oder eher in der Nähe des Kindes, das es sehr gut kann?" „Wann war es etwas besser/etwas schlechter? Was war dabei anders? Woran hast du gesehen, dass es besser/schlechter war?"*
4. **Erarbeitung des nächsten Ziels und der Kriterien dafür.** Das Kind gelangt zu klaren Vorstellungen über eine realistische Zielstufe für den nächsten Zeitabschnitt. Nehmen wir an, der Schüler habe sich im Gespräch über die *selbstständige Hausaufgabenerledigung* auf der Zehnerskala bei dem Punkt 3 eingeordnet. Jetzt soll er beschreiben, was bereits gut war. Dann wird ein Ziel entwickelt und ein überschaubarer Zeitraum ins Auge gefasst. Der Schüler gibt vielleicht den Zielpunkt 5 an und jetzt kann erörtert werden, woran zu sehen sein wird, dass der Punkt 5 erreicht ist. *„Wenn ich deine Mathematiklehrerin Frau Schmidt frage, woran kann sie erkennen, dass du die Hausaufgaben selbstständig gemacht hast?"* Ein anderes Beispiel: *„Wenn ich deinen Freund Stefan frage, woran kann er erkennen, dass du in der Pause Streit aus dem Weg gehst?"* (Bischoff-Weiß, 2012, S. 29)
5. **Plan/Schlussfolgerungen.** Anhand der Leiter wird erörtert, wie die nächste Stufe erreicht werden kann. Welche Hilfen kann der Lernende sich holen? Wie kann die Lehrerin unterstützen?

Übungskärtchen

Die Abschnitte des handlungsorientierten Lernfördergesprächs (Entwicklung des Wunsches – Erarbeitung eines Ziels – Einstellung auf das Hindernis / die Schwierigkeit – Entwicklung eines Plans für das Gelingen, siehe Tabelle 5, S. 103 f.) ähneln der „WOOP-Strategie", die Oettingen in ihrem Buch „Die Psychologie des Gelingens" (2015) darstellt. Die Ähnlichkeit ergibt sich aus den handlungs- und motivationspsychologischen Grundlagen, von denen auch wir ausgehen. WOOP ist ein englisches Akronym für eine Methode zum Erreichen von Zielen. Die Bedeutung der Buchstaben:

W = Wish (Wunsch, Anliegen)
O = Outcome (Erfüllung des Wunsches, bestmögliches Ergebnis)
O = Obstacle (Hindernis, das der Wunscherfüllung im Wege steht)
P = Plan (Wenn-dann-Plan: Was tun, wenn das Hindernis auftritt?)

Mit WOOP-Übungskärtchen konnten wir gute Ergebnisse erzielen. Die Abbildung 28 zeigt ein Beispiel.

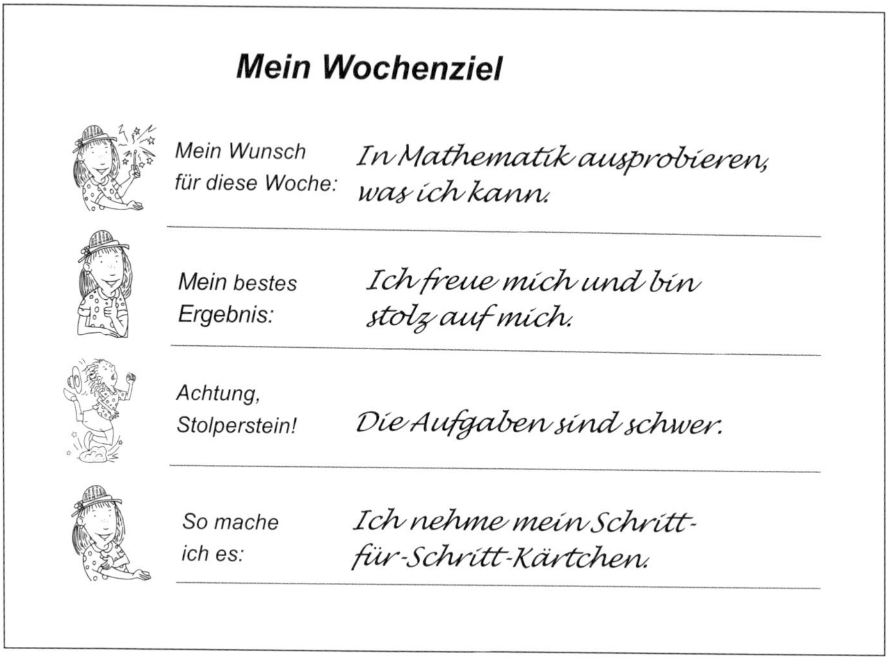

Mein Wochenziel

Mein Wunsch für diese Woche: *In Mathematik ausprobieren, was ich kann.*

Mein bestes Ergebnis: *Ich freue mich und bin stolz auf mich.*

Achtung, Stolperstein! *Die Aufgaben sind schwer.*

So mache ich es: *Ich nehme mein Schritt-für-Schritt-Kärtchen.*

Abbildung 28: Beispiel für ein WOOP-Übungskärtchen

In der Anlage 7 befinden sich zwei Kopiervorlagen für etwas andere Übungskärtchen. Es sind Kurzfassungen des Bogens „Mein gutes Lernen". Die Kinder gestalten solche Kärtchen selbst und wählen verschiedene Symbole (Zielscheibe, Wegweiser, Hindernisstein, Hürde, Schritt-für-Schritt-Spur, Glühbirne).

Gespräche mit mehreren Kindern zur Vorbereitung der Gruppenarbeit

Beispiele für Themen und Ziele:

- Wie wir uns über das Ziel der Gruppenarbeit (kooperatives Lernen bzw. Projekt) verständigen
- Wie wir einander zuhören und konstruktiv auf Gedanken, Vorschläge und Fragen eingehen
- Wie wir den Lernpartnern Anerkennung für Überlegungen und Ideen zukommen lassen
- Wie wir gemeinsam Lösungswege entwickeln und individuelle Arbeitsergebnisse zusammenführen
- Wie wir uns gegenseitig unterstützen, Fragen stellen, ein kritisches Feedback geben
- Welche Rollen eingenommen werden sollen, z. B. Zeitwächter, Wächter für leises Sprechen (Geräusche-Ampel)
- Wie wir unsere Arbeitsergebnisse verständlich erklären und präsentieren

3.8 Evaluation und Prozessbegleitung (Baustein 6)

Für die Wege zur Realisierung der Schwerpunkte der Lernförderung können generelle Programme nicht entwickelt werden; die individuellen Voraussetzungen, die Bedingungen in den Klassen, die personellen, pädagogisch-didaktischen und zeitlichen Ressourcen gehen weit auseinander. Daher stellt sich die Frage: Welche Kriterien dienen der Beurteilung, ob die Schwerpunkte und die einzelnen Ziele und Maßnahmen richtig sind? Wir können wie folgt antworten: Wenn die richtigen Schwerpunkte gesetzt und realisiert werden, gilt:

1. Die Lehrkräfte und andere Mitglieder des Teams entwickeln einen immer besseren Blick für die Perspektive und Handlungsmöglichkeiten des Kindes beim Lernen.
2. Sie haben klare Prioritäten vor Augen, in denen sie sich abgesprochen haben und zu denen sie sich austauschen.
3. Sie erkennen passende Gelegenheiten für Förderimpulse und setzen nach Möglichkeit auch spezifische Maßnahmen und Programme ein (z. B. zur Leseförderung, zum Training der Achtsamkeit, der Metakognition oder des tutoriellen Lernens).
4. Bei dem Schüler oder der Schülerin zeichnet sich die Tendenz ab, besser mitzuarbeiten, sich stärker zugehörig und in Schule und Unterricht wohler zu fühlen.
5. In den Lernergebnissen sind deutliche Fortschritte zu erkennen.

Das sind allgemeine Kriterien, die sich zum Teil auf die Schülerinnen und Schüler, zum Teil auf die Pädagoginnen und Pädagogen beziehen. Sie enthalten implizit ganz unterschiedliche Ebenen, auf beiden Seiten etwa die subjektiven Theorien und Begründungen, Lernprozesse und -ergebnisse. Komplexe Einschätzungen können vornehmlich in Teamberatungen erarbeitet werden.

Darüber hinaus sind konkrete Einschätzungen und Erfolgskontrollen nötig, die den ganzen Prozess begleiten und durch die eine Steuerung möglich sein sollte. Zu einzelnen Aspekten, anhand bestimmter Indikatoren, müssen zuverlässig belegbare Einschätzungen erarbeitet werden. An verschiedenen Stellen haben wir ein paar Möglichkeiten dargestellt, etwa im Zusammenhang mit der Beobachtung der Lerntätigkeit und den Zielskalen. Auch prozessbegleitende Lernzielkontrollen sind selbstverständlich notwendig. Auf Verfahren zur Lernverlaufsdiagnostik und wiederkehrende curriculumbasierte Messungen (CBM, siehe unter anderem Voß & Hartke, 2014) und die Diagnostik lerngegenstandsspezifischer Voraussetzungen sind wir ebenso wenig eingegangen wie auf die oft so wichtige diagnostische Klärung individueller Handlungsgrundlagen (sinnesphysiologische Voraussetzungen, Besonderheiten des Arbeitsgedächtnisses, strategische Kompetenzen, allgemeines kognitives Leistungsniveau, emotionale Dispositionen und vieles mehr).

PERMA-Situationsbilanz. In diesem Buch haben wir Lernsituationen und Lernhandeln in den Vordergrund gestellt und aus dieser Sicht soll nun noch auf die PERMA-Situationsbilanz hingewiesen werden. Pädagogische Maßnahmen wirken über die inneren Systembedingungen. Die Innenprozesse unterliegen der Selbsterzeugung (Autopoiesis). Davon, dass das Kind in einem gegebenen Moment im Unterricht vorankommt, können wir ausgehen, wenn es keine große Ablenkung möchte, sein Wissen anwendet, Varianten ausprobiert etc. Wir haben das auf den Nenner der positiven subjektiven Lernsituation gebracht und damit ein Ziel beschrieben, das unabhängig von der Vorgeschichte, dem Lernstand und eventuellen Störungsdiagnosen wichtig ist. Die PERMA-Situationsbilanz vereinigt Indikatoren für die Positivität von Lernsituationen und ist ein informelles Verfahren.

PERMA steht für die fünf zentralen Elemente der Theorie des Wohlbefindens nach Seligman (2012). Zugeschnitten auf die Lerntätigkeit können wir sie wie folgt umreißen:

- **P** (**P**ositive Emotionen): Gestaltung von freundlichen, warmherzigen, fürsorglichen Begegnungen mit dem Kind, die es optimistisch in die Zukunft blicken lassen
- **E** (**E**ngagement, optimales Aktivierungsniveau): Ermöglichen von Tätigkeiten und Zielen, für die das Kind motiviert ist und für die es sich einsetzen möchte
- **R** (**R**elationship, Beziehungen): Entwicklung positiver Beziehungen (Freundschaften, Bindungen, gegenseitige Hilfe, Kooperation)
- **M** (**M**eaning, Sinnhaftigkeit): für Bedingungen sorgen, in denen das Kind den Sinn seiner Anstrengungen erlebt
- **A** (**A**ccomplishment, Zielerreichung, Selbstwirksamkeit spüren, Gelingen erleben): Bewirken, dass das Kind seine Fortschritte erkennen und Stolz darauf entwickeln kann

Die Methode besteht aus Items zu diesen Aspekten. Angewendet werden kann der Bogen mit dem Blick beispielsweise auf einen Unterrichtstag, eine Unterrichtswoche, ein Unterrichtsfach in der letzten Woche, eine Fördereinheit, bestimmte Lerninhalte, also immer für einen vorher festgelegten Bereich und Zeitraum. Lehrkräfte und andere einfühlsame Beobachterinnen und Beobachter, die bereits mit dem Bogen vertraut sind, benötigen für die Einschätzung nur einige Minuten.

Der Bogen umfasst 28 Items und befindet sich in der Anlage 9. Jedes Item besteht aus Stichworten zu Emotionen und Verhaltensweisen, die einen bestimmten inhaltlichen Kontext ansprechen. So spricht das Item 17 („war freundlich, friedlich, empathiefähig") die Leichtigkeit und das Funktionieren sozialer Kontakte an. Nicht jedes dieser drei Stichworte muss im selben Ausmaß zutreffen. Auf ein positives Item folgt jeweils ein negatives. Auf das positive Item 17 folgt Item 18 mit: „war überempfindlich, distanziert, gereizt". Es gibt in dem Bogen 14 solche Paare. Zwar handelt es sich bei ihnen nicht um genaue Pole einer Dimension, doch bestehen deutliche inhaltliche Gegensätze. „Positiv" heißt: erwünscht, günstig, den Lernprozess fördernd; „negativ" bedeutet: unerwünscht, ungünstig, den Lernprozess beeinträchtigend.

Die 28 Items gliedern sich nach den PERMA-Komponenten: 1 bis 6: ***P**ositive Emotionen*; 7 bis 14: ***E**ngagement*; 15 bis 18: ***R**elationship* (Beziehungen); 19 bis 22: ***M**eaning* (Sinnhaftigkeit); 23 bis 28: ***A**ccomplishment* (Zielerreichung). Die 14 positiven Items (ungerade Item-Ziffern) bilden eine stichwortartige Verhaltensbeschreibung zu positiven Lernsituationen:

> fühlte sich in den Situationen wohl – war heiter, freudig, lebhaft – war aufgeschlossen für Neues, im Allgemeinen interessiert – beteiligte sich, brachte sich ein – war aufmerksam bei der Sache – gab sich Mühe, versuchte mitzuarbeiten – brachte Geduld und Beharrlichkeit auf – fühlte sich einbezogen, war kontaktbereit – war freundlich, friedlich, empathiefähig – war ausgeglichen, optimistisch – wollte beitragen und versuchte es – setzte sich Ziele, wollte Erfolg erreichen – war zuversichtlich, einen Erfolg schaffen zu können – erlebte den Erfolg seiner Anstrengung, war zufrieden damit

Die 14 „negativen" Items (gerade Item-Ziffern) beschreiben als Ganzes eine sehr problematische Lernsituation.

Zur Durchführung: Die Ratings werden in die umrandeten Felder eingetragen. Die Frage dazu lautet: *Was konnten Sie beobachten?* „0" = „nicht beobachtet", „1" = „deutlich", „2" = „sehr deutlich". Nicht alle Items müssen bearbeitet werden. Um eine 1 einzutragen, müssen deutliche Anzeichen vorhanden sein.

Positive Emotionen	1	fühlte sich in den Situationen wohl	*1*	
	2	war traurig, unfroh		*0*
	3	war heiter, freudig, lebhaft	*1*	
	4	war ängstlich, wirkte bedrückt		*0*
	5	war aufgeschlossen für Neues, im Allgemeinen interessiert	*2*	
	6	war gestresst, ablehnend		*1*

Abbildung 29: Eintragungen in die PERMA-Situationsbilanz

Die Abbildung 29 zeigt einen Ausschnitt aus einem Beispiel, in dem die ersten vier Unterrichtsstunden eines Tages eingeschätzt wurden. Laut Item 1 fühlte der Schüler sich in den Situationen wohl (eingetragen wurde 1, d. h. „deutlich"). Zeichen des Gegensatz-Items 2 fehlten. Das gleiche Bild sehen wir beim Itempaar 3 und 4. Aber im Itempaar 5 und 6 zeigt sich ein anderes Bild: Beim positiven Item wurde eine „2" eingetragen, d. h. „sehr deutlich", doch beim negativen Item wurde keine „0" eingetragen, wie man zunächst erwarten könnte, sondern eine „1". In den Beobachtungssituationen kam eben beides vor.

Beim Ausfüllen des Bogens kann zügig gearbeitet werden. Items, zu denen keine Beobachtungen vorliegen, werden ausgelassen. Der Bogen kann auch dann ausgewertet werden, wenn z. B. nur bei 20 der 28 Items ein Rating erfolgt. Als Bilanz zählt das Positiv/Negativ-Verhältnis. Dieses kann selbst dann berechnet werden, wenn nur bei 12 Items Einschätzungen abgegeben wurden. Man bildet zunächst die „Summe Positiv" und die „Summe Negativ". Danach setzt man die beiden Summen ins Verhältnis. Die Relation von P zu N, also P/N, ist das zusammenfassende Ergebnis der PERMA-Situationsbilanz.[15] Die Items, die mit „0 = nicht beobachtet" eingeschätzt werden, tragen zur Erhöhung der Summen nicht bei und verändern die Relation nicht. Trotzdem sollte die „0" gegebenenfalls eingetragen werden, um kenntlich zu machen, dass das Item eingeschätzt wurde.

Eine gesonderte Auswertung in den fünf Komponenten P, E, R, M und A wird nicht vorgenommen. Die Einteilung des Bogens in diese Bereiche dient bloß dazu, den Aufbau und die Inhaltsbereiche deutlich zu machen.

Bewertung des Positiv/Negativ-Verhältnisses: Was bedeutet z. B. das Ergebnis P/N = 12:8 = 3:2? Was bedeuten 5:9 (ca. 2:3) oder 17:3 (ca. 6:1)? Bei einer entwicklungsförderlichen Relation übertrifft der Zähler (Summe Positiv) den Nenner (Summe Negativ) weit. Die „Summe Positiv" sollte möglichst das Dreifache der „Summe Negativ" betragen. Besser ist eine noch stärker positive Relation. Lernen erfordert Erfolgsorientierung, offene Wahrnehmung, Aufgeschlossenheit für Neues. Dagegen führen Misserfolgsbefürchtungen, fehlendes Sinnempfinden und Unlustgefühle zur Vermeidungshaltung und wirken viel stärker als die positiven Gefühle. Relationen wie 2:1, 1:1, 1:2 oder gar noch nachteiligere zeigen verschiedene Grade ungünstiger Lernsituationen.

Diese Interpretation folgt dem Vorbild der Bestimmung des Positiv/Negativ-Verhältnisses nach Fredrickson (2011). In ihrer Broaden-and-Build-Theorie (siehe auch S. 89 f. und Abb. 22) stellt sie dar, wie stark die Entwicklung der persönlichen Ressourcen vom Verhältnis der positiven zu den negativen Gefühlen mitbestimmt wird. Die Annahme, dass bei einem Verhältnis von 3:1 oder noch günstiger ein Aufblühen erreicht wird, wird heute als nicht nachgewiesen betrachtet. Durch Studien und Erfahrung belegt ist die hohe Bedeutung eines bei weitem dominanten und vor allem auch zuverlässigen Auftretens positiver Gefühle. Negative Gefühle sind vor allem als Korrekturelement der Handlungssteuerung wichtig. Bekannt geworden ist die Segelboot-Metapher (Fredrickson, 2011, S. 168): Unter der Wasseroberfläche befindet sich der schwere Schiffskiel. Er steht für die negativen Gefühle. Der Mast und die Segel sind die positiven Gefühle. Ohne Kiel und folglich ohne Tiefgang würde das

15 Mathematisch gesehen ist das ein Quotient. Problem: Wenn kein einziges negatives Item mit „1" oder „2" markiert wurde, ergibt sich für N eine Summe von „0". Die Division durch 0 ist aber mathematisch ausgeschlossen. Praktisch ist aber davon auszugehen, dass bestimmte Spuren „negativer Items" immer gegeben sind, sodass in der Summe N mindestens eine 1 angesetzt werden und die Relation gebildet werden kann. Auf diesen Sachverhalt wies auch Fredrickson hin (2011, S. 49).

Boot schlingern und schon bei leichten Windstößen kentern. Erst das richtige Verhältnis der beiden Seiten (die Relation von „stabile Wasserlage" und „Wind, der in die gesetzten Segel fährt"), ermöglichen das Navigieren, bringt das Boot auf Kurs und kraftvoll voran.

Anwendungsmöglichkeiten:

- Die Einschätzung zeigt die Lage des Kindes in dem jeweiligen Lernbereich bzw. unter bestimmten gegebenen Bedingungen.
- Es kann vergleichend analysiert werden, wo sich ein Kind emotional in einer besonders günstigen oder ungünstigen subjektiven Lernsituation befindet.
- Möglich ist die Untersuchung von Veränderungen. Dazu muss das Rating unter vergleichbaren Rahmenbedingungen mindestens zu zwei Zeitpunkten durchgeführt werden.
- Einzelne Items können für die Selbsteinschätzung durch das Kind aufbereitet werden.

Die regelmäßige Verwendung des *Positivity Self Tests* (Fredrickson o.J.)[16] erhöht die Achtsamkeit den eigenen Gefühlen gegenüber und verbessert dadurch das Wohlbefinden und die Leistungsfähigkeit. Analog kann die PERMA-Situationsbilanz ein Messfühler für gelingendes Lernen sein.

3.9 Ein Blick auf das Ganze

Bis hierher haben wir die Strategie der Förderung des Lernens genau beschrieben. Es ist Zeit für eine Kurzcharakteristik. Im folgenden Kasten befinden sich die Stichworte dazu. Im Anschluss daran schauen wir verdichtend auf die Strategie und werden drei Phasen erkennen.

Kasten 2: Kurzcharakteristik der Strategie „Vom Förderanliegen zum gelingenden Lernen"

1. Anwendungsbereich der Strategie ist das Lernen von *Schülern und Schülerinnen mit erheblichen Lernschwierigkeiten, Lernstörungen oder Lernbeeinträchtigungen*.

2. Untersucht wird die *Lerntätigkeit in Lernbereichen und -situationen*.

16 Übersetzung in Blickhan (2015, S. 66f.)

3. *Die Lerntätigkeit wird als ein Handeln untersucht*, in dem psychische Komponenten zusammenwirken (Wissen, Lernstrategien, Gewohnheiten, soziale Fertigkeiten, Interessen, Sicherheitserleben etc.).

4. In *subjektiv positiven Lernsituationen* gelingt die Lerntätigkeit; in problematischen unterliegt sie bestimmten Beeinträchtigungen.

5. Pädagogische Schlussfolgerungen richten sich auf die *Passung von Unterricht und individuellen Voraussetzungen*.

6. *Bausteine der Strategie* sind: 1. die Beschreibung der individuellen Lernsituation und Stärken, 2. die Komponenten- und 3. die Strukturanalyse des Lernens, 4. die Entwicklung des Oberziels und der Schwerpunkte der Lernförderung, 5. die Planung von Maßnahmen und 6. die Evaluation und Prozessbegleitung.

7. Die Methoden und Handreichungen in den Bausteinen sind *offen für persönliche Arbeitsformen*. Sie können individuell oder in der Teamdiskussion verwendet werden, um Beobachtungen, Interpretationen und Ideen auszutauschen.

8. Die Arbeit mit der Strategie fördert die *Kompetenz zur Entwicklung von Förderkonzepten*.

Folgendes leisten die Methoden nicht: Sie sind keine Tests und keine Kategorisierungsverfahren.

Die anschließende Beschreibung der Abschnitte des Weges „Vom Förderanliegen zum gelingenden Lernen" basiert auf zwei theoretischen Begriffen[17]: Der erste lautet „*Wissen über das Kind*". Dazu gehören das Wissen der Lehrperson über die bisherige Entwicklung des Kindes, seine Lernergebnisse, Temperamentseigenschaften, Beeinträchtigungen, Entwicklungsumstände u. a. Der zweite Begriff ist „*Subjektives Theoriewissen*". Dazu gehört das allgemeine pädagogisch-, entwicklungs- und neuro-

17 Siehe auch S. 16 f. In der Terminologie der Psychologie des reflexiven Subjekts (Groeben, Wahl, Schlee & Scheele, 1988), einer Psychologie, die das Handeln des Menschen als bewusstes und aktives Subjekt untersucht, wird das pädagogisch-psychologische Zusammenhangswissen über das einzelne Kind als „subjektive Theorie mit geringer Reichweite" betrachtet und das Theoriewissen als „subjektive Theorie größerer Reichweite".

psychologische Wissen der Lehrperson, das sie sich durch Erfahrung und Studium angeeignet hat. Die drei Abschnitte der Strategie lassen sich mit Hilfe dieser Begriffe wie folgt beschreiben:

1. Aktualisierung des Wissens über das Kind

Das Wissen über das Kind leitet die Individualisierung im und außerhalb des Unterrichts. Die Lehrperson berücksichtigt, ihren Möglichkeiten entsprechend, den Lernstand und die Besonderheiten des Kindes. Deshalb gelingt ihr vieles, doch es ist nicht auszuschließen, dass sie wichtige Zusammenhänge übersieht, andere überbewertet und theoretischen Vorlieben und Denkgewohnheiten folgt.

2. Konfrontation des Wissens über das Kind mit dem Theoriewissen

Das Theoriewissen der Lehrperson ist objektiver und systematischer als ihr Wissen über das einzelne Kind. Doch Theoriewissen ist allgemein, kennt kein Handeln unter Zeitdruck und keine Konflikte, die in der aktuellen Situation gelöst werden müssen. Es abstrahiert vom Konkreten – und dadurch bietet es die Chance, Einseitigkeiten und blinden Flecken auf die Spur zu kommen. Dazu muss das Wissen über das Kind anhand des Theoriewissens reflektiert werden. Das setzt eine Aufbereitung der allgemeinen Theorie voraus, die praktisch gut handhabbar ist. Für die Konfrontation des Wissens über das Kind mit dem Theoriewissen gibt es unterschiedliche Verfahren. Kooperative und kollegiale Beratungen, Supervision und problemorientiertes Literaturstudium gehören dazu. Alle haben eines gemeinsam: „Der Mensch muss das praktische Handeln unterbrechen und wird durch verschiedene Formen der Konfrontation [mit dem Theoriewissen] zum Nachdenken gebracht." (Wahl, 2013, S. 31) Wir haben in diesem Buch vor allem das Verfahren des Strukturlegens gewählt. Auch die Abbildungen zur positiven Lernsituation, zu den Phasen einer gelingenden Lernhandlung und zu den vier Feldern sind in gewissem Sinn „gebündelte Theorie", die mit dem Wissen über das Kind in Beziehung gesetzt werden kann.

3. Ableitung praktischer Schlussfolgerungen und Praxistest

Zu den beiden jetzt genannten großen Abschnitten gibt es die Bausteine 1 bis 3. Danach geht es um die Fragen: Welche Schlussfolgerungen ergeben sich für die Praxis? Was ist unter den gegebenen Bedingungen möglich? Das ist das Thema der Bausteine 4 bis 6. In ihnen werden Schwerpunkte erarbeitet und Entscheidungen für Maßnahmen getroffen und umgesetzt. Manches wird den Praxistest bestehen, anderes nicht. Das trägt zur Weiterentwicklung des handlungsleitenden Wissens über das Kind bei und reichert das subjektive Theoriewissen an.

Diese drei Abschnitte bilden ineinandergreifende Spiralen, größere und kleinere, lang- und kurzfristige, hinführend zu aktualisiertem, angereichertem Wissen über das Kind und notwendige Lernbedingungen. Zwar können längst nicht alle Probleme der Förderplanung und individuellen Förderung mit dieser Sichtweise gelöst werden. Aber sie führt weg von bürokratischer Förderplanung und mechanistischen Lehr-Lern-Auffassungen. Essenziell ist das Verstehen und Berücksichtigen der Perspektive und Handlungsmöglichkeiten des lernenden Subjekts (siehe Holzkamp, 1995).

Zu dieser Maxime passen die Gedanken, die der Lehrer und Lehrerbildner Clauß Kühnert in der Reflexionsrunde eines Workshops an einer Zwickauer Grundschule äußerte.[18] Er sagte: Als Lehrer muss ich mit der Realität umgehen und habe dabei einen bestimmten Spielraum. Und als Lehrerbildner frage ich mich manchmal: Bieten wir Konzepte und Empfehlungen an, die von der Wirklichkeit ausgehen oder arbeiten wir weit weg von der Realität auf unerfüllbare Ideale hin? Realität, das ist zuerst der jeweils aktuelle Spielraum, den wir als Lehrer und Lehrerinnen haben, unsere wirklichen Möglichkeiten zur Individualisierung und Unterrichtsgestaltung. Realität sind auch die Voraussetzungen der Kinder, sozial, emotional, in den Gewohnheiten, im Wissen, der Sprache usw. In dieser doppelten Realität stehen wir täglich: Unsere Möglichkeiten auf der einen Seite und die Bedarfe der Kinder auf der anderen Seite. Das führt oft zu einer engen Handlungszone und starkem Druck. Für die Beobachtung und Förderung brauchen wir Handwerkszeug, das in unsere Tätigkeit passt und bei unserer Hauptaufgabe hilft, die Lerntätigkeit der Schüler zu organisieren. Ich habe das folgende Bild: Meine Arbeit und die Voraussetzungen der Schüler treffen sich in der Lerntätigkeit. Gelingt die Passung, funktioniert die Lerntätigkeit, anderenfalls nicht. Als großer Theorierahmen liegt mir deshalb ein Konzept nahe, das die innere und äußere Lernsituation verbindet. Der Rahmen muss den ganzen Bogen der Lernhandlung einbeziehen, von der Aufgabenstellung über die Ausführung bis zur Bewertung und Reflexion. Falls dieser Hauptbezug fehlt, denke ich an unendlich viele einzelne Förderziele, die eigentlich nötig sind und erreicht werden müssten, und sinne über Programme dafür nach. Das ist nicht zu schaffen und demotiviert. Die Förderziele müssen sich zuallererst auf die Lerntätigkeit im Unterricht und geeignete pädagogisch-didaktische Settings beziehen. Die Lerntätigkeit muss „funktionieren", bei jedem Kind, das ist mir das Wichtigste. Durch die dargestellte Theorie und einzelne Tools gewinne ich mehr Übersicht und Handlungsfreiheit.

18 Ich danke Clauß Kühnert. Die Darstellung seiner Worte basiert auf meinen Notizen. Diese habe ich ihm zugeschickt und er hat sie mündlich verifiziert, konnte aber eine in Aussicht gestellte, ausführlichere Fassung leider nicht mehr realisieren. Meine Zusammenfassung möge ein wenig dazu beitragen, seine Persönlichkeit postum zu würdigen.

4. Anlagen

Kopiervorlagen auch als Download unter:
https://www.verlag-modernes-lernen.de/permalink/K30PcdLm

Teilhabebogen

Name des Kindes: ________________ Alter: ________________ Datum: ____________

Einschätzende Lehrkraft und Situation: ________________________________

1. Beschreibung von Stärken (Stichworte, Rückseite kann genutzt werden)

2. Ratings zur Lerntätigkeit

1. **Konzentration auf Lerngegenstand:** Mit welchen Inhalten beschäftigt sich das Kind im Unterricht?	2. **Soziale Integration:** Hat das Kind angemessene soziale Kontakte oder ist es eher isoliert?	3. **Emotionales Wohlbefinden:** Fühlt das Kind sich im Unterricht sicher und wohl?

Bitte geben Sie an, welches Niveau im Einschätzungsbereich typisch ist. Machen Sie die Varianz deutlich und nehmen Sie in jeder Skala mehrere Eintragungen vor. Denken Sie an verschiedene Situationen. Neben den Skalen ist Platz für Stichworte.

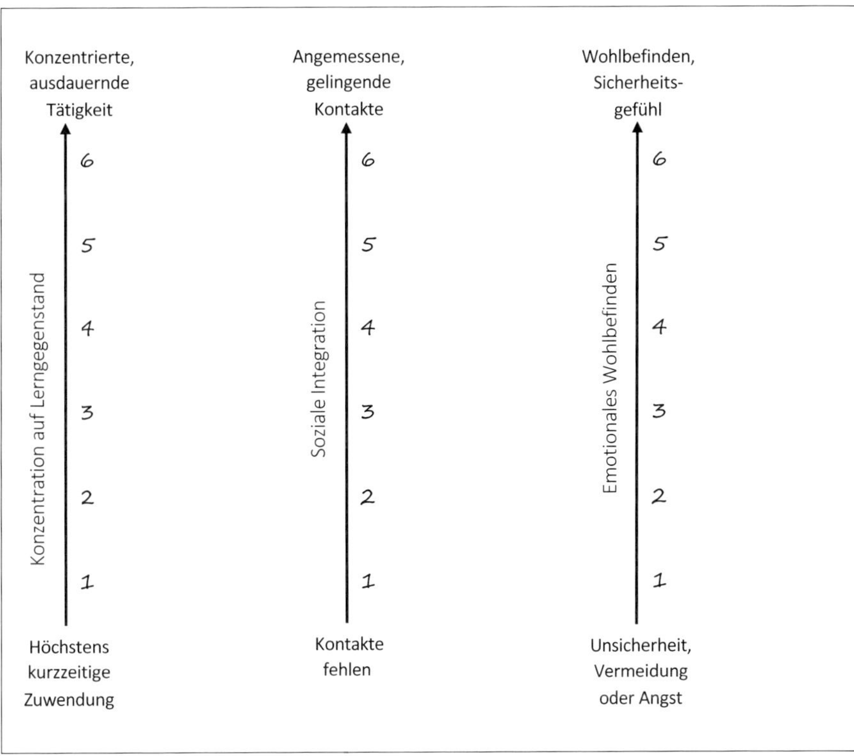

Stichwortsammlung zu Stärken und Flow-Erleben

Stärkenliste (in Anlehnung an Stärkenlisten der Positiven Psychologie)

1. Gesundheitsbewusstes Verhalten 2. Körperliche und sensomotorische Fähigkeiten 3. Intellektuelle Kompetenzen und Wissen 4. Sprachliche Kompetenzen 5. Konzentriertes, sorgfältiges Handeln 6. Dankbarkeit, sich guter Dinge bewusst sein 7. Gestalterische, phantasievolle Fähigkeiten 8. Kreativität, Einfallsreichtum 9. Beliebte, befriedigende Tätigkeiten 10. Interessen 11. Freude am Lernen 12. Aktiver Umgang mit Schwierigkeiten 13. Ausdauer und Beharrlichkeit 14. Bereitschaft, sich anzustrengen 15. Planvolles, umsichtiges, systematisches Handeln 16. Urteilsfähigkeit in unübersichtlichen Situationen 17. Hohe Bindungsfähigkeit	18. Regulation der Gefühle, Selbstberuhigung, Selbstbeherrschung 19. Aufgeschlossenheit für Freundschaften 20. Einfühlsame Verhaltensweisen 21. Fairness 22. Freundlichkeit 23. Offenheit, Ehrlichkeit 24. Eigene Meinung und Durchsetzungsfähigkeit 25. Teamfähigkeit, Bereitschaft zu eigenen Beiträgen 26. Fähigkeiten, Gruppenaktivitäten zu leiten, Übernahme von Verantwortung 27. Energie und Tatendrang 28. Vitalität (Dinge mit Begeisterung und Energie tun) 29. Authentizität und Stabilität des Selbstwertes 30. Veränderungsbereitschaft 31. Erleben von Selbstwirksamkeit („Ich schaffe das!") 32. Zuversicht und positives Perspektiverleben

Stichwortsammlung zum Flow-Erleben[1]
Mit welchen Tätigkeiten beschäftigt sich das Kind besonders gern? Bei welchen Tätigkeiten fühlt es sich wohl und setzt seine Fähigkeiten ein?

1. Basteln 2. Konstruktionsspiel 3. Handwerkliche Tätigkeiten 4. Malen, Ausmalen 5. Gestalten mit Ton 6. Phantasievoll sein 7. Bei Lesungen zuhören 8. Etwas Neues entwerfen oder entdecken 9. Etwas präsentieren, im Team mit Beiträgen in Erscheinung treten 10. Übung körperlich-motorischer Fähigkeiten (Klettern, Schwimmen, Radfahren u. a.) 11. Feinmotorische Tätigkeiten (Origami, Ausschneiden, Handarbeit u. a.) 12. Tanzen, Ballett 13. Wettbewerb, Wettbewerbssport (Judo, Jiu-Jitsu u. a.) 14. Musik hören, Musizieren, ein Instrument lernen, Singen	15. Zaubern 16. Mitarbeit an Schülerzeitung 17. Anwendung intellektueller Kompetenzen beim Problemlösen (Schach, Brettspiele) 18. Aktiver Umgang mit Herausforderungen 19. Computer-Projekte, Webseite, Programmieren 20. Einen unbekannten Ort erkunden 21. Bücher lesen, Comics lesen 22. Ein Projekt organisieren 23. Einfühlsamkeit zeigen, Aufgeschlossenheit für Freundschaften 24. Kreatives Schreiben, Schreibwerkstatt für Kinder 25. Vorlesen 26. Einander etwas erzählen 27. Lernen durch Lehren 28. Partnerarbeit 29. Anderen Menschen helfen 30. Für ein Tier sorgen 31. Sammeln von Materialien

1 Die Stichworte sind das Ergebnis einer Workshop-Arbeit im Studium der Sonderpädagogik.

Vier-Felder-Scan

Bitte visualisieren Sie einzelne Beobachtungen als „Video-Sequenzen" und analysieren Sie Teilhandlungen und Prozesse des Lernens, um die Besonderheiten zu rekonstruieren. Verwenden Sie die Stichworte, um zu beschreiben, was für die Lerntätigkeit in den Situationen bestimmend ist. Der Fragespiegel kann auch in Beratungen zur Förderplanung verwendet werden.

Fragen zur Beobachtung und Beschreibung des Lernens

Basale Kompetenzen (individuelle Ausgangsbasis, Vorwissen, Fertigkeiten)

Hatte das Kind die Voraussetzungen, die für diese Aufgabe nötig waren – in der Wahrnehmung und Motorik, in der Lautsprache, in der Schriftsprache, im Denken und im Sozialverhalten? Hierzu gehören Routinen, Fertigkeiten, Gewohnheiten, Wissen. Hatte das Kind angesichts seines Vorwissens und weiterer Kompetenzen eine gute Chance für einen erfolgreichen Lernverlauf?

Wissenserwerb (Lernaktivität zum Erwerb neuer Kompetenzen)

Hat das Kind die Aufgabe angenommen, also ein entsprechendes Lernziel entwickelt? Hat es mit der Aufgabe begonnen, die Informationen aufgenommen und verarbeitet? Hat es sein Handeln geplant, über Wege nachgedacht und sie Schritt für Schritt ausgeführt (Planungsstrategien)? Achtete es auf die Arbeitsanweisungen? Hat es sich mit Materialien und Arbeitshilfen gründlich auseinandergesetzt, Wichtiges nicht übersehen? Ist es systematisch oder vor allem probierend und umständlich vorgegangen? Hat es Zwischenergebnisse kontrolliert (Kontrolloperationen, Soll-Ist-Vergleiche)? Hat es in angemessener Weise personale oder nicht-personale Hilfe gesucht? Hat es neues Wissen erworben oder angebahnte Fertigkeiten durch Übung gefestigt?

Motivation (einschließlich Emotionen und Befriedigung psychischer Bedürfnisse)

Entwickelte das Kind Interesse an der Aufgabe? Gefiel sie ihm (intrinsische Motivation)? Vertiefte es sich in die Aufgabe? Hatte es subjektiv Hoffnung und Aussicht auf Erfolg? Oder arbeitete es bloß, „weil es eben sein muss", um keinen Ärger zu bekommen? Traten Angst und Blockaden auf? Spürte es einen hohen Leistungsdruck? War es übermotiviert? Hat es seine Fähigkeiten und Fertigkeiten unterschätzt (zu schnelle Suche nach Hilfe oder Aufgeben)? Oder sich überschätzt und deshalb gar nicht angestrengt? Konnte es mit Fehlern und falschen Zwischenergebnissen umgehen? Hat es sich über einen Erfolg gefreut und war es mit seiner Arbeit zufrieden? Hat es einen Misserfolg erlebt und wie hat es ihn verarbeitet? Ließ es sich entmutigen („Ich kann das nicht, auch wenn ich mich anstrenge")?

Handlungssteuerung (Impulskontrolle, Selbstregulation)

War das Kind wach und in einem Zustand der Leistungsbereitschaft? Hat es seine Aufmerksamkeit reguliert? Hat es sich selbst angespornt (Motivationsregulation)? War die körperlich-geistige Erregung (Aktivierung) angemessen / zu hoch / zu niedrig? Reichte die Impulskontrolle aus oder ließ das Kind sich durch ständig wechselnde innere Reize leiten? War es müde und überbeansprucht? Schirmte es Ablenkungen ab oder waren sie ihm eher willkommen? Hat das Kind kontinuierlich gearbeitet oder gab es immer wieder unangemessene Unterbrechungen? Hat es bewusst am Ziel festgehalten („Ich will das schaffen")?

Kärtchen

Anleitung zur Anfertigung der Kärtchen

Der Kärtchensatz besteht aus 32 Komponentenkärtchen. Jedes hat eine Text- und eine Stichwortseite. Die Stichwortseite ist am farbigen Balken zu erkennen. Ergänzend gibt es das Titelkärtchen und zwei Applikationskärtchen, mit denen die Sortierfelder markiert werden können („STÄRKEN“ und „NOCH ZU SCHWACHE LERNKOMPONENTEN“).

Bitte laden Sie die Anlage 4 „Kärtchen“ herunter (S. 131–137, sieben Seiten im A4-Format). Es empfiehlt sich, festes Papier zu verwenden (100 g/m³). Auf jeder Seite befinden sich fünf Kärtchen, links die Text- und rechts die Stichwortseite. Die beiden Seiten der Kärtchen sind so platziert, dass sie nach dem Zuschnitt nur noch gefaltet und zusammengeklebt werden müssen.

Der Zuschnitt wird durch die gepunkteten Schneidemarkierungen erleichtert. Nach dem Zuschnitt ist jeder (aus der Text- und der Stichwortseite bestehende) Streifen 180 mm lang und 44 mm breit. Format des zusammengeklebten Kärtchens: 90 × 44 mm.

Beeinträchtigungen des Sehens oder Hörens werden gut kompensiert (Anforderungen, Hilfsmittel u. a.).

Basale Kompetenzen (1)

Kompensation von Beeinträchtigungen des Sehens oder Hörens

➔ Beeinträchtigung berücksichtigen / Wahrnehmung und Motorik fördern

Grob- oder feinmotorische Beeinträchtigungen oder eine ***Rechts-Links-Unsicherheit*** werden gut kompensiert (Hilfestellungen, Anforderungen u. a.).

Basale Kompetenzen (2)

Grob- und feinmotorische Kompetenzen und Rechts-Links-Sicherheit

➔ Beeinträchtigung berücksichtigen / Wahrnehmung und Motorik fördern

Der Unterricht bietet die Räume und Möglichkeiten, das individuelle ***Wissen zu Fakten, Regeln und Begriffen*** anzuwenden, unabhängig vom Entwicklungsstand.

Basale Kompetenzen (3)

Anwendung von Vorwissen (Fakten, Regeln, Begriffe u. a.)

➔ Den Entwicklungsstand der Sprache, des Denkens und Wissens beachten

Der Unterricht bietet ausreichende Möglichkeiten, die individuellen ***kognitiven Fähigkeiten*** anzuwenden, unabhängig vom Entwicklungsstand.

Basale Kompetenzen (4)

Anwendung kognitiver Fähigkeiten

➔ Den Entwicklungsstand der Sprache, des Denkens und Wissens beachten

Der Unterricht bietet die Räume und Möglichkeiten, die individuellen **mündlichen Sprechfähigkeiten** anzuwenden, unabhängig vom Entwicklungsstand.

Basale Kompetenzen (5)

Anwendung der mündlichen Sprechfähigkeiten

➔ Den Entwicklungsstand der Sprache, des Denkens und Wissens beachten

Eventuell bestehende ***Lese-Rechtschreib- oder Rechenschwierigkeiten*** werden soweit kompensiert, dass sie das sonstige Lernen nicht stark behindern.

Basale Kompetenzen (6)

Lese- und RS-Fähigkeiten / Umgang mit Zahlen und Mengen

➔ Lese-Rechtschreib-Schwäche bzw. Rechenschwäche berücksichtigen

Im ***Akzeptieren der Wünsche und Gefühle anderer Kinder*** wurde ein befriedigender Entwicklungsstand erreicht.

Basale Kompetenzen (7)

Akzeptieren der Wünsche und Gefühle anderer Kinder

➔ Die sozial-mentalen Besonderheiten beachten, Empathie und Achtsamkeit fördern

*Die **sozialen Kompetenzen (Nähe-Distanz-Verhalten u. a.)*** unterstützen das Lernen.

Basale Kompetenzen (8)

Soziale Kompetenzen (Nähe-Distanz-Verhalten u. a.)

➔ Die sozial-mentalen Besonderheiten beachten, Empathie und Achtsamkeit fördern

Die Aufmerksamkeit wird erhöht, wenn etwas Wichtiges erklärt wird oder die Aufgabe es verlangt ***(Aufmerksamkeitsregulation)***.

Wissenserwerb (1)

Fähigkeiten zur Aufmerksamkeitsregulation

➔ Aktivierende Lernziele erarbeiten, Vorwissen mobilisieren

Die verwendeten ***Arbeitsmittel, Schrittfolgen, Strategien, Lernhilfen*** sind im Wesentlichen geeignet, auch für die individuelle Arbeit.

Wissenserwerb (2)

Individuell passende Arbeitsmittel, Schrittfolgen, Lernhilfen

➔ Orientierungsgrundlagen entwickeln, Lösungsprozesse modellieren

Im Allgemeinen werden die ***Instruktionen und Anleitungen*** ausreichend verstanden.

Wissenserwerb (3)

Informationsverarbeitung bei Anleitungen

➔ Orientierungsgrundlagen entwickeln, Lösungsprozesse modellieren

Die ***Orientierung an der Aufgabenstellung*** ist meist ausreichend (beobachtet, wie etwas gemacht werden soll, denkt darüber nach, was getan werden soll).

Wissenserwerb (4)

Orientierung an der Aufgabenstellung

➔ Metakognitive Strategien fördern

Der ***Handlungsaufbau*** entspricht im Wesentlichen den Anforderungen (***schrittweises Vorgehen*** u. a.); das Lernhandeln zerfällt nicht.

Wissenserwerb (5)

Handlungsaufbau (schrittweises Vorgehen)

➔ Metakognitive Strategien fördern

Fragliche ***Ergebnisse und Zwischenergebnisse werden ausreichend kontrolliert*** und, wenn nötig, korrigiert; es gibt ein ‚Stopp', um nachdenken zu können.

Wissenserwerb (6)

Selbstkontrolle (Ergebnisse, Zwischenergebnisse)

➔ Metakognitive Strategien fördern

Lernstrategien und Lerntechniken werden ausreichend genutzt (Lernen in Sinnzusammenhängen, wesentliche Gedanken erfassen, wiederholen u. a.).

Wissenserwerb (7)

Lernstrategien und Lerntechniken

➔ Kognitive Lernstrategien, d. h. Methoden des Erarbeitens, Anwendens und Übens, fördern

Die ***komplexeren Lerntätigkeiten (Wochenplan, Projektarbeit u. a.)*** bereiten keine generellen oder grundlegenden Schwierigkeiten.

Wissenserwerb (8)

Planen und Realisieren von komplexen Tätigkeiten (Wochenplan, Projekte u. a.)

➔ Kognitive Lernstrategien, d. h. Methoden des Erarbeitens, Anwendens und Übens, fördern

Erfolgszuversicht ist im Allgemeinen vorhanden oder kann gut hergestellt werden (kein ständiges „Ich kann das sowieso nicht").

Motivation (1)

Erfolgszuversicht

➔ Erfolgserwartung stärken und Erfolge sichtbar machen

Die Wahrnehmung und das ***Erleben von Schwierigkeiten*** führen nicht gleich zum Aufgeben und zur Entmutigung.

Motivation (2)

Umgang mit dem Erleben von Schwierigkeiten

➔ Erfolgserwartung stärken und Erfolge sichtbar machen

Das ***Erleben von Lernfortschritten*** *überwiegt bei* weitem über das Erleben von Misserfolgen.

Motivation (3)

Erleben von Lernfortschritten

➔ Erfolgserwartung stärken und Erfolge sichtbar machen

Offenheit gegenüber dem Neuen, Interessen und das Bedürfnis nach neuen Eindrücken unterstützen das Lernen.

Motivation (4)

Offenheit gegenüber Neuem / Anknüpfen an Interessen

➔ Interessen und Bedürfnisse nach Aktivität, Erlebnissen und neuen Eindrücken fördern

Der Unterricht erfüllt das individuelle ***Bedürfnis, etwas zu tun, herzustellen, zu gestalten*** (sich mit etwas beschäftigen, an einem Produkt arbeiten, etwas präsentieren u. a.).

Motivation (5)

Befriedigung der Bedürfnisse, etwas zu tun, herzustellen, zu gestalten

➔ Interessen und Bedürfnisse nach Aktivität, Erlebnissen und neuen Eindrücken fördern

Die Lernfortschritte stärken das ***Selbstwirksamkeitserleben*** (die Erfahrung „Ich habe es geschafft und schaffe es auch in Zukunft").

Motivation (6)

Kompetenz- und Selbstwirksamkeitserleben

➔ Selbstwirksamkeitserleben stärken

Das ***Gefühl der Zugehörigkeit*** ist eine sichere Basis für das Lernen in der Klasse (fühlt sich akzeptiert, in seinen Beiträgen geschätzt).

Motivation (7)

Gefühl der Zugehörigkeit

➔ Sozialen Halt und Sicherheit geben, Gemeinschaftsgefühl stärken

Es besteht ***Vertrauen zur Lehrkraft*** (fühlt sich im Allgemeinen verstanden, unterstützt, gerecht behandelt).

Motivation (8)

Vertrauen zur Lehrerin oder zum Lehrer

➔ Sozialen Halt und Sicherheit geben, Gemeinschaftsgefühl stärken

Der ***Leistungsanspruch und die Anstrengungsbereitschaft*** sind ausreichend entwickelt (möchte gute Leistungen erreichen, ist bereit, sich dafür anzustrengen).

Handlungssteuerung (1)

Eigener Leistungsanspruch und Anstrengungsbereitschaft

➔ Persönliche Ziele und Willen zur Überwindung von Schwierigkeiten fördern

Bei ***Aufgaben, die viel Überlegung und Anstrengung verlangen***, wird eine Lösung zumindest versucht (Informationssuche, Verwendung von Hilfen und Arbeitsmitteln).

Handlungssteuerung (2)

Arbeit mit Aufgaben, die Überlegung und Anstrengung verlangen

➔ Persönliche Ziele und Willen zur Überwindung von Schwierigkeiten fördern

Ablenkungen werden, soweit möglich, abgeschirmt (ihnen wird keine Aufmerksamkeit geschenkt).

Handlungssteuerung (3)

Fähigkeiten, Ablenkungen abzuschirmen

➔ Arbeits- und Ordnungsgewohnheiten fördern, Ablenkungsfaktoren vermindern

Die ***wichtigsten Arbeits- und Ordnungsgewohnheiten*** sind befriedigend (bereitlegen, was benötigt wird, Sauberkeit, Übersichtlichkeit der Unterlagen).

Handlungssteuerung (4)

Arbeits- und Ordnungsgewohnheiten

➔ Arbeits- und Ordnungsgewohnheiten fördern, Ablenkungsfaktoren vermindern

Zeiteinteilung und Zeitmanagement sind ausreichend (plant die Zeit für die Aufgaben, kein ständiges Aufschieben).

Handlungssteuerung (5)

Zeiteinteilung und Zeitmanagement

➔ Lernplanung und -organisation fördern

Die ***Kooperation beim Lernen*** ist ausreichend (beteiligt sich an der Gruppenarbeit, sucht Zusammenarbeit, lässt sich helfen, hilft auch selbst).

Handlungssteuerung (6)

Fähigkeiten zur Kooperation beim Lernen

➔ Lernplanung und -organisation fördern

Die ***Impulskontrolle*** ist ausreichend (kontrolliert spontane Regungen, kann ruhig und aufmerksam sein, ruft nicht ständig dazwischen).

Handlungssteuerung (7)

Impulskontrolle

➔ Umgang mit Stress und Angst verbessern, Entspannung und Selbststeuerung fördern

In der Regel werden ***Affekte angemessen reguliert*** (Umgang mit Ärger und Enttäuschung; kann warten).

Handlungssteuerung (8)

Affektregulation

➔ Umgang mit Stress und Angst verbessern, Entspannung und Selbststeuerung fördern

STÄRKEN

Stärken
Darin, wo der Mensch aus sich herausgeht, zeigen sich seine Stärken. Sie geben Energie und ermöglichen beste Leistungen. Wer in Kontakt zu seinen Stärken ist, fühlt sich wohl, ist lebendig, zeigt mehr Ausdruck u. a.

NOCH ZU SCHWACHE LERNKOMPONENTEN

Zu schwache Lernkomponenten
Mit den Kärtchen werden keine Schülereigenschaften eingeschätzt, sondern die Passung von Lernkomponenten und Unterricht. Ist eine Lernkomponente noch zu schwach, so muss in dieser Hinsicht eine bessere Passung erreicht werden.

Vom Förderanliegen zum gelingenden Lernen

32 Kärtchen zum Struktur-Lege-Verfahren: Komponenten gelingenden Lernhandelns

Gerald Matthes (2024)

Positive Lernsituation
Von den Lernaufgaben fühlt das Kind sich angesprochen.
Es knüpft an seinen Kompetenzen an und erlebt ihren Wert.
Es lernt erfolgsorientiert und entwickelt Anstrengungsbereitschaft.

Schwerpunkte, Ziele und Maßnahmen der Lernförderung

In den folgenden Impulstabellen werden Ziele und Maßnahmen zu den Schwerpunkten der Lernförderung aufgeführt. Die Anordnung gemäß den vier Leitfragen entspricht dem Ordnungssystem der 16 Schwerpunkte, das in Abschnitt 2.4.2 dargestellt ist. Der Schwerpunkt steht im Kopf der Tabelle (fett gedruckt). In der linken Spalte befinden sich Stichworte zu Zielen und methodischen Ansätzen. Die rechte Spalte enthält Erläuterungen und Beispiele. Zu den mit * markierten Ziele und Methoden gibt es in der Anlage 6 (Beispiele aus Lernfördergesprächen) einige unverbundene Anregungen, die wir aus Lernfördergesprächen zusammengestellt haben.

Was ist notwendig, damit das Kind seine Kompetenzen in wesentlichem Umfang anwenden kann?
(= Aspekt der basalen Kompetenzen)

Beeinträchtigungen angemessen berücksichtigen / Wahrnehmung und Motorik fördern	
• *Gegebenenfalls verringertes Entwicklungstempo berücksichtigen* • *Mit Beeinträchtigungen einfühlsam umgehen* • *Beeinträchtigungen der Motorik und der Sinnestätigkeit durch eine dafür günstige Lernumwelt kompensieren* • *Besondere Anforderungen bei chronischen Krankheiten beachten* • *Den Nachteilsausgleich einleiten bzw. überprüfen und verändern* • *Programme zur Förderung von Teilleistungen und -komponenten durchführen* • *Die Rechts-Links-Sicherheit trainieren* (s. Anl. 6, S. 1)*	• Die Leistungen in den sensomotorischen Funktionen und Teilleistungen erfassen, um ein Gesamtbild der Fähigkeiten zu gewinnen • Die Handlungsabläufe beobachten (darauf achten, welche Wege das Kind findet, um mit beeinträchtigungsbedingten Problemen umzugehen) • Die Bedeutung der Beeinträchtigungen für die aktuelle Situation des Kindes abschätzen • Stärken erfassen und mit Fördermaßnahmen darauf aufbauen • Gespräche mit den Erziehungsberechtigten suchen (ihre Perspektive und Expertise sind unverzichtbar) • Fachkompetente Unterstützung suchen

Den Entwicklungsstand der Sprache, des Denkens und des Wissens beachten	
• *Zieldifferent bzw. zielgleich unterrichten (Grundentscheidung)* • *Differenziert und adaptiv unterrichten, ein wirksames Unterstützungssystem gestalten*[1] • *Die nächste Lernstufe bestimmen, Anforderungen variieren und abstufen* (s. Anl. 6, S. 1)* • *Die Anforderungen, didaktischen Arbeitsformen und Hilfsmittel so aufbauen, dass ein Lernerfolg ermöglicht wird* • *Teilweise in kleinen Lerngruppen und Schwerpunktgruppen unterrichten* • *Neue Lerninhalte zugunsten der Entwicklung einer sicheren Lernbasis zurückstellen* • *Unmittelbare Rückmeldung über das Lernergebnis geben (z. B. durch individuelle Begleitung, Partnerlernen, Lernkartei, PC-gesteuerte Lernprogramme)*	• Im Ergebnis der Kompetenzdiagnostik die Aufgaben soweit vereinfachen, dass ein Verstehen gewährleistet ist (Zone der nächsten Entwicklung) • Die notwendigen basalen Kompetenzen regelmäßig trainieren, ohne vom Inhalt wegführende „Aufmachung" • Leichte Sprache verwenden, Texte vereinfachen (Sprachstruktur, Typografie, Layout u. a.) • Eindeutige Instruktionen und klare, kurze Erklärungen geben, die der individuellen Kapazität des Arbeitsgedächtnisses entsprechen • Basale Repräsentations- und Handlungsebenen ansprechen • Mit Bildern, Grafiken, anschaulichen Beispielen, hilfreichen Vergleichen und Episoden arbeiten • Das didaktische Bewusstsein für die Notwendigkeit schärfen, die einzelnen Schritte zu demonstrieren und zu üben • Aufgaben in unterschiedlichen Schwierigkeitsgraden zur Verfügung stellen • Mit offenen Aufgaben arbeiten • Grundlegende Denkprozesse trainieren[2]

1 Es handelt sich hier um ein grundsätzliches Prinzip. Eine Überblicksdarstellung geben Heimlich & Wember (Hg., 2020).
2 Übungen im Feststellen von Gleichheit und Verschiedenheit in einfachen Merkmalen (Farbe, Form, Größe etc.) und Beziehungen (Oberbegriff – Unterbegriff, Ursache – Wirkung u. a.) (siehe z. B. Marx & Klauer, 2011).

Lese-Rechtschreib-Schwäche bzw. Rechenschwäche in allen Fächern angemessen berücksichtigen	
• *Diagnostische Untersuchung einleiten und für die Kenntnisnahme der Ergebnisse sorgen (z. B. Rechtschreib- und Lesekompetenzen, Zahlverständnis, basale und elaborierte Rechenfähigkeiten)* • *Die Sicht des Kindes und seine psychischen Reaktionen auf die Lernschwierigkeiten explorieren* • *Mit speziellen Förderprogrammen arbeiten* • *Den Nachteilsausgleich regeln* • *In der Klasse über Lernstörungen sprechen* • *Nach Möglichkeit schulische Lerntherapie einleiten*	• Im Team ein Verständnis von Lese-Rechtschreib-Schwäche und Rechenschwäche erarbeiten und den individuellen Lernstand anhand von Beispielen darstellen (zur LRS siehe Scheerer-Neumann, 2018; zur Rechenschwäche siehe Gaidoschik, 2022; siehe auch die entsprechenden Kapitel in Heimlich & Wember, 2020) • Dem Kind die Bewältigung der Schwierigkeiten und Beeinträchtigungen dadurch erleichtern, dass die Klasse mit Hilfe der Lehrkraft Wissen über Heterogenität und Beeinträchtigungen erwirbt (siehe Lautenschläger & Mähler, 2020)

Die sozial-mentalen Besonderheiten beachten, Empathie und Achtsamkeit fördern	
• *Themen zur sozial-mentalen Entwicklung im Team besprechen (Entwicklung in Stufen, die nicht übersprungen werden können)* • *Empathie und Achtsamkeit fördern* • *Im Unterricht gemeinsam an Projekten arbeiten, an denen das Kind sichtbar beteiligt ist* • *Zeit und Möglichkeiten zum Spielen schaffen, explorierendes Spielverhalten fördern* • *Kontakte zu anderen Schülerinnen und Schülern unterstützen und fördern* • *Traumasensibel arbeiten, eine mögliche Traumatisierung beachten*	• Übungen zur Wahrnehmung und Interpretation der Gefühle, Bedürfnisse und Motive (derjenigen anderer Kinder und eigener), Übungen im Erkennen der Gründe für beobachtete Verhaltensweisen • Grenzsetzungen klar, spezifisch und mit einfachen Worten mitteilen (betrifft Zerstören von Gegenständen, körperliche und verbale Aggressionen u. a.) und bei Grenzüberschreitungen mit der Gruppe und dem Kind Verhaltensalternativen erarbeiten • Gefühle des Kindes akzeptieren; signalisieren, dass man sie verstanden hat, versuchen zu verbalisieren, welchen Wunsch das Kind ausgedrückt hat (zugrundeliegende Motivation) • Übungen zur gewaltfreien Kommunikation (Rosenberg, 2011; Schöllmann & Schöllmann, 2014) durchführen • Darauf hinwirken, dass das Kind sich in gemeinsames Spielen und Lernen einbringen kann • Das Kind situativ behutsam darin unterstützen, Kontakte zu anderen Kindern zu knüpfen, einander zu helfen und sich helfen zu lassen • Achtsamkeitsübungen durchführen (Beispiele bei Jensen, 2014, und Juul & Hoeg, 2012) • Sozial-emotionale Kompetenzen mit Programmen systematisch trainieren (siehe z. B. Hillenbrand u. a., 2022) • Einfache kooperative Lernformen üben (siehe z. B. Hennig, Feige & Peschel, 2019) • Arbeit mit kreativen Medien (Zeichnen, Malen, Fingermalen, Ton und Knete, Puppen in unterschiedlichen Formen) • Rollenspiele und psychodramatische Aufführungen • Für die Arbeit mit traumatisierten Kindern zusätzliche Informationen und Beratung suchen (siehe z. B. Hehmsoth, 2020; Zimmermann, 2017)

Wie kann in den Fächern und Lernbereichen für eine aktive Aneignung des neuen Wissens und der Fertigkeiten gesorgt werden? (= Aspekt des Wissenserwerbs)

Aktivierende Lernziele erarbeiten, Vorwissen mobilisieren	
• *Gemeinsam mit dem Kind erreichbare Ziele bilden und es ermutigen* (s. Anl. 6, S. 1)* • *Das Erkennen der Lernfortschritte unterstützen* • *Prinzipiell großen Wert darauf legen, das Vorwissen zu aktivieren und die Zeit dafür einplanen*	• Ein oder wenige wesentliche Lernziele aus Kompetenzrastern und Selbsteinschätzungsbögen ableiten und mit dem Kind über das Erreichen beraten • Das Ziel anhand von Skalen erarbeiten (siehe S. 113 ff.) • Herausarbeiten, woran zu erkennen sein wird, dass das Ziel erreicht ist (Aufgaben, die nach dem Lernen gelöst werden können) • Ziele und Aufgaben sehr klar und deutlich formulieren • Das richtige Verstehen des Lernziels und der Aufgabe prüfen • Solchen Unterrichtsinhalten und -methoden Vorrang einräumen, die die jeweiligen Vorkenntnisse aktivieren, und sie dann mit neuen Inhalten verknüpfen • Mit offenen Aufgaben arbeiten (siehe z. B. Werner, 2020)

Orientierungsgrundlagen entwickeln, Lösungsprozesse modellieren	
• *Verknüpfung mit vorhandenem Wissen, d. h. Arbeit mit Orientierungsgrundlagen bzw. Advance Organizern (grundlegende Strategie, siehe Ellinger, 2017)* • *Die Komplexität der Anforderungen soweit wie nötig reduzieren[3] und dadurch einen kontinuierlichen Fortschritt ermöglichen* • *Direkte Instruktionen[4] einsetzen* • *Scaffolding (Lerngerüst) nutzen und ständig weiterentwickeln* • *Arbeits- und Anschauungsmittel individuell anpassen* • *Lerndialoge planen und strukturieren* (s. Anl. 6, S. 1)* • *Die Methode des Cognitive Apprenticeship[5] anwenden*	• Förderdiagnostische Unterstützungsdialoge kontinuierlich durchführen (siehe S. 99) • Mit einfachen Lösungsbeispielen arbeiten • Leicht nachvollziehbare Arbeitsanweisungen geben, die Aufgabe in übersichtliche Teilschritte gliedern • Kontinuierlich prüfen, ob das Kind die Aufgaben sinnvoll lösen kann (d. h. mit seinem Wissen und seinen Fertigkeiten verknüpfen kann) • Lösungswege modellhaft demonstrieren, sodass Erfolgssicherheit erreicht wird • Durch direkte Instruktionen (von Lehrkräften oft als kleinschrittige, direkte Anleitung bezeichnet) konkret dazu anleiten, die wichtigen Informationen zu erkennen und zu verarbeiten • Individualisierte Übersichten, Modelle, Schrittfolgen verwenden und ihre erfolgssichere Anwendung üben[6], Schritte veranschaulichen und symbolisieren (Grafiken, Stichwörter) • Zusätzliche Anschauungs-, Informations- und Lernmittel für das tutorielle Lernen („Lernen zu zweit") bereitstellen (Auswertungsrunden sind erforderlich)

3 Diese Komplexitätsreduktion kann, wie die Erfahrung zeigt, unerwartet weitgehend notwendig werden. Ebenso zeigt die Erfahrung, dass durch die Komplexitätsreduktion oft kontinuierliche und teils sprunghafte Fortschritte erreicht werden.

4 Direkte Instruktionen sind ein Grundkonzept, das die individuellen Möglichkeiten der Informationsverarbeitung flexibel berücksichtigt: „Die jeweiligen Schülerinnen und Schüler sollen den Blick auf das Wesentliche richten und sichere Lerngewinne erreichen. Deshalb werden möglichst eindeutige Lernaufgaben gestellt. Durch die Art der Anleitung werden sie außerdem von Ungewissheiten über das Lernziel und den Lernweg befreit. Zudem geht es um den sicheren Erwerb von Grundkenntnissen und das Erlernen von förderlichen Lernstrategien, die das kognitive System der Schülerin bzw. des Schülers entlasten." (Lebens & Lauth, 2014, S. 421)

5 Reich (o. J.): „Cognitive Apprenticeship (‚kognitive Lehre') ist eine Methode, die im Sinne von Meister-Lehrlings-Verhältnissen kognitive Prozesse für den Lernenden sichtbar machen soll. Hierbei versucht man die Vorteile einer praktischen Lehre auch für die theoretische Ausbildung zu nutzen" (unter anderem Vor- und Nachmachen).

6 in Mathematik zum Beispiel: Punktebilder, Zehnerfeldkarten, Einmaleins-Tafel, Zahlenstrahl, Schrittfolgen für Sachaufgaben (Huck & Schulz, 2017), in Rechtschreibung z. B. Algorithmen, unter anderem für die Auslautverhärtung (Schulte-Körne & Mathwig, 2013), in Lesen z. B. trainierbare kognitive und metakognitive Strategien (Scheerer-Neumann, 2018, S. 104 ff.).

Metakognitive Strategien fördern	
• *Die systematische Informationsaufnahme und das ordnende Sehen zum Erfassen der Aufgabenstellung anleiten** (s. Anl. 6, S. 2) • *Beim Planen des Lösungsweges Zwischenziele abstecken* • *Die Unterbrechung des Handlungsflusses für die Selbstkontrolle und neue Überlegungen üben (Stopp)** (s. Anl. 6, S. 2) • *Zwischenkontrollen und Überprüfungen der Lösung üben*	– Mit den Kindern gemeinsam auf Stolpersteinsuche gehen („Stolperstein-Monitoring") – Zeit zum Denken und Reflektieren geben, auch als Phase in der Partnerarbeit, und dazu anleiten – Metakognitive Gespräche durchführen (siehe S. 100) – Zeitnahes Feedback in Form metakognitiver Fragen, Hinweise und Instruktionen geben – Lösungsschritte verbalisieren lassen – Modeling (die Lehrkraft oder Kinder in dieser Rolle geben ein Beispiel für die Anwendung einer Strategie, indem sie diese mittels lauten Denkens vorführen) – Kognitives Modellieren (Verbalisierung der inneren Steuerungsprozesse durch die Lehrkraft, lautes Denken, etappenweise Verinnerlichung dieser Prozesse; siehe Lauth, 2014)

Kognitive Lernstrategien, d. h. Methoden des Erarbeitens, Anwendens und Übens, fördern	
• *Lernmethoden lehren und üben** (s. Anl. 6, S. 2) • *Die Vorbereitung auf die Leistungskontrolle und Klassenarbeit üben** (s. Anl. 6, S. 2 f.) • *Die Hausaufgabenerledigung üben** (s. Anl. 6, S. 3)	• Unterteilung der Aufgaben in kürzere Segmente üben • Zur Strukturierung neuen Wissens durch Tabellen, Skizzen, Mindmaps etc. anleiten und diese Methoden üben • Strategien und Methoden zur Vermeidung von Fehlern bewusst machen und üben • Lernmethoden (geeignete Vorgehensweisen) erarbeiten und üben, z. B.: Wie lernt man ein Gedicht? Wie merkt man sich Vokabeln in der Fremdsprache? Wie prägt man sich Fakten ein? • Mit dem Kind über die Rahmenbedingungen des Lern- und Arbeitsverhaltens sprechen, Ziele erarbeiten und die Umsetzung nicht aus den Augen verlieren • Reziprokes Lehren[7] einführen und begleiten (zum verstehenden Lesen: Spörer, Demmrich & Brunstein, 2014) • Tutorielles Lernen, auch als gegenseitige Hilfe schwacher Schülerinnen und Schüler, regelmäßig durchführen[8] • Lernpatenschaften organisieren und dazu anleiten, Hilfestellungen zu geben und sachliche Kritik zu üben • Ausreichend Zeit für Übungen einplanen, Übungen variieren (sinnvoll, nicht nur der Abwechslung wegen) • Mit individuellen Übungsheften arbeiten, diese Arbeit begleiten und kontinuierlich weiterentwickeln • Für geeignete Umgebungsbedingungen zur Hausaufgabenerledigung sorgen

7 Lernen in einer Kleingruppe, bei der die Kinder selbst wechselseitig Aufgaben übernehmen, die sonst eine Lehrkraft erfüllt, z. B. Fragen stellen, zusammenfassen, die Antwort bewerten, Schwierigkeiten verstehen und eingrenzen, Entscheidungen über Lernstrategien treffen. Die Kinder setzen sich Lernziele und entwickeln Wege, wie sie zu erreichen sind. Notwendig ist eine Einführungs- und Trainingsphase.

8 Zwei Kinder arbeiten gemeinsam an der Wiederholung und Vertiefung von Wissen (Lerntandems bilden, Rahmenbedingungen und Zeit planen, Zusammenarbeit einüben, Fortschritte registrieren) (Haag, 2014).

Wie kann dafür gesorgt werden, dass das Kind sich sicher und geborgen fühlt und sein Lernen den psychischen Grundbedürfnissen gerecht wird? (= Aspekt der Motivation)

Erfolgserwartung stärken und Erfolge sichtbar machen	
• *Fortschritte verdeutlichen und Maßstäbe bewusst machen* (s. Anl. 6, S. 3)* • *Viel Wert auf zeitnahe und konkrete Rückmeldungen legen* • *Entmutigende Reaktionen erkennen und so bald wie möglich in positive Verhaltensweisen umwandeln* (s. Anl. 6, S. 3)* • *Mit Mutmachsätzen und klugen Gedanken arbeiten* (s. Anl. 6, S. 3)*	• Lernfördergespräche durchführen (siehe S. 99 und S. 101 ff.) • Inhaltliches Feedback (kein bloß allgemeines Lob) intensivieren • An der Selbsteinschätzung zum Lernhandeln arbeiten (exemplarisch anhand bestimmter Aufgaben, z. B. mit den Gesprächskärtchen, siehe S. 113, 115 f., oder anhand ausgewählter Items der PERMA-Situationsbilanz, s. Anlage 9) • Lernfortschritte visualisieren (Lernerfolgskurven, die Fortschritte sichtbar machen, mit Zielerreichungsbögen arbeiten, besonders gelungene Ergebnisse in einer Mappe sammeln) • Am Erfolgsbegriff arbeiten (Teilerfolg, individuelle Maßstäbe, mittelschwere Aufgabe) • Das Kind immer wieder dazu auffordern, selbst zu erkennen, was es gut gemacht hat (Selbstlob ist gut; sich selbst mit dem Kärtchen „Toll!" bestätigen, geheime, persönliche Geste dafür) • Die Kinder anregen, Lernpartnern Mut zuzusprechen • Kein Tag und möglichst keine Stunde ohne einen Lernerfolg bleiben lassen (anderes ist eine erstrangige pädagogische Herausforderung) • Bei der Bewältigung größeren Misserfolgserlebens unterstützen, Verständnis für diese Gefühle und ihre Maskierung aufbringen • Unterstützung signalisieren, Entspannung gewähren • Die Fehlerkultur in der Klasse weiterentwickeln (eine Hauptaufgabe!) • Das Kind beim Führen eines Lerntagebuchs begleiten: Eintragen von Lernergebnissen, Nennung von Problemen (bereits überwundene und noch zu bewältigende) • Die Lernerfolge mit dem Kind gemeinsam auf seine Strategie, sein Denken und seine Anstrengung zurückführen; Attribution trainieren (siehe z. B. Grünke & Castello, 2014) • Ein systematisches pädagogisches Training der Motivation durchführen (siehe z. B. Brohm, 2012)

Interessen und Bedürfnisse nach Aktivität, Erlebnissen und neuen Eindrücken fördern	
• *Übergreifendes Ziel: die persönlichen Beziehungen zum Lerngegenstand vertiefen* • *An Interessen anknüpfen* (s. Anl. 6, S. 4)* • *An Hobbys anknüpfen, sie nutzen und fördern* • *Handlungsspielräume anbieten, Selbstbestimmung ermöglichen* • *Auf Flow-Erlebnisse achten und daraus lernen, wie das Kind aktiviert werden kann* • *Phantasievolle und kreative Tätigkeiten fördern*	• Motivierende Einstiege in das Lerngebiet wählen, etwas Erstaunliches berichten, kognitive Konflikte erzeugen • Den emotionalen Gehalt des Lehrinhaltes erhöhen, spannend und ausdrucksstark erzählen[9] • Aufgaben mit alltagsnahen und interessenweckenden Inhalten verwenden • Lesematerial verwenden, das für die Kinder interessant und spannend ist • Die Kompetenzwahrnehmung fördern, positive Rückmeldungen zum Können, Bekräftigung der Fähigkeiten • Möglichkeiten zur aktiven Beteiligung eröffnen (beim Experimentieren, bei Exkursionen, Theaterprojekten u. a. m.) • Für Abwechslung sorgen • Als Lehrkraft die eigenen Interessen so zum Ausdruck bringen, dass es ansteckend wirkt • Möglichkeiten für ein Lernen schaffen, das von gemeinsamen Interessen der Kinder geleitet wird • Lieblingsspielzeug, Lieblingslektüre mitbringen lassen und, wenn möglich, in den Unterricht einbeziehen • Über interessante Tätigkeiten berichten lassen

9 „Der Erzähler nimmt, was er erzählt, aus der Erfahrung; aus der eigenen oder berichteten. Und er macht es wiederum zur Erfahrung derer, die seiner Geschichte zuhören." (Walter Benjamin)

Selbstwirksamkeitserleben stärken	
• *An Beispielen des Kindes selbst die Erkenntnis festigen, dass es sich Erfolg erarbeiten kann* • *Die Kinder ihre Lernumgebung mitgestalten lassen* • *Verantwortung übertragen* • *Möglichkeiten entwickeln, an Vorhaben der Klasse mitzuarbeiten* (s. Anl. 6, S. 4)* • *Über Ziele, Ablauf und Mitgestaltungsmöglichkeiten informieren und demokratische Handlungsformen einüben* • *Ein System der gegenseitigen Hilfe aufbauen, in dem auch lernschwächere Kinder eine aktive Rolle haben*	• Lernfördergespräche durchführen (siehe S. 99 und S. 101 ff.) • Mit dem Kind erarbeiten, wie es eine Stärke zur Geltung bringen kann • Mit dem Kind gemeinsam den Umgang mit Schwierigkeiten planen • Erfolge feiern • Mit den Kindern über die Gestaltung der Klassenumgebung und Unterrichtsarrangements nachdenken, die der Lernatmosphäre zugutekommen • Vorhaben (z. B. für die Projektwoche) gemeinsam planen und auswerten (ggf. mit Hilfe der Gesprächsgesichtspunkte auf S. 116) • Den konstruktiven Umgang mit Störungen und Konflikten üben, kognitive Modelle dazu entwickeln • Mit stärkenorientierten Reflexionsbögen arbeiten, • Zeit und Räume für kreative Tätigkeiten schaffen (führt zu unmittelbar befriedigenden und stärkenden Erfahrungen)

Sozialen Halt und Sicherheit geben, Gemeinschaftsgefühl stärken	
• *Die Schüler-Schüler-Beziehungen und das Klassenklima pflegen* (s. Anl. 6, S. 4)* • *Die Lehrer-Schüler-Beziehung unbedingt schützen, bewahren und pflegen* (s. Anl. 6, S. 4)* • *Formen des sozialen und kooperativen Lernens organisieren* • *Gemeinsame Tätigkeiten, Erlebnisse, Spiele organisieren* • *Für klar geordnete Rahmenbedingungen sorgen* • *Persönlichen Rückzugs- und Ruhebedürfnissen Rechnung tragen* • *Umgang mit Tieren und die tiergestützte Intervention nutzen* (s. Anl. 6, S. 4)*	• Prüfen und erforderlichenfalls besser steuern, wie folgende Grundsätze verwirklicht werden: - Interesse an den Sorgen des Kindes zeigen, für seine Gedanken und Gefühle aufgeschlossen sein - Das Kind persönlich ansprechen und eine vertrauensvolle Beziehung pflegen, sodass es Ermutigung und Trost annehmen kann - Ruhe ausstrahlen und im Gespräch die volle Aufmerksamkeit zuwenden • Bei Problemverhalten eine funktionale Verhaltensanalyse durchführen (um aufzudecken, welche Funktion ein Verhalten für das Kind hat, d. h. welches Bedürfnis es damit befriedigt)[10] • Vorsorge für gemeinsame Tätigkeiten, Projekte und Spiele treffen, damit sie das Zugehörigkeitsgefühl des weniger gut integrierten Kindes stärken • Schüler als Tutoren aktiv sein lassen, z. B. in der Leseförderung (konkrete Anleitung ist erforderlich) • Teamarbeit in der Kleingruppe einüben und begleiten • Durch Mediation das Klassenklima verbessern (siehe Rohnstock & Siebers-Koch, 2022)

10 Ein Raster zur verhaltensnahen und multimodalen Exploration der Problematik finden Sie z. B. bei Lauth, Grünke und Brunstein, 2014, S. 553–556.

Wie können die Möglichkeiten des Kindes zur Handlungssteuerung berücksichtigt und gefördert werden? (= Aspekt der Handlungssteuerung)

Persönliche Ziele und den Willen zur Überwindung von Schwierigkeiten fördern	
• *Anspruchsvolle, aber erreichbare Ziele erarbeiten und vereinbaren* • *Übertriebene Leistungserwartungen abbauen* • *Bewältigungserfahrungen auf neue Situationen übertragen* • *Die Anstrengungsbereitschaft verstärken*	• Lernfördergespräche durchführen (siehe S. 101 ff.) • Mit dem Kind selbstverantwortete Zielsetzung vereinbaren, dabei seine Bedürfnisstruktur und Prioritäten aufgreifen • Kontrollierbare Zwischenziele planen • Selbstinstruktionen erarbeiten, ihre Anwendung üben und dann Freude über einen Erfolg zeigen (z. B. „Ich gebe nicht auf!", „Ich denke nach und bin nicht zu schnell!", „Ich will wirklich!", „Ich schaffe das!") • Das Ziel und später die Ergebnisse in der Gruppe vorstellen • Gemeinsam nach Gründen für Optimismus suchen • Dem Kind seine Anstrengung und die realisierten Schritte bewusst machen und sie bekräftigen • Reflexionsübungen zum aktuellen Verhalten durchführen • Mit Selbsteinschätzungsbögen arbeiten

Arbeits- und Ordnungsgewohnheiten fördern, Ablenkungsfaktoren vermindern	
• *Gewohnheiten der Ordnung, Sauberkeit, Heftführung und Arbeitsplatzvorbereitung systematisch einüben*[11] • *Wissen über die Konzentration entwickeln* (s. Anl. 6, S. 5)* • *Die Selbstbeobachtung der Konzentration üben* (s. Anl. 6, S. 5)* • *Regeln für den Arbeitsplatz formulieren* • *Mit operanter Verstärkung arbeiten (Zielverhalten und Verstärker definieren)*	• Faktoren ermitteln, die die sicheren Abläufe und Ruhe beeinträchtigen • Situationen analysieren, in denen die gewünschten Abläufe und Regeln nicht eingehalten werden, und eine gut realisierbare Schlussfolgerung ziehen, z. B. mit WOOP (siehe S. 115 f.) • Verhaltensverträge abschließen, eventuell dafür mit dem Bogen „Mein gutes Lernen" und den Übungskarten (siehe S. 153 f.), arbeiten • Beobachtbare Verhaltensziele deutlich machen, individualisierte Verstärker vereinbaren (Eintauschverstärker), Erfolgskontrolle sichern • Einfache Konzentrationsübungen durchführen (z. B. Sortierübungen, Zahlenreihe rückwärts erinnern, Quersumme berechnen) • Routinen der gemeinsamen Tätigkeit pflegen, z. B. planmäßiges Element „Was ich heute gelernt habe und was mir am besten gefallen hat" • Zeichen absprechen, die das Kind an vereinbartes Verhalten erinnern • Trainingsprogramme für aufmerksamkeitsgestörte Kinder einsetzen (erfordert personelle und zeitliche Ressourcen; siehe die Manuale von Lauth & Schlottke, 2002; Döpfner, Schürman & Frölich, 2013) • Gewohnheiten durch Reaktionen im Sekundenfenster (Token/Token-Entzug) antrainieren, z. B. bei einer Aufgabe die Lösungsschritte einzuhalten und Zwischenkontrollen durchzuführen (siehe Jansen & Streit, 2006, S. 192)

11 Hier und bei vielen anderen Maßnahmen ist es wichtig, sich auf wenige Ziele, oft nur auf eines, zu konzentrieren. Realisiert werden kann nur ein Verhaltensziel, das im Kind als Ziel und Absicht aktuell bleibt und mit Realisierungsvorstellungen verbunden wird. Aufgrund der beschränkten Kapazität des Intentionsgedächtnisses sind „Veränderungsziele im Paket" nicht realistisch oder bewirken sogar Gegenteiliges.

<table>
<tr><th colspan="2">Lernplanung und -organisation fördern</th></tr>
<tr><td>

- *Veränderungen einleiten, die den individuellen Bedürfnissen nach Sicherheit, Struktur und Orientierung[12] entgegenkommen*
- *Das Bewusstsein auf Lern- und Arbeitsstrategien lenken*
- *Der maßgeblichen Bedeutung des Übens gerecht werden*
- *Die Einteilung des Stoffes in Lernportionen üben* (s. Anl. 6, S. 5)*
- *Für Erholungs- und Entspannungspausen sorgen* (s. Anl. 6, S. 5)*
- *Die Tagesplan- und Wochenplanarbeit organisieren*

</td><td>

- Mit bildhaften Ablaufplänen arbeiten, wobei das Kind die Erledigung jedes Schrittes auf dem Plan markiert (sichtbar macht, was bereits geschafft ist)
- Material und Aufgaben in angemessenen Schwierigkeitsgraden bereitstellen
- Stolperstellen für die Einhaltung von Regeln mit den Kindern analysieren (in der Reihenfolge des Handlungsablaufs) und Alternativen erarbeiten
- Personelle und räumliche Ressourcen für individuelle Arbeits- und auch Rückzugsmöglichkeiten bereithalten
- Intensives und zielgerichtetes Üben organisieren
- Im Lernfördergespräch ein Ziel erarbeiten (siehe S. 101 ff.)
- Die Verhaltensorganisation durch die Vermittlung handlungsleitender Selbstinstruktionen[13] stärken (**ein** Ziel dafür definieren)
- Einen Zeitplan erstellen und die Realisierung begleiten, z. B. für die Wochenplanarbeit
- Mit dem Kind Selbstbeobachtungsfragen erarbeiten und auswerten (z. B. mit Hilfe ausgewählter Gesichtspunkte aus dem Vier-Felder-Scan, siehe S. 74 und S. 129)
- Das Lernen in Lernpartnerschaften in Gesprächen auswerten und üben (z. B., wie man sich vom Lernpartner helfen und unterstützen lassen kann)
- Ablenkungsquellen im Unterrichtsraum reduzieren
- Digitale Ablenkungsquellen soweit ausschließen, wie es für den Lernerfolg notwendig ist
- Abschirmstrategien erarbeiten, Raumteiler verwenden
- Wenig Leerlauf zulassen

</td></tr>
</table>

12 Unbedingt notwendig bei Kindern, deren Lernen durch Reizüberflutung, körperliche Unruhe, Stress und Überforderung beeinträchtigt wird.

13 Der Trainingsweg führt von einer Anleitung durch die Lehrkraft (sie modelliert das Vorgehen, demonstriert den Lösungsweg und spricht dabei laut zu sich selbst) über den Nachvollzug durch das Kind (ebenfalls lautsprachliche Selbstanweisung) hin zur Selbstinstruktion, bei der das Kind *die Instruktion denkt*. Selbstinstruktionen sind z. B.: „Genau hinschauen", „Genau hinhören", „Genau zuhören", „Wahrgenommenes genau wiedergeben", Reaktionsverzögerung (Stopp) und verbale Selbstanweisung (s. Lauth & Schlottke, 2019).

Umgang mit Stress und Angst verbessern, Entspannung und Selbststeuerung fördern	
• *Emotionale Schwierigkeiten und belastende Situationen erkennen* • *Leistungsdruck vermindern* • *Die Bewältigung von Stress und Anspannung trainieren* (s. Anl. 6, S. 5)* • *Die Beherrschung von Affekten und Spontanimpulsen üben* (s. Anl. 6, S. 5 f.)* • *Beim Umgang mit Angst, Entmutigung und negativen Gedanken helfen* (s. Anl. 6, S. 6)*	• Mit Teammitgliedern, Bezugspersonen und dem Kind selbst Beobachtungen über emotionale Belastungen austauschen und über Schlussfolgerungen beraten • Bewegungspausen und weitere Bewegungsmöglichkeiten, das Lernen mit Bewegung verbinden • Beanspruchung und Entspannung in biologisch angemessenem Maß wechseln • Ruhebereiche einrichten • Bewältigung von Ärger und Enttäuschung erarbeiten und üben • Den Kindern Gelegenheit geben, über Vorfälle zu sprechen und gefühlsmäßige Ausdrucksmöglichkeiten zu finden, die andere Personen nicht verletzen • Entspannungsübungen (tiefes Atmen, Stille-Übung, Hören, Gedankenbeobachtung) • Geleitetes Bilderleben (Traumreisen, geleitete Imagination und Musik, Schildkrötentechnik[14]) • Gestalten mit Papier, Farbe, Ton, Speckstein • Progressive Muskelentspannung (Beispiel s. Anl. 6, S. 5) • Autogenes Training bei Kindern (z. B. Behringer & Rösch, 2016) • Entspanntes Spielen nicht vergessen

14 Das Kind erinnert sich an die Geschichte einer Schildkröte oder eines kleinen Reptils, das sich mit seinem Panzer vor Stress schützt und seine Wut bewältigt.

Beispiele aus Lernfördergesprächen

Anwendung und Festigung basaler Kompetenzen

Beeinträchtigungen angemessen berücksichtigen / Wahrnehmung und Motorik fördern

Die Rechts-Links-Sicherheit trainieren[1]
Das Kind berichtet über seine Erfahrungen beim Unterscheiden von rechts und links und erzählt, wie es sich hilft. Davon ausgehend werden Eselsbrücken organisiert und häufig Kurzübungen im Alltag durchgeführt. Dabei mit der festen Speicherung einer Seite beginnen.

Den Entwicklungsstand der Sprache, des Denkens und Wissens beachten

Die nächste Lernstufe bestimmen, Anforderungen variieren und abstufen
- Das Gespräch geht von der folgenden Grundregel der Logik des Gelingens aus: „*Analysiere, bevor du etwas veränderst, was schon gut funktioniert!*" (Spiess & Bischoff-Weiß, 2012, S. 7) Gearbeitet wird mit folgenden Fragen: Wenn du an die zu fördernde Kompetenz denkst: Was kannst du gut? Was gelingt dir? Woran kannst du das erkennen? Wie machst du das, dass du das so gut kannst, dass es dir gelingt? Wie bist du so gut geworden? (Spiess, 2012, 2013)
- Die Lehrkraft bringt Beispielaufgaben oder Texte in unterschiedlichen Schwierigkeitsgraden mit und fragt: Was kannst du schon? Wie machst du das? Was möchtest du als Nächstes lernen? Was kann dir dabei helfen?

Lernaktivität bei der Erarbeitung neuen Wissens

Aktivierende Lernziele erarbeiten, Vorwissen mobilisieren

Gemeinsam mit dem Kind erreichbare Ziele bilden und es ermutigen
- Erzähle doch bitte, was lernst du gerade in ...? Was sind dabei für dich leichte Aufgaben in ...?
- Was ist der Unterschied zwischen einem Wunsch und einem Ziel? Manche Wünsche gehen nicht in Erfüllung. Ein Ziel will man wirklich erreichen; man ist entschlossen. Wichtig ist, genau festzulegen, was das Ziel sein soll (etwas „besser oder schneller schaffen", ist zu ungenau). Es soll ein eigenes Ziel sein, nicht bloß etwas, was andere tun sollen (z. B., dass ein anderer Schüler sich netter verhält).
- Das Ziel aufschreiben, sodass man es nachlesen kann und sich nicht davon abbringen lässt.
- Bis wann willst du das Ziel erreichen? Womit startest du?
- Woran sehen wir dann, dass du das Ziel erreicht hast?
- Wie schön das Gefühl ist, eine neue Fähigkeit erworben zu haben! Wer wird sich mit dir freuen?
- Geschichten: Wie Menschen oder Tiere Schwierigkeiten überwinden, weil sie ihr Ziel immer fest im Auge behalten. Eine solche Geschichte kann das Kind sich selbst ausdenken und erzählen. Der Meta-Gedanke „Etwas beharrlich anstreben" ist ihn vertraut.

Orientierungsgrundlagen entwickeln / Lösungsprozesse modellieren

Lerndialoge planen und strukturieren
- Von wem lässt du dir erklären, wie eine Aufgabe gelöst werden soll (Lehrer, Schüler)? Wie wünschst du dir die Erklärung? Wie kannst du Fragen stellen?
- Wem hast du schon einmal etwas erklärt und wie hast du das gemacht? Nenne doch einmal ein Beispiel! Wie wünschst du dir eine Erklärung?
- Aufgabe in kleine Teilschritte zerlegen und die Ausführung üben.

---

1 Die spezifischen Anforderungen, die sich aus Linkshändigkeit oder Rechts-Links-Unsicherheit an die Lernumwelt ergeben und die Folgen einer Umschulung werden hier ausgeklammert, ebenso die Problematik einer Rückschulung.

Metakognitive Strategien fördern

Die systematische Informationsaufnahme und das ordnende Sehen zum Erfassen der Aufgabenstellung anleiten

- Beispiel für die metakognitive Steuerung: Helle, der Junge, von dem ich dir erzählt habe, hat mir verraten, dass er innerlich spricht, wenn eine Aufgabe gestellt wird, ungefähr so: „Jetzt konzentriere ich mich. Ich sehe mir die Aufgabe an. Ich muss wissen, was ich machen soll. Habe ich die Aufgabe verstanden? Ich lese sie mir noch einmal Wort für Wort durch. Wenn ich etwas nicht verstehe, kann ich fragen." Helle fragte sich: „Kenne ich ähnliche Aufgaben?" Oft denkt er: „Ich muss genau hinsehen, wie die Frage lautet; darauf kommt es an!"
- Welche Tricks kennst du? Manchmal muss man ja pfiffig sein, um zu erkennen, was bei einer Textaufgabe/ Sachaufgabe gemeint ist.
- Welchen Rat kannst du jemandem geben, damit er eine schriftlich gestellte Aufgabe gut versteht? Beispiele: die Aufgabenstellung zuerst schnell und danach unbedingt ganz genau lesen; sich fragen: Habe ich wichtige Begriffe entdeckt? Was bedeuten sie?
- Ich habe gesehen, wie du bei ... Schritt für Schritt vorgegangen bist. Das war toll, über jeden Schritt habe ich mich gefreut. Als du nicht weiterkamst, hast du es noch einmal ganz anders versucht.

Die Unterbrechung des Handlungsflusses für Selbstkontrolle und neue Überlegungen üben (Stopp)

- Helle, den du schon kennst, hat ein Stopp-Kärtchen auf seinem Platz liegen (so ungefähr sah es aus ...). Wenn er darauf schaut, erinnert er sich: Nicht aufgeben! Stopp, jetzt gut überlegen, dann weitermachen! Vielleicht noch einmal von vorn!
- Was kannst du dir innerlich sagen, wenn du nicht weiterkommst? Was wäre da ein guter Gedanke? Beispiele: Nachdenken, wie wir das im Unterricht gemacht haben, einen Versuch machen, keine Angst haben, eine Frage zu stellen.
- Ich erzähle dir noch einmal von Janni: Die Aufgabe lautete: Rechne aus, wie breit der Schülertisch ist! Janni schrieb auf: 5 m. Kann das stimmen? Was hätte Janni tun sollen? (Probe, Schätzen, Ergebnis kontrollieren etc.). Wie kannst du deine Lösung durch Gegenrechnung kontrollieren?

Kognitive Lernstrategien, d. h. Methoden des Erarbeitens, Anwendens und Übens, fördern

Lernmethoden lehren und üben

- Wie machst du es, wenn du etwas üben sollst? Beispiele: Ich habe mir eine gute Reihenfolge überlegt. Ich beginne mit leichten Aufgaben, um dem Gehirn Zeit zum Aufwärmen zu lassen.
- Ich wiederhole den Lernstoff ein paarmal. Ich übe laut. Ich präge mir etwas ein, indem ich umherlaufe. Ich erzähle, was ich gelernt habe. Ich lerne mit der Lernkartei.
- Und wenn keine Zeit ist?
- Helfen dir Skizzen, Wiederholungen, das Verbinden von Begriffen mit originellen Bildern? Erzähle einmal!
- Woran merkst du, dass du richtig gelernt hast?
- Berichte und Vorschläge für die Arbeit mit Lernkurven, Portfolio u. a. m.
- Hast du einen Rat, damit man Gelerntes nicht so schnell wieder vergisst?
- Das Wichtigste auswählen (Mut zur Lücke, aber keine Bequemlichkeit).
- Kürzlich meinte Paul verzweifelt: „Ich habe ein schlechtes Gedächtnis!" Ich habe ihn ganz erstaunt angesehen. Warum wohl? Weil ich weiß, wie gut er Yu-Gi-Oh spielt. Dort kennt er über 200 Karten ganz genau. Ich bewundere sein Gedächtnis.

Die Vorbereitung auf die Leistungskontrolle und Klassenarbeit üben

- Erzähle doch einmal, wie ist es, wenn eine Klassenarbeit angekündigt ist, was denkst du da?
- Sagst du dir manchmal: „Das krieg' ich sowieso nicht hin!", „Das geht sowieso wieder schief!", „Jetzt verstehe ich gar nichts mehr!"? Lass uns für dieses Mal einen Plan machen!
- Wie lernst du für die Leistungskontrolle?
- Ist es für dich gut, allein zu lernen? Wann? Wie? Wo gelingt das Lernen und Üben mit deinen Freunden gemeinsam besser?
- Wie habt ihr euch gegenseitig unterstützt?
- Wie spornst du dich selbst an?
- Hast du einen Trick, wie du dir die Dinge merken kannst?
- Wo suchst du das, was du lernen sollst (im Buch, auf dem Arbeitsblatt, im Hefter)? Woher weißt du, was du lernen sollst?

- Wie kannst du dir das Lernen besser einteilen?
- Wie kontrollierst du, was du schon weißt?

Die Hausaufgabenerledigung üben
- Was ist deine beste Hausaufgabenzeit? Wo erledigst du deine Hausaufgaben?
- Wie machst du deine Hausaufgaben? Allein oder lässt du dir von Mama oder Papa helfen? Hörst du bei den Hausaufgaben Musik oder läuft der Fernseher? Wen bittest du um Unterstützung?
- Womit beginnst du (mit den einfachen Aufgaben oder mit den schwierigeren)?

Motivation

Erfolgserwartung stärken und Erfolge sichtbar machen

Fortschritte verdeutlichen und Maßstäbe bewusst machen
- Pit hat ein Referat gehalten. Danach ließ er den Kopf hängen. Er dachte: „Das habe ich nicht gut gemacht." Und dann sah er, dass die Kinder klatschten. Frau Schuster sagte: „Du hast nur ein paar Karteikarten verwendet. Der Vortrag wirkte nicht auswendig gelernt. Du hast Blickkontakt zu den Zuhörern gehalten." Pit dachte zuerst: Das war gar nicht gut und nun sah er, dass er so viel richtig gemacht hatte, auch wenn er ein paar Sachen vergessen und sich versprochen hatte.
- Was ist ein Erfolg? Ein Erfolg ist nicht die ganz leichte Aufgabe, sondern eine Aufgabe, die ein bisschen schwer ist, die man aber schaffen kann, wenn man sich anstrengt. Erzähle einmal! Wann hast du dich einmal über dein Ergebnis in Mathe gefreut? Wie hast du das geschafft?
- Gemeinsam mit dem Schüler Aufgaben aus zurückliegenden Lernabschnitten anschauen. Was konntest du früher nicht, aber jetzt kannst du es und es macht dir nun sogar Spaß? Welche Aufgaben waren früher zu schwierig und sind heute für dich leichter geworden?
- Erfolgsreporter in eigener Sache werden; Fähigkeiten hinter den Schwächen erkennen und mit ihnen arbeiten.
- Paul ist nicht zufrieden mit seinen Leistungen in .... Er hat überhaupt keine Lust mehr und möchte am liebsten aufgeben und abbrechen. Lernen soll doch Spaß und Freude bereiten. – Was kann er tun, damit Lernen ihm wieder mehr Freude macht?

Entmutigende Reaktionen erkennen und so bald wie möglich in positive Verhaltensweisen umwandeln
- „Natürlich kann man sich stundenlang mit seinen Problemen, Schwächen oder Defiziten beschäftigen. Damit kommt man aber keinen Schritt weiter – im Gegenteil: Damit festigt man sie nur. Viel zweckdienlicher ist es, Fehler bzw. Probleme als Lernchancen zu begreifen. Denn zu jeder Schwäche passt eine zu erlernende Fähigkeit! Zu Faulheit gehört die Motivation, zur Flüchtigkeit passen Sorgfalt und Genauigkeit und zur Unkonzentriertheit die Fähigkeit, sich zu konzentrieren! Suche nach den drei dringlichsten Themen, die du gerne bei dir verändern möchtest. Formuliere die dazu passende Fähigkeit, die du stattdessen aufbauen möchtest. Verabschiede dich an dieser Stelle von deinen Fehlern und beschäftige dich ab jetzt nur noch mit den noch zu erlernenden Fähigkeiten!" (Komarek, 2010, S. 156)
- Das Wichtigste ist, den Mut nicht zu verlieren. Was rätst du einem Kind, das schnell den Mut verliert? Sich auf Stärken besinnen; nachschauen, was der dickste Fehler ist und ihn dann überwinden; sich über Erfolge freuen; den Erfolg auf einen Zettel schreiben und ihn an gut sichtbarer Stelle aufhängen.
- Beobachtungen erinnern, in denen der Schüler aus einem Fehler gelernt hat.

Mit Mutmachsätzen und klugen Gedanken arbeiten[2]
Mit dem Kind Ermutigungssätze entwickeln, die auf seine Verbesserungswünsche zugeschnitten sind, und Symbole dafür vereinbaren. Beispiele: „Es ist gut, wenn ich mich melde, auch wenn ich nicht drankomme." „Ich darf Fehler machen." „Ich frage, wenn ich etwas nicht verstehe." „Ich habe Kraft und Mut.", „Ich mache viele Dinge das erste Mal und traue mich." „Meine Meinung ist wichtig, auch wenn jemand etwas anderes sagt." „Ich bin ein guter Freund." „Ich kann mehr, als ich denke." (siehe z. B. Baisch-Zimmer, 2011)

2 Die Methode setzt voraus, dass die Probleme auf eine Unterschätzung der eigenen Fähigkeiten, Mangel an Selbstvertrauen oder Entmutigung zurückzuführen sind, nicht auf Fehlanforderungen oder Defizite in den Vorkenntnissen.

Interessen und Bedürfnisse nach Aktivität, Erlebnissen und neuen Eindrücken fördern

An Interessen anknüpfen

- Was interessiert dich? Woran hast du Spaß? Womit beschäftigst du dich besonders gern? Beispiele: Freude an handwerklichen Tätigkeiten, am Fotografieren, am Basteln und eigenen Gestalten, am kreativen Schaffen, daran, etwas zu sammeln und eine Ausstellung aufzubauen.
- „Wenn es um ... [Hobby, Interessen] geht, habe ich eine Chance!", sagte Anton. So war es wirklich. Immer, wenn über ... gesprochen wurde, staunten alle über Anton. Was alles er da wusste und welch tolle Ideen er hatte! – Sage mir doch, bei welchen Sachen du gut bist und eine Chance hast.

Selbstwirksamkeitserleben stärken

Möglichkeiten entwickeln, an Vorhaben der Klasse mitzuarbeiten

Wobei hast du in deiner Klasse oder Gruppe mitgearbeitet und Aufgaben übernommen (z. B. Zeitwächterin in der Gruppenarbeit, Gesprächsleiterin, Protokollantin, Vorbereitung von Materialien)? Wie hast du das geschafft? Was würdest du gern tun? Wer kann dir dabei helfen?

Sozialen Halt und Sicherheit geben, Gemeinschaftsgefühl stärken

Die Schüler-Schüler-Beziehungen und das Klassenklima pflegen

- Ich kenne einen Jungen, so alt wie du, auch ungefähr so groß. Von ihm will ich dir eine Geschichte erzählen, aber nur den Anfang. Ich breche die Erzählung dann ab. Du hast eine Minute Zeit, ganz für dich zu überlegen, wie die Geschichte weitergehen mag. Ich frage dich dann. Die Geschichte begann so: Es war Pause. Viele Kinder standen auf dem Schulhof zusammen und erzählten sich etwas. Der Junge stand ganz für sich allein da und schien unglücklich zu sein.[3]
  (a) Warum steht er denn so allein da, was meinst du? ... Oder will der Junge nichts mit den anderen zu tun haben? Warum wohl?
  (b) Wie könnte ihm geholfen werden, aus dem Schneckenhaus herauszukommen?
- Schlussfolgerungen, die im Rahmen des Gesprächs vorbereitet werden können: Mutmachsätze, Handlungspläne (z. B.: Auf einen Mitschüler zugehen; fragen, ob man mitspielen darf).
- Konkurrenzdenken ist Gift. Wo ist ein Wettkampf fehl am Platz?

Die Lehrer-Schüler-Beziehung unbedingt schützen, bewahren und pflegen

Für Lehrer ist es toll und sehr schön, wenn sie sehen, wieviel Mühe ihre Schüler sich geben. Ihr größter Wunsch ist, dass die Schüler vorankommen und sich gut entwickeln. Manchmal weiß das ein Schüler gar nicht. Es kann zu Missverständnissen kommen. Dann nimmt der Schüler vielleicht an, der Lehrer mag ihn nicht oder übersieht ihn mit Absicht. Mitunter liegt der Grund für diesen Ärger beim Lehrer, aber nicht immer. Wichtig ist der gute Wille auf beiden Seiten. (Im Gespräch kann die Lehrkraft nur die *eigene* Beziehung zum Schüler oder der Schülerin thematisieren.)

Umgang mit Tieren, tiergestützte Intervention nutzen

- Die Verantwortung für ein Tier und seine Pflege sind tolle Leistungen. Wie viel Pflege so ein Tier braucht, damit es gesund bleibt und in der Familie ein gutes Leben hat! Was magst du an eurem Tier? Wer ist denn für eure Katze verantwortlich? Erzähle ein Erlebnis mit eurer Katze!
- Mehrmals wurde in den Lernfördergesprächen über Schulhunde gesprochen, z. B. darüber, „was man von Tieren lernen kann" und „was man lernt, wenn der Schulhund dabei ist" (Liebe zu dem Tier, Umgang mit ihm, Verantwortung übernehmen, Abbau von Unruhe, Hemmungen und Ängsten).

3 Dies ist ein Beispiel für einen Erzählanfang, mit dem ein Thema angesprochen werden kann, das für das Kind wichtig ist und bei dem sein Erleben besser verstanden werden sollte. Der Erzählanfang wird so gestaltet, dass das Kind sich mit dem Akteur identifizieren kann. Gemeinsam kann zur Lösungssuche übergegangen werden.

Handlungssteuerung

Arbeits- und Ordnungsgewohnheiten fördern, Ablenkungsfaktoren vermindern

Wissen über die Konzentration entwickeln
Konzentration wird durch Unlustgefühle, Ermüdung, Erwartung von Misserfolgen etc. erschwert und oft unmöglich. Erleichtert wird sie z. B. durch Interesse, die Sitzhaltung, die Atmung, eine ruhige Lernumgebung, bereit liegendes Material. Im Gespräch werden ein oder zwei Punkte herausgearbeitet, an denen etwas verbessert werden kann, was der Konzentration zugutekommt. Schlussfolgerungen, die vom **Kind** selbst kommen, werden mit höherer Wahrscheinlichkeit realisiert (z. B. zur Zeitplanung und -begrenzung, zu Übungen, die Spaß bereiten).

Die Selbstbeobachtung der Konzentration üben
- Gute Konzentration ist, wenn sich das Hören und Sehen sowie alle Gedanken auf den Gegenstand, die Aufgabe, das Buch usw. richten. Du beschäftigst dich ganz und gar mit einer Sache. Metaphern für die Fokussierung: Spotlight, Zoom-Linse, Vergrößerungsglas. Fokussierte und geteilte Aufmerksamkeit am Beispiel „In einem Buch lesen" oder „Eine Rechenaufgabe lösen": Visualisieren und Üben der Körperhaltung und Muskelspannung, Blickrichtung und Atmung bei der konzentrierten Tätigkeit.
- Jemand hat einen Konzentrationsturm errichtet. Sobald er hineinging, konnte er ganz konzentriert bei der Sache bleiben und gründlich nachdenken. Er sparte sogar Zeit und kam zu einem guten Ergebnis. Wie kannst du dir einen Konzentrationsturm errichten?
- Mehrere Situationen werden anhand eines Konzentrationsthermometers eingeschätzt und reflektiert. Wann hast du dich heute besonders gut konzentriert? Hervorheben der Ergebnisse, die in dieser Phase der Konzentration erzielt wurden.

Lernplanung und -organisation fördern

Die Einteilung des Stoffes in Lernportionen üben
- „Es sind so viele Aufgaben! Wie soll ich das schaffen?", stöhnte Pit. ... Lernportionen sind sinnvolle, überschaubare Einheiten. Sie werden ohne Stress bewältigt.
- Die einzelne Portion muss in 15 bis 30 Minuten zu schaffen sein. Danach ist eine kleine Entspannung nötig.
- Auf die Reihenfolge der Aufgaben achten. Leichte und schwierige Aufgaben ordnen.
- Abhaken, was erledigt ist! Freue dich über jede erledigte Lernaufgabe! Es ist ein tolles Gefühl, wieder etwas geschafft zu haben.

Für Erholungs- und Entspannungspausen sorgen
- Woran merkst du, dass eine Pause notwendig ist? Wann legst du eine Pause zum Entspannen ein?
- Wie kann die Pause aussehen, ohne dass du vergisst, danach weiterzumachen?
- Atemtechnik als Beispiel für Entspannung. Schon mit einigen ruhigen, tiefen Atemzügen kannst du dich sammeln.

Umgang mit Stress und Angst verbessern / Entspannung und Selbststeuerung fördern

Die Bewältigung von Stress und Anspannung trainieren
- In kleinen Phantasiereisen können deine Gedanken auf eine schöne, entspannende Reise gehen. Du stellst dir vor, an einem wunderschönen Ort zu sein. Bald merkst du, wie die Anspannung nachlässt und der Stressteufel kleiner wird.
- Bestimmte Muskelgruppen dreimal ganz fest anspannen und wieder loslassen (progressive Muskelrelaxation für Kinder). Die Anweisungen werden in eine bildhafte Form gebracht. Beispiel: „Stelle dir vor, du hältst eine ganze Zitrone in deiner linken Hand. Versuche allen Saft aus der Zitrone auszuquetschen. – Stell' dir vor, du bist eine faule Katze. Du willst dich ausstrecken. Strecke deine Arme ganz weit von dir ... Nun stell dir vor, du bist ein Truthahn. Du sitzt auf einem Felsen und ruhst dich in der warmen Sonne aus. Oh! Du fühlst Gefahr! Zieh den Kopf schnell ein!" (Goetze, 2010, S. 208).

Die Beherrschung von Affekten und Spontanimpulsen üben
- Phil läuft in seinem Zimmer unruhig hin und her. Er ist noch allein zu Hause. Morgen wird eine Arbeit geschrieben. Er muss noch lernen. Aber es ist so viel. Er weiß nicht, wo er anfangen soll. Auf Netflix wollte er sich eine Folge an-

sehen. Wenigstens eine! Er überlegt eine Weile – und schaltet schließlich den Fernseher an ... Was können wir Phil raten?

- Allgemeine Fragen in Bezug auf das Problem (das Verhalten, die Kompetenz): Was möchtest du (noch) besser machen/können? Und bis wann? Woran wirst du erkennen, dass du bis [Zeitpunkt] das Gewünschte kannst? Was müsste passieren, damit du ...? Wie kannst du selbst dazu beitragen? Welche Unterstützung brauchst du von anderen? (Spiess, 2012, 2013)
- Wenn du dir eine Zahlenreihe von 1 bis 10 vorstellst, 10 ist das, was du gerade beschrieben hast (die erwünschte Fähigkeit), 1 ist das Gegenteil. Wo stehst du jetzt? Woran wirst du erkennen, dass du bei der 10 angekommen bist?
- Im folgenden Beispiel (vgl. Spiess & Bischoff-Weiß, 2012, S. 84 ff., gekürzt) wurde das Ziel anhand einer Skala erarbeitet und visualisiert. Der Schüler will „die Art und Weise verbessern, wie ich mit meinen Mitschülerinnen und Mitschülern umgehe und wie ich mit den Lehrerinnen umgehe."
  L.: ... Versuch dir einfach mal vorzustellen, du bist so nett geworden, wie du dir's nur irgendwie vorstellen kannst.
  Sch.: Äh, kann man merken, ... wenn ich mich melde, wenn ich nett bin zu meinen Mitschülern.
  L.: Ja [schreibt mit]. Und wenn wir dann, sagen wir einmal, eine Videoaufzeichnung gemacht hätten, von heute, von den Tagen jetzt. Und wenn wir dann noch eine Videoaufzeichnung machen würden nach den Ferien [Pause]. Und jetzt schauen wir uns beide Videoaufzeichnungen an. Woran würde ich merken, dass du von 5 auf 10 gekommen bist? (Pause) Wie drückt sich das aus, dass du noch netter bist?
  Sch.: Mhm. [Pause] Weiß ich jetzt nicht. ... Nicht in den Streit ziehen lassen. ... Ich denke daran, dass ich die Lehrerin nicht anmaulen will ... Meine Gedanken ...

Beim Umgang mit Angst, Entmutigung und negativen Gedanken helfen

- Jemand hat einmal gesagt: „Mit ein bisschen Angst kann man lernen!" Was meinst du? Wie hast du einmal die Angst besiegt? Was hat dir dabei geholfen?
- Aus unfassbaren Problemen Konkretes machen. Das, was blockiert, kann „vergegenständlicht" visualisiert und mit suggestiver Unterstützung aus dem inneren Raum herausgebracht werden. Ein Kind setzte den „Angstzwerg" auf einen Stuhl, weit weg.
- Arbeit mit Angsthelfern. Beispiel: Mein Bär schaut zu und hilft mir, die Angst zu besiegen.
- Wenn du aufgeregt bist, wie kannst du dich beruhigen? Ruhig atmen.
- Was tust du, wenn du denkst: ‚Das schaffe ich nicht, das geht wieder schief!'? Beispiel: eine leichte Aufgabe suchen und beginnen.
- Angstabbau: 1. Kognitive und emotionale Vorbereitung auf die angstauslösende Situation und Annäherung in angstfreiem Zustand (der zuvor eingeübt wurde), 2. weitgehend angstfreie Bewältigung in der eigentlichen Situation, 3. Nachbearbeitung (Bewusstwerden der erfolgreichen Handlungselemente, Stolz auf den Erfolg).

Mein gutes Lernen

Name: ______________________ Datum: ______________

Am Gespräch nehmen teil ______________________________

Thema (*Worüber wollen wir sprechen?*)

Mein Wunsch

Das ist schon gut (*Was kannst du schon gut? Was geht seit dem letzten Mal besser?*)	**Das soll noch besser werden** (*Was ist dein Wunsch? Was möchtest du bis zum nächsten Mal besser können?*)

Mein Ziel (*Was ist das genaue Ziel? Woran erkennen wir, dass du das Ziel erreicht hast?*)

Das Hindernis / die Hürde (*Welche Hürde gibt es? Was kann schwierig werden? Welche Schwierigkeiten müssen gemeistert werden?*)

Plan: So wird es gelingen (*Wie machst du es? Was tust du? Was wird dir helfen? Was trägt jeder dazu bei?*)

Eine Kopie geht an: ______________________

Das nächste Gespräch soll am ______________ stattfinden.

Übungskärtchen „Mein gutes Lernen"

Mein gutes Lernen

Name: ______________________

Fach: ____________ *Datum:* ________

Mein Wunsch: ______________________

Mein Ziel: ______________________

Das Hindernis, die Hürde: ______________________

So schaffe ich es: ______________________

Mein gutes Lernen

Name: ______________________

Fach: ____________ *Datum:* ________

Mein Wunsch: ______________________

Mein Ziel: ______________________

Das Hindernis, die Hürde: ______________________

So schaffe ich es: ______________________

Gesprächskärtchen

gutes Sehen, gutes Hören (B1)	meinen Nachteilsausgleich nutzen (B1)
mein Wissen zeigen (B3)	Zusammenhänge verstehen (B4)
die Sprache verstehen (B5)	Konflikte friedlich lösen (B7/B8)
freundlich miteinander umgehen (B7/B8)	Anderen helfen (B7/B8)
sich helfen lassen (B7/B8)	aufmerksam zuhören (W1)
am Unterricht beteiligen (W1)	Lernhilfen verwenden (z. B. Schrittfolgen) (W2)
Informationsquellen verwenden (W2)	sauber schreiben (W2)
die Erklärungen verstehen (W3)	Aufgaben verstehen (W4)
Aufgaben Schritt für Schritt lösen (W5/W6)	Ergebnisse kontrollieren (W5/W6)

Hinweis: In Klammern eingefügt wurden Zuordnungen gemäß „Tabelle 2: Übersicht zu den Kärtchen" (S. 76 f.).

Wissen, wie man lernt (W7)	in Projekten mitarbeiten (W8)
die Arbeit einteilen (Wochenplan u. a.) (W8)	den eigenen Fähigkeiten vertrauen (M1)
die Lösung anders versuchen (M2)	sich über Lernerfolge freuen (M3)
sich für den Lerninhalt interessieren (M4)	ein Arbeitsergebnis präsentieren (M5)
stolz auf sich sein (M6)	sich in der Klasse wohlfühlen. (M7)
an der Gruppenarbeit teilnehmen (M7)	der Lehrerin / dem Lehrer vertrauen (M8)
sich anstrengen (H1)	sich neue Ziele setzen (H1)
selbstständig arbeiten (H2)	sich auf die Aufgabe konzentrieren (H3)
Arbeitsmittel bereitlegen (H4)	die Aufgabe in Schritte einteilen (H5)
mit anderen zusammenarbeiten (H6)	mit Stress umgehen können, sich entspannen (H7/H8)

PERMA-Situationsbilanz

Was konnten Sie in den Beobachtungssituationen beobachten? Nicht alle Items müssen bearbeitet werden.
„0“ = „nicht beobachtet“, „1“ = „deutlich“, „2“ = „sehr deutlich“.

Angaben zu den Beobachtungssituationen (Kind, Datum, Fach, Bedingungen usw. / Beobachter):

	Nr.	Item	Positiv	Negativ
Positive Emotionen	1	fühlte sich in den Situationen wohl		
	2	war traurig, unfroh		
	3	war heiter, freudig, lebhaft		
	4	war ängstlich, wirkte bedrückt		
	5	war aufgeschlossen für Neues, im Allgemeinen interessiert		
	6	war gestresst, ablehnend		
Engagement	7	beteiligte sich, brachte sich ein		
	8	traute sich eine Beteiligung nicht zu, fand keinen Anfang		
	9	war aufmerksam bei der Sache		
	10	war nicht bei der Sache, ohne Interesse		
	11	gab sich Mühe, versuchte mitzuarbeiten		
	12	war gelangweilt, gleichgültig		
	13	brachte Geduld und Beharrlichkeit auf		
	14	ermüdete schnell, ließ sich schnell ablenken		
Relationship	15	fühlte sich einbezogen, war kontaktbereit		
	16	war im Kontakt mit anderen unsicher, vermeidend		
	17	war freundlich, friedlich, empathiefähig		
	18	war überempfindlich, distanziert, gereizt		
Meaning	19	war ausgeglichen, optimistisch		
	20	war unausgeglichen, pessimistisch		
	21	wollte beitragen und versuchte es		
	22	empfand sich und seinen Beitrag als überflüssig		
Accomplishment	23	setzte sich Ziele, wollte Erfolg erreichen		
	24	gab sich mit minimalen Leistungen zufrieden, setzte sich keine Ziele		
	25	war zuversichtlich, einen Erfolg schaffen zu können		
	26	verlor bei Schwierigkeiten den Mut, den Antrieb		
	27	erlebte den Erfolg seiner Anstrengung, war zufrieden damit		
	28	empfand keine Lernfortschritte		

Σ P **Σ N**

Summe Positiv		**P/N** (Ungefähre Relation)	
Summe Negativ			

Literatur

Literatur

Achtziger, A. & Gollwitzer, P. M. (2010). Motivation und Volition im Handlungsverlauf. In J. Heckhausen & H. Heckhausen (Hg.), Motivation und Handeln (S. 309–335). Berlin, Heidelberg: Springer.

Ausubel, D. P. (1974). Psychologie des Unterrichts. Band 1 und 2. Weinheim: Basel.

Baisch-Zimmer, S. (2011). Bärenstarke Gedanken für Kinder: Affirmationskarten zum Kinder-Mentaltraining. Weinheim: Beltz.

Behringer, K. H. & Rösch, N. (2016). Autogenes Training mit Kindern Weinheim: Beltz.

Bischoff-Weiß, J. (2012). Förderplanung ohne externe Unterstützung: Wie die Lehrkraft und die Schülerin oder der Schüler gemeinsam einen Förderplan erstellen. In W. Spiess & J. Bischoff-Weiß, Stärkenorientierte Förderplanung. So werden Kinder und Jugendliche zu Akteuren ihrer Entwicklung (S. 15–54). Hamburg: Édition Z.

Blickhan, D. (2015). Positive Psychologie – ein Handbuch für die Praxis. Paderborn: Junfermann Verlag.

Brohm, M. (2012). Motivation lernen: Das Trainingsprogramm für die Schule. Weinheim: Beltz.

Bruner, J. S., Olver, R. R. & Greenfield, P. M. (1988). Studien zur kognitiven Entwicklung. Stuttgart: Kohlhammer.

CAST (2018). Universal Design for Learning Guidelines version 2.2. Abgerufen am 15.07.2022 von http://udlguidelines.cast.org.

Clauß, G. u. a. (Hg.) (1995). Fachlexikon Psychologie. Thun und Frankfurt am Main: Verlag Harri Deutsch (5., überarb. Aufl.).

Damasio, A. (2021). Wie wir denken, wie wir fühlen: Die Ursprünge unseres Bewusstseins. München: Carl Hanser.

de Shazer, S. & Dolan, Y. (2020). Mehr als ein Wunder. Lösungsfokussierte Kurztherapie heute. Heidelberg: Carl Auer.

Döpfner, M., Schürman, S. & Frölich, J. (2013). Training für Kinder mit hyperaktivem und oppositionellen Trotzverhalten (5., überarb. und erw. Aufl.). Weinheim und Basel: Beltz.

Ellinger, S. (2017). Aufmerksamkeitsförderung durch Advance organizer. In Ch. Einhellinger, S. Ellinger u. a. (Hg.), Studienbuch Lernbeeinträchtigung. Band 2: Handlungsfelder und Förderansätze (S. 197–218). Oberhausen: Athena.

Flott-Tönjes, U. u. a. (2017). Fördern planen: ein sonderpädagogisches Planungs- und Beratungskonzept für Förderschulen und Schulen des Gemeinsamen Lernens. Oberhausen: Athena.

Fredrickson, B. (o. J.). Positivity Self Test. Abgerufen am 09.03.2023 unter www.positivityratio.com.

Fredrickson, B. L. (2011). Die Macht der guten Gefühle. Wie eine positive Haltung ihr Leben dauerhaft verändert. Frankfurt/M.: Campus.

Furman, B. (2008). Ich schaff's! Spielerisch und praktisch Lösungen mit Kindern finden – Das 15-Schritte-Programm für Eltern, Erzieher und Therapeuten. Heidelberg: Carl Auer (3. Aufl.).

Gaidoschik, M. (2022). Rechenschwäche verstehen – Kinder gezielt fördern: Ein Leitfaden für die Unterrichtspraxis (1. bis 4. Klasse). Hamburg: Persen.

Galperin, P. J. (1967). Die geistige Handlung als Grundlage für die Bildung von Gedanken und Vorstellungen. In A. N. Leontjew, P. J. Galperin u. a., Probleme der Lerntheorie (S. 33–49). Berlin: Volk und Wissen.

Goetze, H. (2010). Schülerverhalten ändern. Bewährte Methoden der schulischen Erziehungshilfe. Stuttgart: Kohlhammer.

Gold, A. (2011). Lernschwierigkeiten – Ursachen, Diagnostik, Intervention. Stuttgart: Kohlhammer.

Gollwitzer, P. M. (1996). Das Rubikonmodell der Handlungsphasen. In J. Kuhl & H. Heckhausen (Hg.), Motivation, Volition und Handlung (S. 531–582). Göttingen u. a.: Hogrefe.

Gollwitzer, A., Oettingen, G., Kirby, T. A., Duckworth, A. L., & Mayer, D. (2011). Mental contrasting facilitates academic performance in school children. Motivation and Emotion, 35, 403–412.

Grawe, K (2004). Neuropsychotherapie. Göttingen: Hogrefe.

Groeben, N., Wahl, D., Schlee, J. & Scheele, B. (1988). Das Forschungsprogramm Subjektive Theorien. Eine Einführung in die Psychologie des reflexiven Subjekts. Tübingen: Francke.

Grüning, E. & Matthes, G. (2023) Evaluation von Lernsituationen – Grundlage der Reflexion von Unterrichtskonzepten und pädagogischer Förderplanung. In E. Grüning (Hg.), Kinder und Jugendliche mit Beeinträchtigungen der geistigen Entwicklung unterrichten. Konzepte für die Teilhabe in heutiger Lebenswelt (S. 21–46). Stuttgart: Kohlhammer.

Grünke, M. & Castello, A. (2014). Attributionstraining. In G. W. Lauth, M. Grünke & J. C. Brunstein (Hg.), siehe dort (S. 484–492).

Haag, L. (2014). Tutorielles Lernen. In G. W. Lauth, M. Grünke & J. C. Brunstein (Hg.), siehe dort (S. 462–471).

Hall, T. E. u. a. (2012): Universal Design for Learning in the classroom. New York und London: The Guilford Press.

Hammes-Schmitz, E., Hagen, T., Schütterle, P., Hielscher, A. & Schlangen, S. (2021). Das GRID-Modell – Mehrdimensionale, individuelle Förderdiagnostik bei Lernschwierigkeiten in der Primarstufe. Zeitschrift für Heilpädagogik 72 (9), 462–474.

Hardeland, H. (2017). Lernentwicklungsgespräche in der Grundschule. Ein Praxisleitfaden. Weinheim und Basal: Beltz.

Hardeland, H. (2020). Lerncoaching und Lernberatung. Lernende in ihrem Lernprozess wirksam begleiten und unterstützen. Hohengehren: Schneider (8. Auflage).

Hardeland, H. (o. J.). Systemisches (Lern-) Coaching mit der Skalierungsfrage. Abgerufen am 08.02.2022 von https://youtu.be/ru4uV_YVgNM.

Hartke, B., Blumenthal, S., Blumenthal, Y & Mahlau, K. (2022). Zur Wirksamkeit des Rügener Inklusionsmodells (RIM) der Präventiven Integrativen Schule auf Rügen (PISaR) nach neun Schulbesuchsjahren. Zeitschrift für Heilpädagogik, 73(8), 352–367.

Hasselhorn, M. & Gold, A. (2017). Pädagogische Psychologie. Erfolgreiches Lernen und Lehren. Stuttgart: Kohlhammer (4., aktual. Aufl.).

Hattie, J. & Yates, G. C. R. (2015). Lernen sichtbar machen aus psychologischer Perspektive. Überarbeitete deutschsprachige Ausgabe von Visible Learning and the Science of How We Learn. Besorgt von Wolfgang Beywl und Klaus Zierer. Hohengehren: Schneider Verlag.

Hattie, J. & Zierer, K. (2020). Visible Learning Unterrichtsplanung. Hohengehren: Schneider-Verlag.

Hattie, J. (2017). Lernen sichtbar machen für Lehrpersonen: Überarbeitete deutschsprachige Ausgabe von „Visible Learning for Teachers" (Bearbeitung: K. Zierer, W. Beywl). Hohengehren: Schneider-Verlag (3. Aufl.).

Häußler, A. (2012). Der TEACCH Ansatz zur Förderung von Menschen mit Autismus. Einführung in Theorie und Praxis. Dortmund: *BORGMANN MEDIA* (3. Aufl.).

Hehmsoth, C. (2020). Traumatisierte Kinder in Schule und Unterricht: Wenn Kinder nicht wollen können. Stuttgart: utb.

Heimlich, U. & Wember, F. B. (Hg.) (2020). Didaktik des Unterrichts bei Lernschwierigkeiten: Ein Handbuch für Studium und Praxis. Stuttgart: Kohlhammer (4. aktualis. Aufl.).

Helmke, A. (2010). Unterrichtsqualität. In D. H. Rost (Hrsg.), Handwörterbuch Pädagogische Psychologie (4. überarb. u. erw. Aufl., S. 886–895). Weinheim: Beltz Psychologie Verlags Union.

Helmke, A. (2022). Unterrichtsqualität und Professionalisierung. Diagnostik von Lehr-Lern-Prozessen und die evidenzbasierte Unterrichtsentwicklung. Hannover: Friedrich Verlag.

Helmke, A., & Renkl, A. (1992). Das Münchener Aufmerksamkeitsinventar (MAI): Ein Instrument zur systematischen Verhaltensbeobachtung der Schüleraufmerksamkeit im Unterricht. Diagnostica, 38(2), 130–141.

Helmke, A. & Weinert, F. E. (1997). Bedingungsfaktoren schulischer Leistungen. In F. E. Weinert (Hg.), Psychologie des Unterrichts und der Schule (S. 71–176). Göttingen u. a.: Hogrefe.

Hennig, G., Feige, E. & Peschel, J. (2019). So gelingt Zusammenarbeit – Die fünf Häuser partnerschaftlichen Lernens. München: Burckhardthaus.

Hillenbrand, C., Hennemann, T., Hens, S. & Hövel, D. (2022). Lubo aus dem All! - 1. und 2. Klasse: Programm zur Förderung sozial-emotionaler Kompetenzen. München, Basel: Ernst Reinhard Verlag.

Holzkamp, K. (1995). Lernen. Subjektwissenschaftliche Grundlegung (Studienausgabe). Frankfurt: Campus.

Huck, L. & Schulz, A. (Hg.) (2017). Lerntherapie und inklusive Schule. Berlin: Duden.

Jansen, F. & Streit, U. (2006). Positiv lernen: Für Kinder, Jugendliche und Erwachsene. Mit Beiträgen zu Legasthenie und Dyskalkulie. Das IntraActPlus-Konzept. Heidelberg: Springer (2. Aufl.).

Jantzen, W. (2013). Autismus und Resonanz. Inklusion heißt gemeinsam Kultur entwickeln. Behinderte Menschen. Zeitschrift für gemeinsames Leben, Lernen und Arbeiten, 6, 55–67.

Jensen, H. (2014). Hellwach und ganz bei sich. Achtsamkeit und Empathie in der Schule. Weinheim und Basel: Beltz.

Juul, J. & Hoeg, P. (2012). Wie Empathie Kinder stark macht. Weinheim und Basel: Beltz.

Kahneman, D. (2012). Schnelles Denken, langsames Denken. München: Siedler.

Knörzer, W., Amler, W. & Rupp, R. (2011). Mentale Stärke entwickeln: Das Heidelberger Kompetenztraining in der schulischen Praxis. Weinheim: Beltz.

Koeller, O. & Baumert, J. (2008). Entwicklung schulischer Leistungen. In R. Oerter & L. Montada (Hg.), Entwicklungspsychologie (S. 735–768). Weinheim u. a.: Beltz (6., vollst. überarb. Aufl.).

Komarek, I. (2010). Ich lern einfach: Einfaches, effektives und erfolgreiches Lernen mit NLP. München: Südwest Verlag.

Krauskopf, K., Rogge, F., Salzberg-Ludwig, K. & Knigge, M. (2019). Förderplanung im Team für die Sekundarstufe (FiT-S). Anleitung für eine effiziente Planungssitzung. München: Reinhardt.

Kretschmann, R. (2007). Lernschwierigkeiten, Lernstörungen und Lernbehinderung. In J. Walter & F. B. Wember (Hg.), Sonderpädagogik des Lernens (S. 4–32). Göttingen u. a.: Hogrefe.

Kretschmann, R., Dobrindt, Y. & Behring, K. (1989). Prozessdiagnose der Schriftsprachkompetenz in den Schuljahren 1 und 2. Horneburg/Niederelbe: Persen.

Kuhl, J. (2010). Lehrbuch der Persönlichkeitspsychologie. Motivation, Emotion und Selbststeuerung. Göttingen u. a.: Hogrefe.

Kuhl, J. (o. J.). Eine neue Persönlichkeitstheorie. Abgerufen am 25.01.2023 von https://www.psi-theorie.com.

Kuhl, J., Vossen, A., Hartung, N. & Wittich, C. (Hg.) (2021). Evidenzbasierte Förderung bei Lernschwierigkeiten in der Grundschule. München: Reinhardt.

Lautenschläger, P. & Mähler, C. (2020). Wirksamkeit einer strukturierten, kindgerechten Psychoedukation bei Lernstörungen. Lernen und Lernstörungen, 10, 75–87

Lauth, G. W. (2014). Selbstinstruktionstraining. In G. W. Lauth, M. Grünke & J. C. Brunstein (Hg.), siehe dort (S. 440–450).

Lauth, G. W. & Brack, U. B. (2014). Komplexität reduzieren und kontinuierliche Fortschritte ermöglichen. In G. W. Lauth, M. Grünke & J. C. Brunstein (Hg.), siehe dort (S. 407–417).

Lauth, G. W. & Schlottke, P. F. (2019). Training mit aufmerksamkeitsgestörten Kindern (7., Aufl.). Weinheim: Psychologie Verlags Union.

Lauth, G. W., Brunstein, J. C. & Grünke, M. (2014). Lernstörungen im Überblick: Arten, Klassifikation, Verbreitung und Erklärungsperspektiven. In G. W. Lauth, M. Grünke & J. C. Brunstein (Hg.), siehe dort (S. 17–31).

Lauth, G. W., Grünke, M. & Brunstein, J. C. (Hg.) (2014). Interventionen bei Lernstörungen. Förderung, Training und Therapie in der Praxis. Göttingen u. a.: Hogrefe (2., überarb. u. erw. Aufl.).

Lauth, G. W.; Hammes-Schmitz, E.; Lebens, M. (2014). Eine empirische Bedingungsanalyse von Lernstörungen. Empirische Sonderpädagogik 4, 350–364.

Lebens, M. & Lauth, G. W. (2014). Direkte Instruktionen. In G. W. Lauth, M. Grünke & J. C. Brunstein (Hg.), siehe dort (S. 418–428).

Leisen, J. (o. J.). Lehren und Lernen. Abgerufen am 09.03.2023 von htttps://Lehren und Lernen/Aufgaben/Aufgabenkultur (lehr-lernmodell.de).

Leisen, J. (2010). Lernprozesse mithilfe von Lernaufgaben strukturieren. Informationen und Beispiele zu Lernaufgaben im kompetenzorientierten Unterricht. Naturwissenschaften im Unterricht Physik, 21, 117/118, 9–13.

Leontjew, A. N. (1982). Tätigkeit, Bewusstsein, Persönlichkeit. Köln: Pahl-Rugenstein.

Lompscher, J. (1990). Aufsteigen vom Abstrakten zum Konkreten im Unterricht – Versuche zu einer alternativen Lehrstrategie. Berlin: Akademie der Pädagogischen Wissenschaften.

Martens, J. U. & Kuhl, J. (2011). Die Kunst der Selbstmotivierung. Stuttgart: Kohlhammer (4. Aufl.).

Marx, E. & Klauer, K. J. (2012). Keiner ist so schlau wie ich 3: Ein Förderprogramm für Kinder. Göttingen: Vandenhoeck & Ruprecht.

Matthes, G. (2018). Förderkonzepte – einfühlsam und gelingend. Psychologische Grundlagen und Methoden der Entwicklung individueller Förderkonzepte. Dortmund: verlag modernes lernen.

Matthes, G., Salzberg-Ludwig, K. & Nemetz, B. (2008). Fördern und Diagnostizieren. Ein Forschungsprojekt zur Untersuchung der Entwicklung von Kindern der Schuljahrgangsstufen 1 und 2 in der förderdiagnostischen Lernbeobachtung. Potsdam: Universitätsverlag.

MBJS (Ministerium für Bildung, Jugend und Sport des Landes Brandenburg) (2017). Verordnung über Unterricht und Erziehung für Schülerinnen und Schüler mit sonderpädagogischem Förderbedarf (Sonderpädagogik-Verordnung – SopV) vom 20. Juli 2017 (GVBl.II/17, [Nr. 41])

MBJS (Ministerium für Bildung, Jugend und Sport des Landes Brandenburg) (2018). Handreichung zur Durchführung des sonderpädagogischen Feststellungsverfahrens.

Meyer, A., Rose, D. H. & Gordeon, D. (2013). Universal Design for Learning: Theory and Practice. The Guilford Press.

Montessori (2014). Grundlagen meiner

Pädagogik. Wiebelsheim: Quelle & Meyer (12. Aufl.).

Montessori, M. (1984). Das kreative Kind (17. Aufl.). Freiburg/Br.: Herder.

Moog, W. (1990). Aneignungsprozessanalyse. Eine notwendige Ergänzung zum standardisierten Schulleistungstest. Zeitschrift für Heilpädagogik, 41 (2), 73–87.

Mutzeck, W. (1988). Von der Absicht zum Handeln. Weinheim: Deutscher Studien Verlag.

Mutzeck, W. (2005 a). Kooperative Beratung. Weinheim und Basel: Beltz (5., aktualis. Aufl.).

Mutzeck, W. (2005 b). Von der Absicht zum Handeln – Möglichkeiten des Transfers von Fortbildung und Beratung in den Berufsalltag. In A. A. Huber (Hg.), Vom Wissen zum Handeln – Ansätze zur Überwindung der Theorie-Praxis-Kluft in Schule und Erwachsenenbildung (S. 79–97). Tübingen: Ingeborg Huber.

Mutzeck, W., Schlee, J. & Wahl, D. (Hg.) (2002). Psychologie der Veränderung. Subjektive Theorien als Zentrum nachhaltiger Modifikationsprozesse. Weinheim: Beltz.

Neumann, H. (2005). Alphabet der Gefühle. Abgerufen am 09.03.2023 von https://www.yumpu.com/de/document/read/21292946/gefuhls-alphabet.

Oettingen, G. (2015). Die Psychologie des Gelingens. München: Pattloch.

Pädagogische Notizen (2022). Wir lernen nur etwas, wenn die Lerndisposition optimal ist. Abgerufen am 06.06.2022 von https://paedagogische-notizen.de/these-wir-lernen-nur-dann-etwas-wenn-die-lerndisposition-optimal-ist/.

Pekrun & Linnenbrink-Garcia. L. (Ed.) (2014). International Handbook of Emotions in Education (Educational Psychology Handbook). Routledge.

Pellert, A. (2014). Theorie-Praxis-Verzahnung: Abstraktes Metathema oder praktische Handlungsanleitung? In E. Cendon & L. B. Flacke (Hg.), Lernwege gestalten: Studienformate an der Schnittstelle von Theorie und Praxis (S. 11–20). Tagungsband der wissenschaftlichen Begleitung des Bund-Länder-Wettbewerbs „Aufstieg durch Bildung: offene Hochschulen".

Popp, K., Melzer, C. & Methner, A. (2017). Förderpläne entwickeln und umsetzen. München: Reinhardt (3., überarb. Aufl.).

Reich, K. (Hg.): Methodenpool: Advance Organizer; Cognitive Apprenticeship. Abgerufen am 31.03.2023 von http://methodenpool.uni-koeln.de/download/cognitive_apprenticeship.pdf

Ricken, G. (2008). Förderung aus sonderpädagogischer Sicht. In K.-H. Arnold, O. Graumann & A. Rakhkochkine (Hg.), Handbuch Förderung. Grundlagen, Bereiche und Methoden der individuellen Förderung von Schülern (S. 74–83). Weinheim und Basel: Beltz.

Rohnstock, D. & Siebers-Koch, C. (2021). Mit Mediation das Klassenklima verbessern: Übungen, Leitfäden und Ausbildungskonzepte für eine neue Schulkultur. Berlin: Cornelsen.

Rosenberg, M. (2011). Erziehung, die das Leben bereichert. Gewaltfreie Kommunikation im Schulalltag. Paderborn: Junfermann Verlag (5. Aufl.).

Scheerer-Neumann, G. (2018). Lese-Rechtschreib-Schwäche und Legasthenie: Grundlagen, Diagnostik und Förderung. Stuttgart: Kohlhammer (2., aktualis. Aufl.).

Schlee, J. (2012). Kollegiale Beratung und Supervision für pädagogische Berufe. Hilfe zur Selbsthilfe. Ein Arbeitsbuch. Stuttgart: Kohlhammer (3. Aufl.).

Schöllmann, S. & Schöllmann, E. (2014). Respektvoll miteinander sprechen – Konflikten vorbeugen. 10 Trainingsmodule zur gewaltfreien Kommunikation in der Grundschule – von der Wolfssprache zur Giraffensprache. Mülheim: Verlag an der Ruhr.

Schuck, K. D. (2001). Fördern, Förderung, Förderbedarf. In G. Antor & U. Bleidick (Hg.),

Handlexikon der Behindertenpädagogik. Schlüsselbegriffe aus Theorie und Praxis (S. 63–67). Stuttgart: Kohlhammer.

Schuck, K. D., Lemke, W. & Schwohl, J. (2007). Förderbedarf, Förderkonzept und Förderplanung. In J. Walter & F. B. Wember (Hg.), Sonderpädagogik des Lernens (S. 207–215). Göttingen u. a.: Hogrefe.

Schulte-Körne, G. & Mathwig, F. (2013). Das Marburger Rechtschreibtraining. Ein regelgeleitetes Rechtschreibtraining für rechtschreibschwache Kinder (5. überarb. und erw. Aufl.). Bochum: Winkler.

Seidel, T. (2014). Angebots-Nutzungs-Modelle in der Unterrichtspsychologie. Integration von Struktur- und Prozessparadigma. Zeitschrift für Pädagogik 60, 6, 850–866.

Seligman, M. (2012). Flourish – Wie Menschen aufblühen. Die positive Psychologie des gelingenden Lebens. München: Kösel.

Spiess, W. (2012). Beratung. Effizient, moralisch gut, nachhaltig. Die Logik des Gelingens und das multifunktionale adaptive Prozessmodell. édtion Z Berlin.

Spiess, W. (2013). Coaching. Effizient, moralisch gut, nachhaltig. Die Logik des Gelingens und das multifunktionale adaptive Prozessmodell. édtion Z Berlin.

Spiess, W. & Bischoff-Weiß, J. (2012). Stärkenorientierte Förderplanung: So werden Kinder und Jugendliche zu Akteuren ihrer Entwicklung. Berlin: édition Z.

Spiess, W. & Streese, B. (2019). Stärken- und lösungsorientierte Entwicklungsgespräche. SCHULE inklusiv, 3, 27–29.

Spörer, N., Demmrich, A., Brunstein, J. C. (2014). Förderung des Leseverständnisses durch „Reziprokes Lehren". In G. W. Lauth, M. Grünke & J. C. Brunstein (Hg.), siehe dort (S. 162–175).

Straub, J. & Weidemann, D. (2015). Handelnde Subjekte. „Subjektive Theorien" als Gegenstand der verstehend-erklärenden Psychologie. Gießen: Psychosozial-Verlag.

Voß, S. & Hartke, B. (2014). Curriculumbasierte Messverfahren (CBM) als Methode der formativen Leistungsdiagnostik im RTI-Ansatz. In M. Hasselhorn, W. Schneider & U. Trautwein, U. (Hg.), Lernverlaufsdiagnostik (Tests und Trends – Jahrbuch der pädagogisch-psychologischen Diagnostik, Neue Folge Bd. 12; (S. 83–99). Formative Leistungsdiagnostik. Göttingen: Hogrefe.

Wahl, D. (1991). Handeln unter Druck. Der weite Weg vom Wissen zum Handeln bei Lehrern, Hochschullehrern und Erwachsenenbildnern. Weinheim: Deutscher Studien Verlag.

Wahl, D. (2013). Lernumgebungen erfolgreich gestalten. Vom trägen Wissen zum kompetenten Handeln. 3. Auflage mit Methodensammlung. Bad Heilbrunn: Klinkhardt.

Werner, B. (2020). Offener Unterricht. In U. Heimlich & F. B. Wember (Hg.) (2020). Didaktik des Unterrichts bei Lernschwierigkeiten. Ein Handbuch für Studium und Praxis (Kap. 8). Stuttgart: Kohlhammer (4. aktualis. Aufl.).

Werning, R. & Avci-Werning, M. (2015). Herausforderung Inklusion in Schule und Unterricht. Seelze: Klett-Kallmeyer.

Wygotski, L. S. (1975). Zur Psychologie und Pädagogik der kindlichen Defektivität. Die Sonderschule, 20 (2), 65–72.

Wygotski, L. S. (1987, Orig. 1934). Unterricht und geistige Entwicklung im Schulalter. In L. S. Wygotski, Ausgewählte Schriften, Bd. 2: Arbeiten zur Entwicklung der Persönlichkeit (S. 287–306). Berlin: Volk und Wissen.

Zimmermann, D. (2017). Traumatisierte Kinder und Jugendliche im Unterricht: Ein Praxisleitfaden für Lehrerinnen und Lehrer. Weinheim: Beltz.

Zimpel, A. (2013). Lasst unsere Kinder spielen! Der Schlüssel zum Erfolg. Göttingen: Vandenhoeck & Ruprecht (3. Aufl.).

Index

Index

Raum für Notizen

Raum für Notizen

Raum für Notizen

An den Ressourcen anknüpfen

Christina Reichenbach

Bewegungsdiagnostik in Theorie und Praxis

Bewegungsdiagnostische Verfahren und Modelle – Bedeutung für Praxis und Qualifizierung

Bewegungsdiagnostik lernen

In diesem Buch werden verschiedene bewegungsdiagnostische Verfahren und ihre Inhalte vorgestellt. Dabei wird auf Ziele, entwicklungstheoretische Annahmen sowie die Praxisrelevanz der jeweiligen Verfahren eingegangen. Der diagnostisch arbeitende Praktiker erhält grundlegendes Wissen für den Bereich Bewegungsdiagnostik sowie Hilfe zur Erstellung eines eigenen bewegungsdiagnostischen Konzepts. Der theoretisch interessierte Leser wird durch die theoriegeleitete Auseinandersetzung mit bewegungsdiagnostischen Verfahren sowie grundlegenden Fragen zur Qualifizierung im Lernfeld Bewegungsdiagnostik, zum Beispiel durch differenziert aufgeführte methodisch-didaktische Hinweise, angesprochen.

2., verbesserte Auflage, 240 S., Format 16x23cm, br

ISBN 978-3-8080-0743-3 | Bestell-Nr. 9378 | 19,95 Euro

Tanja Jungmann
Christina Reichenbach

Bindungstheorie und pädagogisches Handeln

Ein Praxisleitfaden

Pädagogischen Fachkräften ist die Bedeutung von Bindung und Beziehung in Förderkontexten hinreichend bekannt: Beziehungsgestaltung ist der Schlüssel zum Fördererfolg! Eine wesentliche Grundlage der Auseinandersetzung mit beziehungsorientierter Förderung ist die Bindungstheorie. Übertragen auf pädagogische Kontexte kann die Beziehung zur pädagogischen Fachkraft als wichtiger Schutzfaktor und Ressource betrachtet werden. Dieses Buch legt dar, welche Bedeutung gelungene im Vergleich zu misslungener Beziehungserfahrung für die kindliche Entwicklung in verschiedenen Förderkontexten, wie den Frühen Hilfen, der Frühförderung, der Tagesbetreuung in Krippen und Kindergärten sowie der Schule hat. Dies wird anhand von Fallbeispielen verdeutlicht. Ideen für die Beziehungsgestaltung in pädagogischen Kontexten werden abgeleitet und Anregungen für die Reflexion der eigenen Beziehungsgestaltung zum Kind in der pädagogischen Arbeit gegeben.

„Ein sehr übersichtliches, praxisorientiertes Buch. Dass der Bereich Schule hier insgesamt Nachholbedarf hat, soll der Form halber erwähnt werden. Es ist dem Buch zu wünschen, dass es in den genannten Arbeitsbereichen auch gelesen und umgesetzt wird." Stefan Müller-Teusler, socialnet.de

„Zusammenfassend halte ich dieses Buch für eine grundlegende, kompakte Möglichkeit, sich über Bindungstheorie und ihre pädagogischen Anwendungsmöglichkeiten zu informieren." Claudia Vannahme, systhema

5., unveränderte Auflage, 192 S., SW-Fotos, Format 16x23cm, br

ISBN 978-3-942976-20-6 | Bestell-Nr. 9406 | 19,95 Euro

Dietrich Eggert
Christina Reichenbach

Diagnostische Inventare

Motorik **(DMB)**, auditive Wahrnehmung **(DIAS)**, Raum-Zeit-Wahrnehmung **(RZI)**, Selbstkonzept **(SKI)**

4 klassische Inventare in komprimierter Form mit umfangreichem Download-Material – Dieser Praxisband führt in die Arbeit mit den Diagnostischen Inventaren ein, die sich besonders für eine Diagnostik im (heil-)pädagogischen Alltag eignen. Die bewährten Inventare DMB, DIAS, RZI sowie SKI werden in diesem Handbuch komprimiert und übersichtlich dargestellt, um Praktikern in nur einem Band eine Vielfalt diagnostischer Möglichkeiten an die Hand zu geben. Das Handbuch bietet zu jedem Inventar die theoriegeleiteten Bezüge und Modelle sowie jeweils eine Sammlung von Kernaufgaben. Im dazugehörigen Download befinden sich weitere zahlreiche Aufgaben und „Diagnostische Menüs" für die Praxis. Inhalte pro Inventar und damit Fokus der Diagnostik sind jeweils: Beschreibung des Entwicklungsbereichs, Bedeutung für die Entwicklung, Definitionsansätze, Handlungsmodell, Kernaufgaben, Studien, weitere diagnostische Verfahren, weitere Fördermöglichkeiten.

Das Buch bietet umfangreiche Praxismaterialien für eine fundierte pädagogische Diagnostik und Förderung.

320 S., farbige Abb., Beigabe: umfangreiches Material als Download, Format 16x23cm, Klappenbroschur, Alter: ab 4

ISBN 978-3-8080-0865-2 | Bestell-Nr. 1313 | 39,80 Euro

Christina Reichenbach
Helge Thiemann

Lehrbuch diagnostischer Grundlagen der Heil- und Sonderpädagogik

„Von dem Autorenduo – und dem kann sich der Rezensent anschließen – wird die Publikation zur Lektüre Studierenden der Heil- und Förderpädagogik, Sonder- und Heilpädagogen sowie ErzieherInnen, MotopädInnen, MotologInnen, ErgotherapeutInnen u. ä. Berufsgruppen empfohlen. Das Buch ist sehr verständlich geschrieben und aus diesem Grund gut lesbar. Das schafft die oder der geübte Leserin oder Leser in einem Rutsch. Und dann macht Lernen auch Spaß." Carsten Rensinghoff, socialnet.de

„Das Lehrbuch bietet mit den umfangreichen fachlichen Informationen und praktischen Beispielen eine fundierte Arbeitsgrundlage für die diagnostische Praxis sowie für die Lehre. Die erforderliche Reflexion des eigenen Handelns wird durchgängig durch Leitfragen angeregt.
Das Buch erfüllt das intendierte Ziel, handlungspraktische Kompetenzen zu vermitteln, da alle Kompetenzebenen - das Wissen, die Fertigkeiten, die Sozial- und die Selbstkompetenz - konsequent angesprochen werden." Astrid Krus, motorik

3. Auflage Auflage, 224 S., Format 16x23cm, Klappenbroschur

ISBN 978-3-8080-0847-8 | Bestell-Nr. 1247 | 19,95 Euro

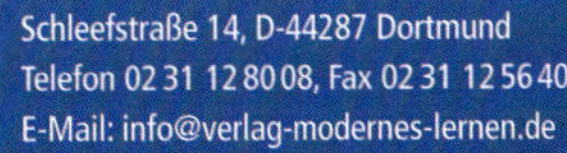

Schleefstraße 14, D-44287 Dortmund
Telefon 02 31 12 80 08, Fax 02 31 12 56 40
E-Mail: info@verlag-modernes-lernen.de
Leseproben und Bestellen im Internet: www.verlag-modernes-lernen.de